Sammlung Außerdeutscher Strafgesetzbücher in deutscher Übersetzung

Herausgegeben von

Professor Dr. Hans Heinrich Jescheck,
Direktor des Instituts für ausländisches und internationales Strafrecht an der Universität Freiburg i. Br.
und Professor Dr. Gerhard Kielwein, Saarbrücken

LXXXI.

Rumänisches Strafgesetzbuch

Berlin 1964

Walter de Gruyter & Co.

vormals G. J. Göschen'sche Verlagshandlung · J. Guttentag, Verlagsbuchhandlung · Georg Reimer · Karl J. Trübner · Veit & Comp.

Rumänisches Strafgesetzbuch

Amtlicher Text, mit den Abänderungen bis zum 1. Dezember 1960

Übersetzt von

Dr. Paula Tiefenthaler

und

Alois Provasi

Landgerichtsrat i. R.

Berlin 1964

Walter de Gruyter & Co.

vormals G. J. Göschen'sche Verlagshandlung · J. Guttentag, Verlagsbuchhandlung · Georg Reimer · Karl J. Trübner · Veit & Comp.

Dieses Heft wurde herausgegeben vom Institut für ausländisches und internationales Strafrecht gemeinsam mit Prof. Dr. Reinhart Maurach und Walther Rosenthal im Auftrag des Instituts für Ostrecht München e. V.

Gedruckt mit Unterstützung der Gesellschaft für Rechtsvergleichung

Archiv-Nr. 2463641

Satz und Druck: Walter de Gruyter & Co., Berlin 30

VORWORT

Die vorliegende Übersetzung umfaßt den Text des am 27. Februar 1948 kundgemachten rumänischen Strafgesetzbuches unter Berücksichtigung der erfolgten Änderungen des Textes bis zum 1. Juni 1958, ferner der in der Folge vorgenommenen Änderungen aufgrund der Verordnung Nr. 281, veröffentlicht im Staatsanzeiger (Buletinul Oficial) der Großen Nationalversammlung der Rumänischen Volksrepublik Nr. 26 vom 21. Juni 1958, der Verordnung Nr. 318, veröffentlicht im Staatsanzeiger Nr. 27 vom 21. Juli 1958, der Verordnung Nr. 370, veröffentlicht im Staatsanzeiger Nr. 32 vom 19. August 1958, der Verordnung Nr. 418, veröffentlicht im Staatsanzeiger Nr. 36 vom 15. Oktober 1958 und der Verordnung Nr. 1, veröffentlicht im Staatsanzeiger Nr. 1 vom 14. Januar 1959, sowie der aufgrund der Verordnung Nr. 212, veröffentlicht im Staatsanzeiger Nr. 8 vom 17. Juni 1960 erfolgten Änderungen des Gesetzestextes, so daß diese Übersetzung den Text des am 1. Dezember 1960 gültigen Strafgesetzbuches wiedergibt.

Der Text der Übersetzung wurde hinsichtlich der Terminologie der deutschen Gesetzgebung von Herrn Hans Ullrich Gallwas, Rechtsreferent in München, durchgesehen.

Die Übersetzer

INHALTSVERZEICHNIS

	Art.	Seite
Vorwort		V
Einführung		1
I. Buch		
ALLGEMEINE BESTIMMUNGEN		
I. Teil: **Die Gesetzmäßigkeit des strafbaren Tatbestandes, der Strafe und der Sicherheitsmaßnahmen**	1	5
II. Teil: **Anwendung des Strafgesetzes**		
I. Kapitel: Zeitlicher Geltungsbereich des Strafgesetzes	2— 5	5
II. Kapitel: Räumliche Anwendung des Strafgesetzes		
I. Abschnitt: In Rumänien begangene Straftaten	6— 7	6
II. Abschnitt: Straftaten, die von Rumänen im Ausland oder die von Ausländern, die ihren Wohnsitz in Rumänien haben, begangen wurden	8— 9	7
III. Abschnitt: Straftaten gegen die Interessen des Rumänischen Staates, begangen von Rumänen oder Ausländein im Ausland	10	8
IV. Abschnitt: Straftaten begangen von Ausländern im Ausland	11	8
V. Abschnitt: Auswirkungen der im Auslande erlassenen Straferkenntnisse	12— 14	9
VI. Abschnitt: Gemeinsame Bestimmungen	15	10
VII. Abschnitt: Auslieferung	16— 19	10
III. Kapitel: Gemeinsame Bestimmungen	20	11
III. Teil: **Strafen**		
I. Kapitel: Allgemeine Bestimmungen	21	11
II. Kapitel: Art der Strafen und Strafsätze		
I. Abschnitt: Hauptstrafen	22— 24	12
II. Abschnitt: Zusätzliche Strafen	25	13
III. Abschnitt: Nebenstrafen	26	14
IV. Abschnitt: Gemeinsame Bestimmungen	27	14

	Art.	Seite
III. Kapitel: Freiheitsstrafen und deren Vollzug . .		
I. Abschnitt: Strafen des allgemeinen Rechts		
§ 1. Zwangsarbeit.	28— 31	15
§ 2. Schwerer Kerker	32	16
§ 3. Gefängnis	33— 34	17
§ 4. Polizeiarrest (aufgehoben)	35	18
II. Abschnitt: Politische Strafen.		
§ 1. Schwere Haft	36	18
§ 2. Strenge Haft	37	19
§ 3. Einfache Haft	38	19
§ 4. Gemeinsame Bestimmungen	39	19
III. Abschnitt: Ergänzende Einrichtungen für den Vollzug der Freiheitsstrafe		
§ 1. Straflager (aufgehoben)	40	19
§ 2. Bedingte Entlassung (aufgehoben) .	41— 44	19
IV. Abschnitt: Gemeinsame Bestimmungen .	45— 51	20
IV. Kapitel: Geldstrafen		
I. Abschnitt: Geldstrafen für Vergehen . .	52	21
II. Abschnitt: Geldstrafen bei Übertretungen (aufgehoben)	53	22
III. Abschnitt: Die Verpflichtung zur Zahlung der Geldstrafe und die Folgen im Falle der Nichterfüllung	54— 57	23
V. Kapitel. Strafen des Verlustes von Rechten . .		
I. Abschnitt: Verlust der bürgerlichen Rechte	58	24
II. Abschnitt: Aberkennung der bürgerlichen Ehrenrechte	59	25
III. Abschnitt: Verlust der Elterlichen Gewalt	60	25
VI. Kapitel: Veröffentlichung und Kundmachung der Urteile durch Anschlag	61— 62	25
VI. Kapitel^bis: Militärische Degradierung	62[1]— 62[3]	25
VII. Kapitel: Berechnung der Strafdauer und Anrechnung der Untersuchungshaft	63— 64	26
VIII. Kapitel: Aussetzung des Strafvollzugs	65— 69	26
IV. Teil: **Sicherheitsmaßnahmen**		
I. Kapitel: Allgemeine Bestimmungen.	70	28
II. Kapitel: Verschiedene Arten von Sicherheitsmaßnahmen	71	28
I. Abschnitt: Unterbringung geistesgestörter Täter in einer Anstalt	72	29
II. Abschnitt: Unterbringung physiologisch oder psychologisch abnormaler Täter in einem Asyl	73	29

	Art.	Seite
III. Abschnitt: Unterbringung von Gewohnheitsverbrechern in einer besonderen Anstalt	74	30
IV. Abschnitt: Unterbringung von Landstreichern und Bettlern in einem Straflager (aufgehoben)	75	30
V. Abschnitt: Aufenthaltsverbot für bestimmte Orte	76	30
VI. Abschnitt: Verbot, bestimmte Lokale zu betreten	77	31
VII. Abschnitt: Verbot der Ausübung eines bestimmten Berufes oder Gewerbes	78	31
VIII. Abschnitt: Ausweisung von Fremden	79	31
IX. Abschnitt: Einziehung einzelner Gegenstände	80	31
X. Abschnitt: Kaution für gutes Betragen	81— 83	32
XI. Abschnitt: Schließung des Betriebes	84	33
XII. Abschnitt: Auflösung oder Betriebseinstellung bei juristischen Personen	85	33
III. Kapitel: Anwendung und Vollzug der Sicherheitsmaßnahmen in Zusammenhang mit den Strafen	86— 91	33
V. Teil: **Rückerstattung und Entschädigung**	92— 94	35
VI. Teil: **Die Straftat**		
I. Kapitel: Einteilung der Straftaten	95	35
II. Kapitel: Versuch	96—100	36
III. Kapitel: Verübung mehrerer Straftaten von derselben Person		
I. Abschnitt: Zusammentreffen von Straftaten	101—108	37
II. Abschnitt: Rückfall	109—119	38
IV. Kapitel: Teilnahme mehrerer Personen bei Begehung derselben Straftat	120—124	40
I. Abschnitt: Anstifter und Gehilfen		
II. Abschnitt: Beteiligung volljähriger und minderjähriger Täter an der Begehung derselben Straftat	125	41
VII. Teil: **Gründe, die die strafrechtliche Verantwortlichkeit aufheben oder sie vermindern**		
I. Kapitel: Vorsatz	126	42
II. Kapitel: Gründe, die die Verantwortlichkeit aufheben oder sie vermindern		

	Art.	Seite
I. Abschnitt: Allgemeine Bestimmungen . .	127	42
II. Abschnitt: Geisteskrankheit und andere Gründe der Bewußtseinsstörung	128	42
III. Abschnitt: Trunkenheit	129	42
IV. Abschnitt: Moralischer Zwang	130	43
V. Abschnitt: Notstand	131	43
VI. Abschnitt: Berechtigte Notwehr	132	43
VII. Abschnitt: Physischer Zwang	133	44
VIII. Abschnitt: Zufall	134	44
IX. Abschnitt: Rechts- und Tatirrtum . . .	135—136	44
X. Abschnitt: Gesetzesgebot und Auftrag der gesetzlichen Behörde	137	44
XI. Abschnitt: Minderjährigkeit	138—153	45
XII. Abschnitt: Taubstummheit	154	49
XIII. Abschnitt: Herausforderung	155—156	49
XIV. Abschnitt: Mildernde Umstände	157—159	50
VIII. Teil: **Zusammentreffen von erschwerenden und mildernden Umständen**	160	52
IX. Teil: **Bedingungen der Strafverfolgung bei Vergehen, die einen Strafantrag erfordern**	161—162	52
X. Teil: **Erlöschen der Strafverfolgung, des Strafvollzugs und der durch die Verurteilung hervorgerufenen Rechtsfolgen**		
I. Kapitel: Der Tod	163	53
II. Kapitel: Verjährung		
I. Abschnitt: Erlöschen der Strafverfolgung durch Verjährung	164—167	53
II. Abschnitt: Erlöschen der Strafvollstrekkung durch Verjährung	168—171	54
III. Kapitel: Amnestie	172	55
IV. Kapitel: Begnadigung	173	55
V. Kapitel: Vergleich der Parteien	174	55
VI. Kapitel: Rehabilitierung	175—180	55
XI. Teil: **Allgemeine Bestimmungen für Pressevergehen**	181—182	57
XII. Teil: **Erläuterung einiger Gesetzesbegriffe**	183	57

II. Buch

VERBRECHEN UND VERGEHEN IM BESONDEREN

I. Teil: **Verbrechen und Vergehen gegen den Staat** . . .		
I. Kapitel: Verbrechen und Vergehen gegen die äußere Sicherheit des Staates		
I. Abschnitt: Hochverrat	184—193	60

	Art.	Seite
II. Abschnitt: Spionage	194—194⁵	63
III. Abschnitt: Andere Verbrechen und Vergehen gegen die äußere Sicherheit des Staates	195—202	64
IV. Abschnitt: Gemeinsame Bestimmungen .	203	67
II. Kapitel: Verbrechen und Vergehen gegen die innere Sicherheit des Staates		
I. Abschnitt: Der Angriff und die Verschwörung gegen die Verfassung und soziale Ordnung der Rumänischen Volksrepublik	204—209	67
I. Abschnitt^bis: Untergrabung der nationalen Wirtschaft und konterrevolutionäre Sabotage	209¹—209⁴	68
II. Abschnitt: Andere Verbrechen und Vergehen gegen die innere Sicherheit des Staates	210—218¹	69
III. Kapitel: Verbrechen und Vergehen gegen das Oberhaupt fremder Staaten, deren Vertreter und deren Hoheitszeichen	219—223	71
IV. Kapitel: Vergehen gegen die Sicherheit fremder Staaten, das Friedensrecht und die guten internationalen Beziehungen	224—226	72
V. Kapitel: Gemeinsame Bestimmungen	227—231	73
I. Teil^bis: **Straftaten gegen den Frieden und die Menschlichkeit**	231¹—231⁵	74
II. Teil: **Vergehen gegen die Ausübung politischer und staatsbürgerlicher Rechte**	232—235	76
III. Teil: **Verbrechen und Vergehen gegen die öffentliche Verwaltung**		
I. Kapitel: Verbrechen und Vergehen von öffentlichen Beamten		
I. Abschnitt: Die Veruntreuung	236—237	77
II. Abschnitt: Rechtswidrige Aneignung . .	238—241	78
III. Abschnitt: Nachlässigkeit im Dienst . .	242—242⁴	79
IV. Abschnitt: Verweigerung der gesetzlich obliegenden Dienstleistungen	243—244¹	80
V. Abschnitt: Dienstmißbrauch	245—248	80
VI. Abschnitt: Gemeinsame Bestimmungen .	249	82
II. Kapitel: Vergehen von Beamten oder Privatpersonen		
I. Abschnitt: Aktive und passive Bestechung	250—251	82
II. Abschnitt: Ausnutzung von Verbindungen	252	84

	Art.	Seite
III. Abschnitt: Amtsbeleidigung	253—255	84
IV. Abschnitt: Andere von Beamten oder Privatpersonen begangene Straftaten . .	256—257^{1}	85
III. Kapitel: Von Privatpersonen verübte Verbrechen und Vergehen		
I. Abschnitt: Aufstand	258—262	86
II. Abschnitt: Gewaltsames Entfernen von Siegeln und Pfandentstrickung	263—265	87
III. Abschnitt: Andere Straftaten von Privatpersonen	266—268	87
III. Teil ^{bis}: **Einige Straftaten gegen die Wirtschaftsplanung der Rumänischen Volksrepublik**		
I. Kapitel: Straftaten gegen die Wirtschaft . . .	268^{1}—268^{34}	89
II. Kapitel: Steuerrechtliche Straftaten	268^{35}—268^{37}	96
III. Kapitel: Gemeinsame Bestimmungen	268^{38}	97
IV. Teil: **Vergehen gegen die Justizverwaltung**		
I. Kapitel: Vergehen gegen die richterliche Tätigkeit		
I. Abschnitt: Verleumderische Anzeige . .	269—271	97
II. Abschnitt: Gesetzwidrige Zurückhaltung und Verhaftung	272—276	98
III. Abschnitt: Falsches Zeugnis	277—282	99
IV. Abschnitt: Sachhehlerei	283	100
V. Abschnitt: Begünstigung der Täter . . .	284—286	101
VI. Abschnitt: Gemeinsame Bestimmungen für die Abschnitte IV. und V. des vorliegenden Kapitels	287—288	101
VII. Abschnitt: Andere Vergehen gegen die Ausübung der Gerichtsbarkeit	289—294^{1}	102
II. Kapitel: Vergehen gegen die Wirksamkeit gerichtlicher Entscheidungen		
I. Abschnitt: Entweichen von Häftlingen .	295—298	104
II. Abschnitt: Nichtbeachtung richterlicher Entscheidungen	299—300	105
III. Kapitel: Der Zweikampf	301—307	106
V. Teil: **Vergehen gegen die Religionsausübung und die den Toten gebührende Achtung**		
I. Kapitel: Vergehen gegen die Religionsausübung	308—312	106
II. Kapitel: Vergehen gegen die den Toten gebührende Achtung	313—314	107

	Art.	Seite
VI. Teil: **Verbrechen und Vergehen gegen die öffentliche Ruhe**		
I. Kapitel: Zusammenschluß zur Verübung von Verbrechen und Vergehen	315—319	108
II. Kapitel: Verbrechen und Vergehen des Einfalls in das Staatsgebiet	320—322	109
III. Kapitel: Aufhetzung, Anstiftung und andere Vergehen gegen die öffentliche Ruhe	323—336	109
IV. Kapitel: Gemeinsame Bestimmungen zu den Kapiteln I, II und III des vorliegenden Teiles	337	113
V. Kapitel: Straftaten sowie soziales Parasitentum	338—348	113
VI. Kapitel: Durch Religionsdiener begangene Vergehen gegen die öffentliche Ruhe	349—351	114
VII. Teil: **Verbrechen und Vergehen gegen die öffentliche Sicherheit**		
I. Kapitel: Gemeingefährliche Verbrechen und Vergehen durch Verwendung von Explosivstoffen und durch Zerstörung	352	114
II. Kapitel: Brandstiftung	353—358	115
III. Kapitel: Verbrechen und Vergehen gegen die Sicherheit der Beförderungs- und Nachrichtenmittel	359—368	117
III. Kapitel bis: Vergehen gegen den Arbeitsschutz . .	368[1]—368[4]	118
IV. Kapitel: Andere Vergehen gegen die öffentliche Sicherheit	369—372[1]	118
V. Kapitel: Gemeinsame Bestimmungen zu den Kapiteln I, II, III und IV	373	120
VIII. Teil: **Vergehen gegen das öffentliche Gesundheitswesen**		
I. Kapitel: Verbreitung von Epidemien und anderen ansteckenden Krankheiten	374—378	120
II. Kapitel: Das Verändern oder Fälschen von Lebens- und Heilmitteln. Handel mit Rauschgiften	379—382[2]	122
III. Kapitel: Gemeinsame Bestimmungen zu den Kapiteln I und II	383—384	123

	Art.	Seite
IX. Teil: **Verbrechen und Vergehen gegen die öffentlichen Interessen**		
I. Kapitel: Fälschung von Münzen, öffentlichen Krediturkunden, Marken, Stempelmarken, Stempelpapieren, Siegeln oder Stempeln zur Beglaubigung, Bescheinigung oder Anerkennung .		
I. Abschnitt: Münzverfälschung	385—390	123
II. Abschnitt: Fälschung von öffentlichen Krediturkunden, Marken, Stempelmarken und Stempelpapieren	391—392	124
III. Abschnitt: Fälschen von Siegeln oder Stempeln zur Beglaubigung, Bescheinigung oder Anerkennung	393—398	124
IV. Abschnitt: Gemeinsame Bestimmungen .	399—400	125
I. Kapitel bis: Mißbräuchliche Verwendung von Geldstücken	400[1]	126
II. Kapitel: Urkundenfälschung		
I. Abschnitt: Fälschung von öffentlichen und privaten Urkunden	401—408	126
II. Abschnitt: Fälschung von Pässen, Fahrscheinen, Bestätigungen, Übersetzungen, Gutachten und Reiseverzeichnissen . . .	409—411	128
III. Abschnitt: Benützung von Fälschungen	412—413	129
III. Kapitel: Fälschung durch Vorschieben von anderen Personen und Anmaßung von Titeln oder Ehrungen	414—415	129
III. Kapitel bis: Widerrechtliche Aneignung von Zeichen des Roten Kreuzes	415[1]	130
IV. Kapitel: Gemeinsame Bestimmungen	416	130
X. Teil: **Vergehen gegen den Staats- und Privatkredit**	417—418	130
XI. Teil: **Straftaten wider das Schamgefühl und gegen die Sittlichkeit**		
I. Kapitel: Straftaten gegen das Schamgefühl . .	419—428	131
II. Kapitel: Straftaten gegen die Sittlichkeit . . .	429—440	132
III. Kapitel: Gemeinsame Bestimmungen	441—442	135
XII. Teil: **Vergehen gegen die Familie**		
I. Kapitel: Bigamie, Blutschande und Ehebruch .	443—447	135
II. Kapitel: Vergehen gegen den Familienstand, das böswillige Verlassen der Familie und Mißbrauch des Züchtigungsrechtes	448—455	137
III. Kapitel: Menschenraub	456—462	139

	Art.	Seite
XIII. Teil: **Verbrechen und Vergehen gegen Personen**		
I. Kapitel: Verbrechen und Vergehen gegen das Leben und die körperliche Unversehrtheit . . .		
I. Abschnitt: Tötung	463—469	140
II. Abschnitt: Mißhandlung und Verletzung der körperlichen Unversehrtheit oder der Gesundheit.	470—481	142
III. Abschnitt: Abtreibung der Leibesfrucht .	482—485	144
IV. Abschnitt: Andere Vergehen gegen das Leben und die körperliche Unversehrtheit	486—489	144
V. Abschnitt: Vergehen gegen das Leben, die körperliche Unversehrtheit und die Gesundheit begangen von einer Menschenmenge und im Raufhandel	490	145
II. Kapitel: Vergehen gegen die persönliche Freiheit		
I. Abschnitt: Sklaverei und Freiheitsberaubung	491—493	146
II. Abschnitt: Drohung und Erpressung . .	494—495	147
III. Abschnitt: Hausfriedensbruch	496—500	147
IV. Abschnitt: Geheimnisverletzung	501—506[2]	148
III. Kapitel: Vergehen gegen die Ehre		
I. Abschnitt: Verleumdung und Diffamierung	507—511	150
II. Abschnitt: Beleidigung	512—513	151
III. Abschnitt: Gemeinsame Bestimmungen .	514—522	152
IV. Kapitel: Vergehen gegen die persönliche Ruhe	523	154
XIV. Teil: **Verbrechen und Vergehen gegen das Eigentum** .		
I. Kapitel: Diebstahl	524—528	154
II. Kapitel: Raub und Seeräuberei		
I. Abschnitt: Raub	529—534	157
II. Abschnitt: Seeraub	535—536	158
III. Kapitel: Einige Straftaten gegen das Gemeinschaftsvermögen	536[1]—536[6]	158
IV. Kapitel: Vergehen gegen das Vermögen durch Vertrauensmißbrauch		
I. Abschnitt: Vertrauensmißbrauch	537—538	160
II. Abschnitt: Betrügerische Geschäftsführung	539—541	161
III. Abschnitt: Ausbeutung der Schwächen handlungsunfähiger Personen	542	162
IV. Abschnitt: Fundunterschlagung und rechtswidrige Vorenthaltung	543—544	163

	Art.	Seite
V. Abschnitt: Mißbrauch des beruflichen Vertrauens	545—547	163
VI. Abschnitt: Betrügerische Schädigung von Gläubigern	548	164
VII. Abschnitt: Betrug	549—555[1]	164
V. Kapitel: Verrückung der Grenzen, Vernichtung der Grenzzeichen, Beschädigungen oder andere Störungen des Eigentums	556—563	166
VI. Kapitel: Glückspiel, Lotterie und Geschäfte gegen die öffentliche Wirtschaftsordnung	564—573	168
XV. Teil: **Vergehen gegen das Erwiderungsrecht in der Presse und andere Vergehen in der Presseverwaltung**	574—578	169
XVI. Teil: **Straftaten in Mietangelegenheiten**	578[1]—578[3]	171
XVII. Teil: **Straftaten gegen die allgemeine Ordnung**	578[4]—578[6]	172

III. Buch

ÜBERTRETUNGEN

aufgehoben	579—596	173

IV. Buch

aufgehoben	597—600	173

V. Buch

INKRAFTTRETEN UND ANWENDUNG DES STRAFGESETZBUCHES

Übergangsbestimmungen	601—608	173

EINFÜHRUNG

Das derzeit in Rumänien geltende Strafrecht beruht im wesentlichen auf dem schon vor 1944 geltenden Recht, wobei nach der Umwandlung des Rumänischen Königreiches in die Rumänische Volksrepublik im Jahre 1947 einzelne gesetzliche Bestimmungen, durch die Ideologie der neuen Regierungsform bedingt, zum Teil abgeändert, zum Teil neu aufgenommen wurden.

Geschichtlich beginnt eine rumänische Kodifizierung des Strafrechts erst im vergangenen Jahrhundert, während bis dahin strafrechtliche Bestimmungen mit zivilrechtlichen oder handelsrechtlichen Bestimmungen in Gesetzbüchern zusammengefaßt wurden.

Im Folgenden sei ein kurzer Überblick über die historische Entwicklung des rumänischen Strafgesetzes gegeben:

Bis zum Jahre 1865

Die ersten Strafgesetzbücher erschienen in der ersten Hälfte des 19. Jahrhunderts, als Rumänien noch kein politischer Einheitsstaat war und nur die Fürstentümer „Moldau" und „Walachei" bestanden. Der Fürst der Moldau, Joan Sturza, hatte eine „Condica criminala", ein Verzeichnis der Kriminalfälle verfaßt und im Jahre 1826 herausgegeben, welches von der österr. Gesetzgebung im Jahre 1789 und 1803, sowie der belgischen Gesetzgebung aus dem Jahre 1813 beeinflußt war. Viel später hat der Fürst der Walachei, Barbu Styrbei, eine „Condica criminaliceasca", ebenfalls ein Verzeichnis von Kriminalfällen und des Verfahrens zu denselben ausgearbeitet und im Jahre 1850 in Kraft gesetzt. Dieses Strafgesetz war von dem französischen Strafgesetz von 1810 beeinflußt.

Von 1865 bis 1937

Im Jahre 1859 wurden beide Fürstentümer, Moldau und Walachei, zu einem einheitlichen Staat mit dem Namen „Rumänien" vereinigt. Die älteren Gesetze entsprachen nicht mehr den neuen Lebensbedingungen und deshalb wurde bald die Ausarbeitung einiger neuer Gesetze in Angriff genommen, wobei die bis dahin gemachten Fortschritte in der Erfahrung der Strafrechtswissenschaft anderer Staaten verwertet und auch die Bestimmungen der alten rumänischen Gesetze, soweit sie den jeweils bestehenden Bedingungen entsprachen, übernommen wurden. So wurden „Das Strafgesetzbuch" und „Die Strafprozeßordnung" geschaffen und am 1. Mai 1865 in Wirksamkeit gesetzt.

Dieses Strafgesetzbuch stand stark unter dem Einfluß des französischen Strafgesetzbuches vom Jahre 1810 und insbesondere der allgemeine Teil enthielt viele dem preußischen Strafrecht vom Jahre 1851 ähnliche Bestimmungen.

Die Strafprozeßordnung wurde nach dem Vorbild der französischen Strafprozeßordnung vom Jahre 1808 mit den Änderungen vom Jahre 1832 geschaffen.

Mit vielen Änderungen der gesetzlichen Bestimmungen, die im Laufe der Zeit, insbesondere in den Jahren 1900, 1910, 1912 und 1921 notwendig geworden waren, wurde dieses Strafgesetzbuch in Rumänien bis zum Jahre 1937 angewendet.

Nach dem ersten Weltkrieg wurde das Strafgesetz vom Jahre 1865 auf neue Gebiete ausgedehnt. Durch die Verträge von 1918, 1919 und 1920 wurden die neuen Gebiete: Siebenbürgen, Bukowina und Bessarabien mit Rumänien wiedervereinigt. Alle diese Gebiete unterstanden bis zum Zeitpunkt der Wiedervereinigung der Gesetzgebung der Länder, denen sie bis dahin angehörten.

In einigen dieser neuen Gebiete wurde schon in kurzer Zeit, in anderen erst viel später, das rumänische Strafgesetz an die Stelle der bis dahin geltenden Gesetze gesetzt.

Zuerst wurde in Bessarabien „Das kais. russ. Strafgesetzbuch“ vom 15. August 1845 am 1. Juni 1919 durch die Einführung der Strafgesetze des alten Rumänischen Königsreichs ersetzt, während im übrigen in dieser Zeit in Rumänien nachstehende Strafgesetze bestanden:

a) Im alten Königreich — darunter sind die beiden vereinigten Fürstentümer Moldau und Walachei zu verstehen, die seit 1859 den Namen „Rumänien“ führten — das Strafgesetz vom 1. Mai 1865 mit allen bis zum Jahre 1920 erfolgten Änderungen.

b) In Siebenbürgen:

1. Das ungarische Strafgesetz vom 29. Mai 1878 (Gesetz V) betreffend Verbrechen und Vergehen;

2. Das ungarische Strafgesetz vom 14. Juni 1879 (Gesetz XL) betreffend Übertretungen;

3. Das ungarische Gesetz vom 21. Juni 1880 (Gesetz XXXVII), durch welches die obenerwähnten Gesetze in Kraft gesetzt wurden;

4. Das ungarische Gesetz XXXI vom Jahre 1908, Novelle zum Strafgesetz über die bedingte Aussetzung des Strafvollzuges bei Minderjährigen.

c) In der Bukowina:

1. Das österreichische Strafgesetzbuch vom 27. Mai 1852;

2. Das österreichische Gesetz vom 17. Dezember 1872 mit den in der Folge vorgenommenen Änderungen.

Alle diese Gesetze wurden durch das Inkrafttreten des Gesetzes vom 17. März 1936 aufgehoben.

Vorbereitung eines einheitlichen Strafgesetzbuches

Nach der Vereinigung des Rumänischen Alten Königreiches mit den neuen Gebieten ergab sich nach dem Jahre 1920 die Notwendigkeit einer einheitlichen Gesetzgebung, insbesondere auf dem Gebiete des Strafrechts. Aus diesem Grunde wurde zwecks Ausarbeitung von neuen Gesetzesentwürfen „Der Gesetzgeberische Beirat" geschaffen.

Der von diesem „Gesetzgeberischen Beirat" ausgearbeitete Entwurf eines Strafgesetzbuches wurde zum ersten Male im Jahre 1928 dem Parlament vorgelegt, ist aber erst nach erneuter Vorlage im Jahre 1933 und dann wieder im Jahre 1934 nach zweijähriger Beratung schließlich in der Sitzung vom 17. März 1936 angenommen, im Staatsanzeiger vom 18. März 1936 veröffentlicht und am 1. Januar 1937 in Kraft gesetzt worden.

Aus dem Motivenbericht geht hervor, daß das neue Gesetz zum großen Teil vom Strafgesetz aus dem Jahre 1864 beeinflußt wurde. Bestimmungen des österreichischen und ungarischen Gesetzes, die in diesen Gebieten angewendet worden waren, wurden nur insoweit berücksichtigt, als sie der modernen Rechtsauffassung entsprachen. Ferner wurden die Ergebnisse der Rechtsprechung im Rahmen der alten Gesetze verwertet und zwecks Schaffung eines weitgehend modernen Gesetzes die Gesetzestexte der italienischen — weniger der französischen und der belgischen — und die wichtigste Literatur ausländischer Juristen verwertet.

Von 1937 bis 1948

Dieser Zeitraum kann in zwei Abschnitte geteilt werden. Der eine vom Inkrafttreten des Strafgesetzbuches bis zum Einmarsch der russischen Truppen am 23. August 1944; der zweite bis zum Jahre 1948, als die Staatsform geändert wurde. Am 30. Dezember 1947 wurde das Königreich Rumänien in eine Republik mit der Benennung „Rumänische Volksrepublik" umgewandelt.

Im ersten Abschnitt wurden 25 Änderungen im Strafgesetz von 1936 vorgenommen, und zwar in ihrer Mehrzahl während der Ära König Karls II. und des Ministerpräsidenten Antonescu.

Der zweite Abschnitt beginnt mit der kommunistischen Führung (6. März 1945) und dauert bis zur Wiederveröffentlichung des alten rumänischen Strafgesetzbuches im Februar 1948. Diese Ausgabe erhielt die Benennung „Strafgesetzbuch der Rumänischen Volksrepublik". In dieser Gesetzesausgabe wurden 12 Änderungen im Sinne der neuen Regierungsform eingeführt.

Die wichtigsten sind die Dekrete Nr. 5 und 13 aus dem Jahre 1948, die den 1. Teil des zweiten Buches „Verbrechen und Vergehen gegen den Staat“, betreffen.

Von 1948 bis 1960

In diesem Zeitabschnitt wurde in den meisten Fällen der alte Text beibehalten und diesem, unter Beibehaltung der gleichen Artikelnummer, wurden neue Texte, die fortlaufend numeriert sind, hinzugefügt, neue strafbare Tatbestände geschaffen oder die alten aufgehoben.

Die wichtigsten Änderungen des Strafgesetzes in diesem Zeitraum betreffen in der Hauptsache:

1. Erhöhung des Ausmaßes der Strafe der Vermögenseinziehung, der wegen Vergehen gegen die Sicherheit des Staates Verurteilten (Dekrete aus den Jahren 1948, 1949, 1950 und 1957).

2. Feststellung von Straftaten gegen das Volksvermögen (Dekret Nr. 192 von 1950).

3. Schutz des sozialistischen Wirtschaftssystems und der Produktionsmöglichkeiten (Dekret Nr. 183 von 1949).

4. Maßnahmen gegen die Untergrabung der nationalen Wirtschaft und Sabotage durch zwei geänderte Dekrete und zwar Nr. 202 von 1953 und Nr. 469 von 1957.

5. Die Umbenennung der Gerichtsinstanzen und des Generalstaatsanwalts in die allgemeine Benennung „Tribunal“ (Gerichtshof) mit Zuständigkeit in Bezirk-, Land- oder als Oberster Gerichtshof, sowie die Umbenennung der Generalstaatsanwaltschaft in „Prokuratur“ (Staatsanwaltschaft).

Diese Umbenennungen wurden durch Gesetz im Jahre 1952 durchgeführt.

Institut für Ostrecht, München

Erstes Buch

ALLGEMEINE BESTIMMUNGEN

I. Teil

Die Gesetzmäßigkeit des strafbaren Tatbestandes, der Strafe und der Sicherheitsmaßnahmen

Art. 1 Das Strafgesetz hat den Zweck, die Rumänische Volksrepublik und ihre Rechtsordnung gegen Handlungen, die die Gesellschaft gefährden, durch Anwendung von gesellschaftsschützenden Maßnahmen gegen Personen, die solche Handlungen begehen, zu schützen.

Für die Gesellschaft sind im Sinne des obigen Absatzes alle Handlungen oder Unterlassungen gefährdend, die den wirtschaftlichen, sozialen oder politischen Aufbau stören oder gegen die Sicherheit der Rumänischen Volksrepublik gerichtet sind oder die die vom Volke, insbesondere von der arbeitenden Klasse, festgesetzte Rechtsordnung verletzen.

Eine vom Gesetz an sich verfolgte Tat stellt dennoch keine Straftat dar, wenn sie durch ihren konkreten Inhalt und durch die Voraussetzungen, unter denen sie begangen wurde, nicht die soziale Gefahr einer Straftat darstellt, da sie offensichtlich belanglos ist.

II. Teil

Anwendung des Strafgesetzes

1. Kapitel

Zeitlicher Geltungsbereich des Strafgesetzes

Art. 2 Eine während der Wirksamkeit des früheren Gesetzes begangene, jedoch im neuen Gesetz nicht vorgesehene Straftat wird nicht bestraft. Der Vollzug der gemäß dem früheren Gesetz ausgesprochenen Strafe und der Sicherheitsmaßnahmen sowie alle Straffolgen des gerichtlichen Urteils verlieren allein durch die Tatsache des Inkrafttretens des neuen Gesetzes ihre Wirksamkeit.

Art. 3 Wenn nach Begehung der Tat und vor der rechtskräftigen Verurteilung des Täters ein Gesetz oder mehrere aufeinanderfolgende Gesetze erlassen werden, wird dasjenige Gesetz angewendet, dessen

Bestimmungen für den Täter vorteilhafter sind. Eine während der Gültigkeit eines auf Zeit erlassenen Gesetzes begangene Straftat wird auch dann verfolgt, wenn das Gesetz durch Zeitablauf außer Kraft getreten ist.

Art. 4 Gesetze, die Sicherheitsmaßnahmen vorsehen, werden auch auf Straftaten angewendet, die vor deren Inkrafttreten begangen wurden, wenn sie nicht rechtskräftig abgeurteilt sind.

Art. 5 Im Falle widersprechender Bestimmungen zweier oder mehrerer aufeinanderfolgender Gesetze, die sich auf die Verjährung der öffentlichen Anklage oder der Strafen beziehen, wird dasjenige Gesetz angewendet, welches die kürzeste Verjährungsfrist vorsieht.

2. Kapitel

Räumliche Anwendung des Strafgesetzes

1. Abschnitt

In Rumänien begangene Straftaten

Art. 6 Jede auf rumänischem Boden begangene Straftat wird nach den Bestimmungen der rumänischen Strafgesetze bestraft. Das rumänische Strafgesetz wird auf Straftaten angewendet, die im Luftraum über rumänischem Gebiet, im Bereich der rumänischen Gewässer oder dem Gebiet des zu Rumänien gehörenden Meeres, oder auf einem rumänischen Schiff oder Flugzeug begangen wurden.

Eine Straftat wird auch dann als in Rumänien begangen angesehen, wenn die Handlungen oder Unterlassungen oder wenigstens ein Teil der Handlung auf rumänischem Gebiet begonnen oder beendet worden ist oder wenn der Erfolg der Rechtsverletzung auf diesem Gebiet eingetreten ist.

Art. 7 Das rumänische Strafgesetz findet keine Anwendung:

1. auf Personen, die auf Grund von Übereinkommen oder völkerrechtlichen Bestimmungen strafrechtliche Immunität genießen,

2. auf die Besatzung eines fremden Handelsschiffes bei Straftaten, die auf diesem Schiff während seines Aufenthaltes in rumänischen Hoheitsgewässern oder in einem rumänischen Hafen begangen wurden, ebenso auf die Besatzung eines fremden Flugzeugs, während des Fluges über rumänischem Gebiet oder wenn es sich auf diesem Gebiet auf Grund einer Sondergenehmigung der rumänischen Regierung befindet, es sei denn, daß die Straftat gegen einen Rumänen begangen wurde oder die öffentliche Ruhe und Ordnung des Gebietes gestört hat, oder wenn der Kommandant des Schiffes die rumänischen Behörden um Hilfe ersucht hat.

2. Abschnitt

Straftaten, die von Rumänen im Ausland oder die von Ausländern, die ihren Wohnsitz in Rumänien haben, begangen wurden

Art. 8 Jeder rumänische Staatsbürger kann für Straftaten, die er außerhalb des rumänischen Staatsgebietes als Täter, Anstifter oder Gehilfe begangen hat, bestraft werden, jedoch erst nach seiner freiwilligen Rückkehr oder, falls er sich im Lande aufhält, er daselbst bleiben will, oder wenn seine Auslieferung erfolgt ist, jedoch nur dann, wenn diese Taten sowohl nach den Gesetzen des Landes, wo sie begangen wurden, als auch nach den rumänischen Gesetzen strafbar sind, ausgenommen die im Art. 10 und 11 vorgesehenen Straftaten. Sind die von diesen Gesetzen beider Länder vorgesehenen Strafen verschieden, so wird das mildere angewendet.

Wenn die mildere Strafart vom Gesetz des fremden Landes vorgesehen ist und wenn diese im rumänischen Gesetz nicht vorgesehen ist, so muß der Richter sie in eine vom vorliegenden Gesetz vorgesehene Strafe umwandeln, welche ihr nach Art und Dauer entspricht. Der Täter kann nicht verfolgt werden, wenn er beweist, daß er wegen dieser Taten im Ausland amnestiert wurde oder wegen derselben ein rechtskräftiges Urteil ergangen ist, im Falle der Verurteilung aber, daß er vom Strafvollzug befreit wurde oder daß die Strafe durch Vollzug oder durch andere vom Gesetz des Landes, wo er verurteilt wurde, vorgesehene Straflöschungsgründe getilgt wurde.

Wenn der Täter sich auf irgendeine Weise dem vollständigen Vollzug der Strafe, zu der er im Ausland verurteilt worden war, entzogen hat, wird der Teil der im Auslande vollzogenen Strafe auf die Strafe angerechnet, die von den rumänischen Gerichten ausgesprochen wird.

Auch die Untersuchungshaft im Ausland ist anzurechnen. Ebenso kann keine Verfolgung stattfinden von Straftaten, die nach dem Gesetz des fremden Landes einen vorangegangenen Strafantrag erfordern, wenn ein solcher Antrag nicht gestellt oder gesetzmäßig zurückgenommen wurde.

Das rumänische Strafgesetz wird auf den rumänischen Staatsbürger auch für im Auslande begangene Taten angewendet, selbst wenn der Tatort keiner Staatshoheit untersteht, wenn die Taten vom vorliegenden Strafgesetz als Verbrechen oder Vergehen gewertet oder bestraft werden.

Art. 9 Die Bestimmungen des vorgenannten Artikels sind auch auf Ausländer, die ihren Wohnsitz in Rumänien haben anwendbar, wenn sie keinem Staat angehören oder ihre Auslieferung nicht gefordert wurde, sowie auch auf Ausländer, die die rumänische Staatsangehörigkeit erworben haben, nachdem sie die Straftat im Ausland begangen haben,

Ebenso sind diese Bestimmungen auf die Anstifter und Gehilfen anwendbar, die in Rumänien an einer im Ausland begangenen Straftat beteiligt waren, die nach den rumänischen Gesetzen bestraft wird.

3. Abschnitt

Straftaten gegen die Interessen des rumänischen Staates, begangen von Rumänen oder Ausländern im Ausland

Art. 10 Wer außerhalb des rumänischen Gebietes als Täter, Anstifter oder Gehilfe ein Verbrechen gegen die Sicherheit des Staates, ein Vergehen der Fälschung rumänischer Münzen, öffentlicher Wertpapiere, Noten der rumänischen Bank oder der Nachahmung der Siegel des Staates oder der rumänischen Behörden, von rumänischen Stempelmarken und Briefmarken oder das Vergehen einer Beleidigung wider die Ehre, das Ansehen oder die Interessen der Nation oder des rumänischen Staates, sowie irgendein Verbrechen oder Vergehen gegen einen rumänischen Staatsbürger begeht, kann in Rumänien verfolgt, vor Gericht gestellt und auch in Abwesenheit verurteilt werden, es sei denn, die rumänische Regierung verlangt die Verfolgung im Ausland.

Wenn der Täter auf rumänischem Gebiet ergriffen wird oder wenn seine Auslieferung erfolgt ist, muß er die Strafe verbüßen, die von den rumänischen Gerichten ausgesprochen wurde, auch wenn er für die im vorangehenden Absatz aufgezählten Straftaten im Ausland amnestiert oder durch rechtskräftige Entscheidung zwar verurteilt, aber vom Strafvollzug befreit wurde, oder die Strafe durch Verbüßung oder aus irgendwelchen anderen vom Gesetz des Landes, in dem er verurteilt wurde, vorgesehenen Straflöschungsgründen getilgt ist.

Im Falle einer Verurteilung im Ausland für dieselbe Straftat wird die bereits dort verbüßte Strafe auf diejenige angerechnet, die von den rumänischen Gerichten ausgesprochen wurde. Desgleichen wird den Bestimmungen dieses Strafgesetzes entsprechend auch die im Ausland verbüßte Untersuchungshaft in Anrechnung gebracht.

Die in Abwesenheit Verurteilten können die Wiederaufnahme des Strafverfahrens verlangen, wenn sie sich im Lande aufhalten und wenn die Strafverjährungsfrist nicht abgelaufen ist.

4. Abschnitt

Straftaten begangen von Ausländern im Ausland

Art. 11 Alle anderen Verbrechen oder Vergehen, außer den in Art.10 vorgesehenen, die von Ausländern im Ausland begangen wurden, werden nach Art. 8 bestraft, wenn der ausländische Täter sich im Lande befindet und seine Auslieferung nicht verlangt wurde oder nicht durchführbar erscheint.

Die Verfolgung wegen dieser Straftaten kann nur auf Grund einer vom Generalstaatsanwalt der Rumänischen Volksrepublik ausgestellten Ermächtigung erfolgen, ausgenommen die nachstehenden Strafhandlungen, die auf Grund der Richtlinien des vorliegenden Strafgesetzes verfolgt und bestraft werden, unabhängig von den Strafvorschriften, die am Tatort in Kraft sind:

1. Fälschung von Münzen, Papiergeld, öffentlichen Wertpapieren, Banknoten, Stempelmarken oder ausländischen Briefmarken;
2. Frauen- und Kinderhandel;
3. Terrorakte, die vom vorliegenden Strafgesetz als Straftaten gewertet werden;
4. Rauschgifthandel;
5. Handel mit obszönen Veröffentlichungen (Pornographie);
6. Böswilliges Verlassen der Familie;
7. Teilnahme an Taten, die die Versklavung einer Person zum Zweck haben;
8. Piraterie;
9. Unterbrechen oder Zerstören der Unterwasserkabel sowie Verbreitung von falschen Gefahrenzeichen und Aufrufen durch den Rundfunk;
10. Jede andere vom vorliegenden Strafgesetz vorgesehene Straftat, zu deren Verfolgung Rumänien sich durch internationale Abmachungen verpflichtet hat.

5. Abschnitt

Auswirkungen der im Ausland erlassenen Straferkenntnisse

Art. 12 Im Falle einer Verurteilung eines rumänischen Staatsbürgers im Ausland oder eines in Rumänien lebenden Ausländers für eine gemeine Straftat, können die rumänischen Strafgerichte auf Antrag der Staatsanwaltschaft Beschränkungen der Geschäftsfähigkeit, Verbote und Aberkennungen der bürgerlichen Rechte, soweit dies vom rumänischen Gesetz für diese Straftaten vorgesehen ist, aussprechen.

Der Verurteilte hat das Recht, vom Richter die Wiederaufnahme der Untersuchung des ganzen Falles zu verlangen, bevor dieser über den von der Staatsanwaltschaft gestellten Antrag auf Aberkennung der bürgerlichen Rechte entscheidet.

Der Staatsanwalt kann den Antrag auf Aberkennung der bürgerlichen Rechte nicht stellen, wenn der Rumäne im Lande, wo er die Straftat begangen hat, amnestiert oder rehabilitiert wurde, oder wenn seit der Löschung seiner Strafe im Ausland durch Verbüßung, Begnadigung, Verjährung oder aus irgendeinem anderen von dem Gesetz des Landes, wo er verurteilt wurde, vorgesehenen Straflöschungsgrund 10 Jahre verstrichen sind.

Art. 13 Der in seinem Lande wegen einer gemeinen, auch im rumänischen Gesetz vorgesehenen Straftat bestrafte Ausländer verliert in Rumänien diejenigen Rechte, deren Ausübung und Genuß ihm durch das rechtskräftige, ausländische Urteil aberkannt wurden.

Diese Vorschrift wird nicht angewendet, wenn der Ausländer in Abwesenheit verurteilt wurde, oder wenn die vom ausländischen Gesetz ausgesprochenen Verbote, Geschäftsunfähigkeiten und Aberkennungen der Bürgerrechte der öffentlichen Ordnung widersprechen.

Art. 14 Wer eine Straftat in Rumänien begeht, kann, nachdem er im Ausland durch ein rechtskräftiges Urteil für eine auch vom rumänischen Stragesetz vorgesehene Straftat verurteilt wurde, in den Fällen und unter den Voraussetzungen, welche von diesem Strafgesetz festgelegt sind, als Täter im Rückfall angesehen werden.

6. Abschnitt

Gemeinsame Bestimmungen

Art. 15 In allen Fällen, in denen die rumänischen Gerichte zuständig sind, über die im Ausland begangenen Straftaten zu urteilen, wenden diese die vom rumänischen Gesetz vorgesehenen Sicherheitsmaßnahmen an, auch wenn derartige Maßnahmen in den Gesetzen des Landes, wo die Straftat begangen wurde, nicht oder nur zum Teil vorgesehen sind.

7. Abschnitt

Auslieferung

Art. 16 Die Grundsätze der Auslieferung sind in den internationalen Vereinbarungen festgesetzt; dagegen kommen, wenn solche nicht vorhanden sind, die tatsächlich bestehenden Beziehungen der Gegenseitigkeit und die Vorschriften des vorliegenden Abschnittes zur Anwendung.

Art. 17 Die Auslieferung rumänischer Staatsbürger und politischer Flüchtlinge ist untersagt.

Der wegen eines im Ausland begangenen, gemeinen Verbrechens oder Vergehens verfolgte oder verurteilte Ausländer kann ausgeliefert werden. Wenn ein ausländischer, politischer Flüchtling auch wegen einer gemeinen, im Ausland begangenen Straftat verfolgt wird, kann er für diese gemeinen Straftaten in Rumänien zur Rechenschaft gezogen werden, wenn diese auch vom rumänischen Gesetz vorgesehen sind und wenn sie nicht mit der politischen Straftat in Zusammenhang stehen.

Die Bestrafung erfolgt nach den Bestimmungen des Art. 8 Abs. 2 und 3.

Die Auslieferung von Ausländern, die in Rumänien Straftaten begangen haben oder die unter die Bestimmungen des Art. 10 Abs. 1 fallen, kann nur dann erfolgen, wenn gegen sie in Rumänien eine rechtskräftige Entscheidung ergangen ist und im Falle einer Verurteilung, wenn sie die Strafe vollständig verbüßt haben oder eines der Straflöschungsgründe, die in den rumänischen Gesetzen vorgesehen sind, teilhaftig geworden sind. In keinem Fall kann die Auslieferung bewilligt werden, wenn die Tat, wegen welcher sie gefordert wurde, nicht als Straftat vom rumänischen Gesetz vorgesehen ist oder nach diesem Gesetz verjährt ist, oder wenn die für diese Straftat vorgesehene Strafe nach den Gesetzen beider Staaten eine Freiheitstrafe von weniger als einem Jahr wäre.

Falls die Auslieferung von mehreren Staaten zugleich gefordert wird, gilt folgende Rangordnung:
1. der Staat, gegen dessen Interessen die Straftat gerichtet war,
2. der Staat, auf dessen Gebiet die Straftat begangen wurde,
3. der Staat, dessen Staatsbürger der Täter ist.

Art. 18 Der Ausgelieferte kann nicht zur Verbüßung anderer Strafen als der im Auslieferungsersuchen vorgesehenen verhalten werden und kann auch nicht für andere Taten, die er vor der Auslieferung begangen hat, gerichtlich verfolgt werden, außer wenn die rumänische Regierung — auf Grund eines neuen Ersuchens — dazu ihre Zustimmung gibt.

Art. 19 Die Grundsätze der Auslieferung werden auch auf die Durchlieferung angewendet.

3. Kapitel
Gemeinsame Bestimmungen

Art. 20 Die Bestimmungen des vorliegenden Gesetzes werden auch auf Militärpersonen ausgedehnt, ausgenommen die vom Militärstrafgesetz vorgesehenen besonderen Fälle. Die allgemeinen Bestimmungen des vorliegenden Gesetzes werden auch auf die von Sondergesetzen vorgesehenen Straftaten angewandt, wenn diese Gesetze nichts anderes bestimmen.

III. Teil
Strafen

1. Kapitel
Allgemeine Bestimmungen

Art. 21 Bei Verhängung der Strafen muß das Gericht die Vorschriften des „Allgemeinen Teiles“ des vorliegenden Gesetzes, das vom Gesetz für jede Straftat festgelegte Strafmaß, die Größe der sozialen Gefahr, welche die Straftat und der Täter darstellen, ebenso auch die Umstände, unter welchen die Straftat begangen wurde, beachten.

2. Kapitel
Art der Strafen und Strafsätze
1. Abschnitt
Hauptstrafen

Art. 22[1]) Die Strafen für Verbrechen sind:
Für gemeine Straftaten:
1. lebenslängliche Zwangsarbeit,
2. Zwangsarbeit von 5 bis zu 25 Jahren,
3. schwerer Kerker von 3 bis zu 20 Jahren.

Für politische Straftaten:
1. lebenslängliche schwere Haft,
2. schwere Haft von 5 bis zu 25 Jahren,
3. strenge Haft von 3 bis zu 20 Jahren.

Art. 23 Die Strafen für Vergehen sind:
Für gemeine Straftaten:
1. Gefängnis von 1 Monat bis zu 12 Jahren,
2. Geldstrafe von 50 bis zu 2000 Lei, es sei denn das Gesetz sieht ein anderes Höchstmaß vor.

Für politische Straftaten:
1. einfache Haft von 1 Monat bis zu 12 Jahren,
2. Geldstrafe von 50 bis zu 2000 Lei, es sei denn das Gesetz sieht ein anderes Höchstmaß vor.

Art. 24 Als besondere Maßnahme der Bestrafung der schwersten gegen die soziale Ordnung oder gegen den Staat der Rumänischen Volksrepublik oder gegen die Rechtsgrundsätze gerichteten Straftaten, ist in den vom Gesetz ausdrücklich vorgesehenen Fällen und unter den dort vorgesehenen Bedingungen die Todesstrafe zu verhängen.

Die Todesstrafe kann gegen den Täter, der im Zeitpunkt des Verbrechens das Alter von 18 Jahren nicht vollendet hat oder die Frau, die ein Kind im Alter von weniger als 3 Jahren hat, nicht ausgesprochen werden.

Die Todesstrafe kann desgleichen nicht vollzogen werden, wenn der Verurteilte eine schwangere Frau ist oder wenn diese ein Kind im Alter von weniger als 3 Jahren hat.

In den in den Abs. 2 und 3 vorgesehenen Fällen, ist die Todesstrafe durch das Höchstmaß der Strafe der Zwangsarbeit für eine zeitlich begrenzte Dauer zu ersetzen.

---

[1]) Für einzelne im Besonderen Teil des Strafgesetzbuches aufgezählte Straftaten wurde durch Verordnung 202, Amtsbl. Nr. 15 vom 14. Mai 1953, die Verordnung Nr. 469, veröffentlicht im Amtsbl. Nr. 26 vom 30. September 1957, die Verordnung Nr. 318, veröffentl. im Amtsbl. Nr. 27 vom 21. Juli 1958 und die Verordnung Nr. 212, veröffentl. im Amtsbl. Nr. 8 vom 17. Juni 1960 die Todesstrafe eingeführt.

2. Abschnitt

Zusätzliche Strafen

Art. 25 Neben den Hauptstrafen kann das Gericht eine der nachstehenden zusätzlichen Strafen aussprechen, ausgenommen wenn die Verhängung einer solchen Strafe vom Gesetz ausdrücklich vorgeschrieben ist:

1. für Verbrechen, Verlust der bürgerlichen Ehrenrechte von 3 bis zu 10 Jahren,
2. für Vergehen, Aberkennung der bürgerlichen Ehrenrechte von 1 Jahr bis zu 6 Jahren,
3. Verlust der elterlichen Gewalt, in den vom Gesetz vorgesehenen Fällen,
4. Veröffentlichung und öffentlicher Anschlag des Urteils, unter den vom Gesetz festgesetzten Bedingungen,
5. Geldstrafen im Rahmen des Höchst- und Mindestmaßes, das für eine Geldstrafe als Hauptstrafe und nur für Vergehen vorgesehen ist.

Der Vollzug des Verlustes der bürgerlichen Ehrenrechte und der Aberkennung der bürgerlichen Ehrenrechte als zusätzliche Strafe, beginnt vom Tage der Beendigung des Vollzugs der Freiheitsstrafe, neben der sie ausgesprochen wurde, dagegen im Falle der Strafverjährung vom Zeitpunkt des Inkrafttretens der Verjährung zu laufen.

Das Gericht kann diese Strafen nur verhängen, wenn die vom Gericht verhängte Hauptstrafe eine Freiheitsstrafe ist und 6 Monate überschreitet.

6. Die Beschlagnahme des ganzen Vermögens des Täters kann vom Gericht im Falle der Verurteilung wegen einer der in Artikel 184 bis 192 einschließlich, Art. 194 bis 196 einschließlich, Art. 198, 199, 207 bis 212 einschließlich, Art. 214, 219, 227 bis 229 einschließlich, Art. 267 sowie im I. Teil bis des Zweiten Buches des Strafgesetzes vorgesehenen Straftaten ausgesprochen werden.

Bei den anderen Straftaten, die die Sicherheit der Rumänischen Volksrepublik gefährden, ebenso bei solchen durch die das Volksvermögen geschädigt wurde oder für die das Gesetz nicht ausdrücklich die Vermögensbeschlagnahme vorsieht, kann das ordentliche Gericht oder das Sondergericht neben den vom Gesetz vorgesehenen Maßnahmen die Strafe der totalen oder teilweisen Beschlagnahme aussprechen, ausgenommen die in Art. 236 Buchstabe a und b, Art. 242 und Art. 245 Absatz 3 Buchstabe a und b vorgesehenen Fälle.

Bei den zum Schaden der nationalen Volkswirtschaft begangenen Straftaten kann der Richter, wenn das vorgesehene Höchstmaß der Freiheitsstrafe höher als 5 Jahre ist, auch wenn das Gesetz die Vermögensbeschlagnahme nicht ausdrücklich vorsieht, neben den gesetzlich vorgesehenen Maßnahmen die Strafe der teilweisen oder totalen Vermögensbeschlagnahme aussprechen.

Die totale oder teilweise Vermögensbeschlagnahme besteht im Übergang der gesamten Vermögenswerte des Verurteilten ins Eigentum des Staates oder nur einzelner derselben, die im Urteil, nach Begleichung der vor Eröffnung des Strafverfahrens entstandenen Verpflichtungen, besonders genannt sind; Verpflichtungen, die nachher durch unerlaubte Handlungen oder als Folge etwaiger von der strafgerichtlichen Verfolgungsbehörde genehmigter Maßnahmen entstanden sind, sind ebenfalls zu berücksichtigen.

Die Strafe der Vermögensbeschlagnahme ist auch dann zu verhängen, wenn bis zur Verkündigung des Urteils im Vermögensbestand des Täters keine beschlagnahmefähigen Güter vorgefunden wurden; bei einer teilweisen Vermögensbeschlagnahme ist die Höhe des beschlagnahmten Vermögens durch die Festsetzung eines entsprechenden prozentuellen Teiles zu bestimmen.

Der Familie des Verurteilten sind Nahrungs- und Geldmittel zu belassen, die im Gesamtwert einem Dreimonatsgehalt der niedrigsten Gehaltsstufe für jedes Familienmitglied, das er erhält, entspricht.

Nicht beschlagnahmt werden können der unbedingt notwendige Hausrat oder Gegenstände des persönlichen Gebrauchs des Verurteilten und seiner Familie, ebenso das bewegliche Vermögen, das zur Berufsausübung des Verurteilten dient oder das für den Unterhalt seiner Familie unbedingt notwendig ist. Werkzeuge, welche vom Verurteilten nur bei seiner Berufsausübung gebraucht werden, können dennoch beschlagnahmt werden, wenn das Urteil auch ein Verbot der Ausübung des entsprechenden Berufs ausspricht.

7. Militärische Degradierung.

3. Abschnitt
Nebenstrafen

Art. 26 Nebenstrafen sind:

1. Verlust der bürgerlichen Rechte,
2. Interdiktion (teilweiser Entzug der bürgerlichen Ehrenrechte),
3. Aberkennung der elterlichen Gewalt.

Diese Strafen ergeben sich aus der Freiheitsstrafe, ihre Dauer deckt sich mit der Dauer des Vollzugs der Strafe, neben der sie verhängt wurden.

4. Abschnitt
Gemeinsame Bestimmungen

Art. 27 Wenn nach den Tatumständen oder den Beweggründen festgestellt wird, daß eine als Verbrechen oder Vergehen einzustufende Straftat einen politischen Einschlag hat, aber vom Gesetz mit einer Strafe des allgemeinen Rechts belegt ist, setzt das Gericht an Stelle der Strafe des gemeinen Rechts eine entsprechende in den Art. 22 und 23 vorgesehene politische Strafe.

Das Mindest- und Höchstmaß der ausgesprochenen Strafe ist dasselbe wie dasjenige der Strafe des gemeinen Rechts, wenn aber das Gesetz für die begangene Straftat kein Höchstmaß vorsieht, wird die Strafe in den von den Art. 22 und 23 bestimmten Grenzen ausgesprochen.

Als politische Straftaten können niemals angesehen werden: Totschlag, Verstümmelung, vorsätzliche schwere körperliche Schädigung, Geldfälschung und die Versuche dieser Straftaten, Angriffe auf das Eigentum durch Brandlegung, Sprengung, Überschwemmung, Diebstahl und Raub, ebenso Straftaten, welche entweder die Änderung der Grundlagen irgendeiner Sozialorganisation oder auch nur die Änderung der Grundlagen der Sozialorganisation Rumäniens bezwecken.

3. Kapitel

Freiheitsstrafen und deren Vollzug

1. Abschnitt

Strafen des allgemeinen Rechts

§ 1. Zwangsarbeit

Art. 28 Die Zwangsarbeit wird in besonders dafür bestimmten Strafanstalten vollzogen.

Der zu Zwangsarbeit Verurteilte wird bei Beginn des Strafvollzugs in einer Einzelzelle verwahrt und so Tag und Nacht — bei einer Verurteilung zu lebenslänglicher Zwangsarbeit 2 Jahre, bei einer Verurteilung zu Zwangsarbeit von 10 bis zu 25 Jahren 1 Jahr und 6 Monate, bei einer Verurteilung zur selben Strafe von 5 bis zu 10 Jahren 1 Jahr gehalten. Die obigen Fristen können mit Genehmigung des Justizministeriums um das zwei- oder dreifache erhöht werden, wenn das Verhalten des Verurteilten in der Strafanstalt die Öffentlichkeit oder die Sicherheit des Staates zu gefährden geeignet ist.

Sie können, wenn auf Grund eines ärztlichen Gutachtens eine ernste Gefahr für die Gesundheit des Verurteilten besteht, verkürzt oder der Vollzug unterbrochen und nach der Genesung wieder aufgenommen werden.

In jedem Falle bleibt die Absonderung während der Nacht bestehen.

Wenn aus dem oben erwähnten Grund die Strafe nicht bei Beginn in der Einzelzelle vollzogen oder der Vollzug unterbrochen wurde, wird sie nach Wegfall des Unterbrechungsgrundes vollzogen, jedoch bei den zu lebenslänglicher Zwangsarbeit Verurteilten während der ersten 10 Jahre vom Beginn des Strafvollzugs an, bei zeitlich begrenzter Zwangsarbeit dagegen nur während der ersten Hälfte der Dauer der Strafzeit.

Der Verurteilte, der die Strafe in der Einzelzelle verbüßt, ist verpflichtet dort die ihm auferlegte Arbeit zu leisten.

Nach Ablauf der oben erwähnten Fristen ist der Verurteilte unter Schweigegebot zu gemeinschaftlicher Arbeit in Bergwerken, bei gemeinnützigen Arbeiten oder in Industriebetrieben verpflichtet, doch wird er nachts in der Zelle abgesondert.

Wenn die Arbeit im Bergwerk erfolgt, wird der Verurteilte für die Nacht von dort entfernt und in der Zelle verwahrt.

Art. 29 Der zu Zwangsarbeit Verurteilte trägt während der ganzen Zeit des Strafvollzugs die Gefängniskleidung und wird nur zur Sicherung der Überwachung gefesselt. Die Kleidung der zu zeitlich begrenzter Zwangsarbeit Verurteilten ist von derjenigen der auf Lebenszeit Verurteilten verschieden.

Art. 30 aufgehoben.

Art. 31 Lebenslängliche oder zeitlich begrenzte Zwangsarbeit wird nicht über Personen verhängt, die bei Verkündung des Urteils das 60. Lebensjahr vollendet haben, ebensowenig über diejenigen, welche wegen ihrer Gebrechlichkeit die Schwere der Strafe nicht ertragen würden. In diesen Fällen wird an Stelle dieser Strafen auf schweren Kerker von der Dauer erkannt, welche der Verurteilung zu Zwangsarbeit zugrunde gelegt worden wäre. Diese Bestimmung findet auch auf den Verurteilten Anwendung, der das 60. Lebensjahr vollendet hat.

§ 2. Schwerer Kerker

Art. 32 Die Strafe des schweren Kerkers wird in besonders dafür bestimmten Strafanstalten vollzogen.

Der zu schwerem Kerker Verurteilte wird bei Beginn des Strafvollzugs in einer Einzelzelle verwahrt, wo er, wenn seine Strafe 3 bis 7 Jahre beträgt bei Tag und bei Nacht abgesondert 8 Monate, oder wenn seine Strafe 7 bis 20 Jahre beträgt, ein ganzes Jahr gehalten wird.

Nach Ablauf der vorerwähnten Frist wird er tagsüber zur Gemeinschaftsarbeit unter Schweigegebot im Bereiche der Strafanstalt eingesetzt, während er nachts in einer Zelle abgesondert wird.

Die Bestimmungen des Art. 28 Abs. 3, 4 und 5 werden auch auf den zu schwerem Kerker Verurteilten angewendet.

Der zu schwerem Kerker Verurteilte verrichtet in der Strafanstalt selbst je nach seinen Fähigkeiten und den Vorschriften der Strafanstalt Industriearbeiten, während er außerhalb der Strafanstalt gemeinnützige Arbeit leistet.

Der zu Einzelhaft Verurteilte verrichtet die ihm von der Leitung der Strafanstalt auferlegte Arbeit in der Zelle.

Die Vollzugsvorschriften für schweren Kerker werden milder sein als die für Zwangsarbeit vorgesehenen.

§ 3. Gefängnis

Art. 33 Der zu Gefängnis Verurteilte verbüßt die Strafe in besonders dafür vorgesehenen Strafanstalten. Die Strafe wird folgendermaßen vollzogen:

1. Der zu Gefängnis bis einschließlich 6 Monaten Verurteilte wird tagsüber in Gemeinschaft und nachts nach Möglichkeit abgesondert verwahrt.

2[2]). Der zu Gefängnis von 6 Monaten bis einschließlich 2 Jahren Verurteilte wird während eines Viertels der Strafzeit, jedoch höchstens 4 Monate, bei Tag und bei Nacht abgesondert in einer Einzelzelle verwahrt, zwei Viertel der Strafzeit wird er tagsüber zu Gemeinschaftsarbeiten eingesetzt und nachts, nach Möglichkeit, in einer Einzelzelle verwahrt, während der Rest der Strafe bei erwiesenem gutem Verhalten und Arbeitseifer bedingt in Freiheit vollzogen werden kann.

3[2]). Der zu Gefängnis von 2 und mehr Jahren Verurteilte wird 6 Monate bei Tag und bei Nacht in einer Einzelzelle verwahrt, zwei Viertel der verhängten Strafe verbringt er tagsüber bei gemeinsamer Arbeit und nachts, nach Möglichkeit, abgesondert in der Zelle, während der Rest der Strafe bei erwiesenem gutem Verhalten und Arbeitseifer zur Hälfte in einem Straflager, zur Hälfte bedingt in Freiheit vollzogen werden kann.

Die im Art. 28 Abs. 3, 4 und 5 vorgesehenen Bestimmungen werden auch auf die zu Gefängnis Verurteilten angewendet.

Die gemeinsame Arbeit im Bereiche der Strafanstalt besteht in industriellen, von der Anstaltsordnung vorgesehenen Arbeiten, je nach Eignung des Verurteilten und den gegebenen Möglichkeiten der Strafanstalt.

Er kann außerhalb der Strafanstalt zu landwirtschaftlichen oder gemeinnützigen Arbeiten verwendet werden.

Bei Verurteilung wegen nicht vorsätzlicher Straftaten darf der Verurteilte auch außerhalb der Strafanstalt zu landwirtschaftlichen oder gemeinnützigen Arbeiten nur mit seiner Zustimmung verwendet werden.

Der in der Zelle Verwahrte muß dort die ihm zugewiesene Arbeit leisten.

---

[2]) Durch Verordnung Nr. 72, veröffentl. im Amtsbl. Nr. 28 vom 23. 3. 1950 wurde Art. 33, Ziff. 2 und 3 bezüglich der Bestimmungen über Strafkolonien und bedingte Freiheit aufgehoben. Siehe auch Verordnung Nr. 720/1956 veröffentl. im Amtsbl. Nr. 2 vom 16. 1. 1957 über die vorzeitige Entlassung aufgrund geleisteter Arbeit und Wohlverhaltens der Verurteilten.

Der Vollzug dieser Strafe ist milder zu gestalten als der des schweren Kerkers.

Art. 33[1] Der zu Gefängnis Verurteilte verbüßt die Strafe in den von Art. 268[17], 268[17a], 338, 339, 340, 341, 433, 434, 435, 578[4] und 578[4a] vorgesehenen Fällen in einem Arbeitshaus (Lager zur Besserung durch Arbeit)[3]). Die Vollzugsvorschrift in einem Arbeitshaus richtet sich auf den erzieherischen Einfluß der Arbeit, auf die Verpflichtung der arbeitsfähigen Verurteilten, gemeinnützige Arbeit zu leisten, auf die Erziehungsmaßnahmen, die bei den Verurteilten angewendet werden müssen, auf ihre Achtung der Arbeitsordnung und der inneren Ordnung des Arbeitshauses, ferner auf den Anreiz zur Arbeit und die Anerkennung der Ordentlichen, Arbeitswilligen und derjenigen, die begründete Beweise einer Besserung an den Tag legen. Alle diese Mittel sind derart anzuwenden, daß sie zur Besserung und Umerziehung des betreffenden Verurteilten führen.

Art. 34 Während der gemeinschaftlichen Arbeit sind die Verurteilten so weit als möglich unter Berücksichtigung der Art der Straftat zu trennen. Die wegen Fälschung und Eigentumsdelikten Verurteilten werden immer, sowohl bei Tag als auch bei Nacht, von den wegen anderer Vergehen Verurteilten abgesondert.

Bei Anwendung dieser Absonderung ist auch auf die persönliche Veranlagung eines jeden Verurteilten Rücksicht zu nehmen.

Art. 35 aufgehoben. § 4. Polizeiarrest.

2. Abschnitt

Politische Strafen

§ 1. Schwere Haft

Art. 36 Der zu schwerer Haft Verurteilte verbüßt die Strafe in einer Sonderabteilung der für politische Strafen bestimmten Strafanstalt. Er wird tagsüber in Gemeinschaft gehalten, nachts jedoch in einer Einzelzelle verwahrt.

Der zu schwerer Haft Verurteilte ist zu Industriearbeiten, zu landwirtschaftlichen oder gemeinnützigen Arbeiten anzuhalten, die nach Möglichkeit nach seiner Wahl bestimmt werden.

Das Gericht kann in dem Urteil unter Anführung der Gründe den zu schwerer Haft Verurteilten von jeder Arbeit befreien und ihm die Verpflegung auf eigene Kosten gestatten.

Der zu dieser Strafe Verurteilte darf nur von seinen Familienangehörigen besucht werden und auch das nur einmal im Monat. Die Zusammen-

---

[3]) Gemäß Art. IV der Verordnung Nr. 324 vom 16. 7. 1957 werden Einrichtung und Tätigkeit der Kolonien für Erziehung durch Arbeit durch Richtlinien des Innenministeriums festgesetzt.

kunft mit diesen Personen erfolgt immer gemäß der Strafanstaltsordnung.

§ 2. Strenge Haft

Art. 37 Der zu strenger Haft Verurteilte verbüßt die Strafe in einer Sonderabteilung der für politische Strafen vorgesehenen Strafanstalt.

Die Bestimmungen der Absätze 2 und 3 des Art. 36 werden auch auf die zu strenger Haft Verurteilten angewendet.

§ 3. Einfache Haft

Art. 38 Der zu einfacher Haft Verurteilte verbüßt die Strafe in einer Sonderabteilung der für politische Strafen vorgesehenen Strafanstalt.

Der zu dieser Strafe Verurteilte darf nur auf eigenen Wunsch oder als Disziplinarmaßnahme in einer Einzelzelle verwahrt werden. Er kann sich, mit den ihm zur Verfügung stehenden Mitteln, jede Verbesserung der Lebenshaltung im Rahmen der Anstaltsvorschriften beschaffen.

Der zu dieser Strafe Verurteilte kann mit seinen Familienangehörigen und mit fremden Personen nur entsprechend den Bestimmungen der Strafanstaltsordnung verkehren.

Er kann, mit Bewilligung der Anstaltsverwaltung, Bücher, Zeitschriften und Zeitungen erhalten. Der Verurteilte ist zu leichter Arbeit anzuhalten, die durch die Vorschriften über den Vollzug der Strafe und nach seiner eigenen Wahl bestimmt wird.

§ 4. Gemeinsame Bestimmungen

Art. 39 Die zu Haft Verurteilten sind nicht verpflichtet die Anstaltskleidung zu tragen, wenn sie sich auf eigene Kosten Kleidung beschaffen können. Die Anstaltsverwaltung bestimmt die Stunden, während welcher sie sich im Freien bewegen können.

3. Abschnitt

Ergänzende Einrichtungen für den Vollzug der Freiheitsstrafe

§ 1. Straflager

Art. 40 aufgehoben.

§ 2. Bedingte Entlassung

Art. 41 aufgehoben.
Art. 42 aufgehoben.
Art. 43 aufgehoben.
Art. 44 aufgehoben.

4. Abschnitt

Gemeinsame Bestimmungen

Art. 45 Die Strafen für die gemeinen sowie für die politischen Verbrechen haben von Rechts wegen während des Strafvollzugs den Verlust der bürgerlichen Rechte zur Folge.

Die zu diesen Strafen Verurteilten verlieren für die Dauer des Strafvollzugs die Fähigkeit, ihr Vermögen zu verwalten und über dasselbe unter Lebenden zu verfügen. Sie sind bis zu ihrer vollständigen oder bedingten Entlassung nach den im Bürgerlichen Gesetzbuch für die Ernennung von Kuratoren vorgesehenen Bestimmungen, unter Kuratel gestellt.

Den zu Zwangsarbeit oder schwerem Kerker Verurteilten kann während des Strafvollzugs weder ein Geldbetrag noch eine Beihilfe noch ein Teil des Vermögens überlassen werden.

Die wegen gemeinen oder politischen Vergehen ausgesprochenen Freiheitsstrafen haben von Rechts wegen für die Dauer des Strafvollzugs den Verlust des aktiven und passiven Wahlrechts, des Rechts als Vormund oder Kurator bestellt zu werden, sowie des Rechts, irgend ein öffentliches Amt zu bekleiden, zur Folge. Die Verurteilung hindert auch die zeitliche Ausübung der elterlichen und ehelichen Gewalt[4]), wenn vom Gericht nichts anderes verfügt wird.

Art. 46 Die zu einer der oben angeführten Strafen verurteilten Frauen werden getrennt von den Männern untergebracht und gemäß den Vollzugsvorschriften zu einer ihrem Geschlecht entsprechenden Arbeit angehalten.

Art. 47 Im Falle der gnadenweisen Strafumwandlung oder der Herabsetzung der Strafe, werden auf die Verurteilten die für die neuen Strafen vorgesehenen Vollzugsvorschriften angewendet.

Art. 48[5]) Die Verurteilten haben die für ihre Besserung notwendigen Maßnahmen zu dulden.

---

[4]) Die Ehegewalt wurde sinngemäß durch die Verfassung vom 13. 4. 1948 und ausdrücklich durch Verordnung Nr. 32, veröffentlicht im Amtsbl. Nr. 9 vom 31. 1. 1954, aufgehoben.

[5]) Der Text des Art. 48 ist ohne den letzten Absatz wiedergegeben; dieser ist durch Verordnung Nr. 318 veröffentl. im Amtsbl. Nr. 27 vom 21. 7. 1958 aufgehoben worden. Tieferstehend wird der Wortlaut dieses Absatzes, wie er im Staatsanzeiger Nr. 48 vom 27. 2. 1948 wiederveröffentlicht wurde, wiedergegeben: „Das Justizministerium kann auf Antrag der Aufsichtsbehörde und als Anerkennung und Anspornung zur Arbeit, die Verteilungsart des Arbeitsertrags für die zu Zwangsarbeit Verurteilten nach den für die zu schwerer Haft Verurteilten festgesetzten Bestimmungen und für die zu schwerer Haft Verurteilten nach den für die zu Gefängnis Verurteilten festgesetzten Bestimmungen verfügen."

Die zum erstenmal Verurteilten werden von den Rückfälligen vollständig getrennt, ebenso die Minderjährigen von den Volljährigen. Sie werden in besonderen, vollkommen abgesonderten Abteilungen untergebracht. Ebenso müssen Verurteilte von den freien Arbeitern getrennt werden, wenn diese zu denselben Arbeiten herangezogen werden.

Verurteilte Handwerker, mit Ausnahme der zu Zwangsarbeit Verurteilten, setzen nach Möglichkeit ihre frühere Tätigkeit in der Strafanstalt fort, während die anderen, die kein Handwerk erlernt haben, zur Erlernung eines solchen angehalten werden.

Die einen geistigen Beruf ausübenden Verurteilten sind, außer den zu Zwangsarbeit oder zu schwerem Kerker Verurteilten, zu ihren Fähigkeiten angemessenen Arbeiten anzuhalten.

Die Verwahrung in Einzelzellen schließt die Teilnahme des Verurteilten am Schulunterricht, dem Gottesdienst, der Bewegung im Freien und dem Empfang der laut Anstaltsordnung zugelassenen Besuche nicht aus.

Art. 49 Der Ertrag der Arbeit des Verurteilten gehört von Rechts wegen dem Staat mit Ausnahme eines Teiles von 5% bei Strafen bis zu 5 Jahren und von 3% bei Strafen über 5 Jahre; die entsprechenden Geldbeträge sind zu hinterlegen und dem Verurteilten bei seiner Entlassung auszufolgen.

Art. 49^1 Die vom Gesetz für die begangene Straftat vorgesehene Strafe der lebenslänglichen Zwangsarbeit und des schweren lebenslänglichen Kerkers wird in den in Art. 24 Abs. 2 und 3 vorgesehenen Fällen in dieselbe Strafe, jedoch für eine zeitlich begrenzte Dauer umgewandelt.

Art. 50 aufgehoben.

Art. 51 aufgehoben.

4. Kapitel
Geldstrafen

1. Abschnitt
Geldstrafen für Vergehen

Art. 52 Die für Vergehen vorgesehene Geldstrafe wird zugunsten des Staates verhängt.

Im Rahmen des vom Gesetz für das begangene Vergehen vorgesehenen Mindest- und Höchstmaßes, wird das Gericht unter Berücksichtigung der wirtschaftlichen Lage des Täters die Geldstrafe in der Weise festsetzen, daß sie für ihn die Erschwerung seiner gewöhnlichen Lebensführung bedeutet, ohne ihm jedoch die Möglichkeit zu nehmen, seinen Verpflichtungen gegenüber den von ihm abhängigen Personen bezüglich des Lebensunterhaltes und des Erziehungsaufwandes nachkommen zu können,

Wenn das Gericht das allgemeine Höchstmaß der Geldstrafe für unzureichend erachtet, so kann es mit besonderer Begründung eine Geldstrafe bis zum Doppelten des Höchstmaßes verhängen. Die oben vorgesehene Ausnahme wird nur dann angewandt, wenn die für Vergehen vorgesehene Geldstrafe Hauptstrafe ist oder zu einer solchen wird, weil sie auf Grund mildernder Umstände an Stelle der Freiheitsstrafe verhängt wurde.

2. Abschnitt

Geldstrafen bei Übertretungen

Art. 53 aufgehoben.

3. Abschnitt

Die Verpflichtung zur Zahlung der Geldstrafe und die Folgen im Falle der Nichterfüllung

Art. 54 Der zu Geldstrafe Verurteilte muß bei der Geschäftsstelle des Gerichts, welches das Urteil vollzieht, den Zahlungsnachweis über den ganzen Betrag der Geldstrafe hinterlegen, und zwar sofort nachdem das Urteil rechtskräftig geworden ist.

Eine nichtbezahlte Geldstrafe wird bei in staatlichen Organen und Einrichtungen, in wirtschaftlichen Unternehmen und Vereinigungen des Staates oder in Genossenschaften Beschäftigten, bei Mitgliedern der Produktionsgenossenschaften, sowie bei Angestellten der übrigen Vereinigungen öffentlicher Natur, aus ihrem Arbeitslohn eingetrieben.

Die Abzüge erfolgen auf Grund einer Mitteilung des Gerichts an den Leiter der Einheit, in der der Verurteilte arbeitet. Sie werden in Monatsraten nach den Bestimmungen des Arbeitsgesetzes vorgenommen und die Zahlungsnachweise dem Gericht übergeben.

Bei den übrigen zu Geldstrafe Verurteilten wird das Gericht, sofern sie die Geldstrafe nicht innerhalb von 2 Monaten nach dem in Abs. 1 genannten Zeitpunkt bezahlen, die Umwandlung der Geldstrafe in Gefängnis oder einfache Haft anordnen, wenn die Geldstrafe 300 Lei oder mehr beträgt. Geldstrafen unter 300 Lei gehen zu Lasten des Verurteilten und werden durch die Finanzabteilungen der Exekutivausschüsse der Volksräte eingetrieben.

Das gilt nicht, wenn der Verurteilte innerhalb der oben vorgesehenen Frist von 2 Monaten den Nachweis seiner Zahlungsunfähigkeit infolge materieller Verhältnisse erbracht hat und bei dem Gericht, welches das Urteil vollstreckt, Tilgung der Geldstrafe in Teilbeträgen beantragt und die Bewilligung dazu erhalten hat.

Die Nichtbezahlung einer Rate zur vorgesehenen Frist hat von Rechts wegen die Umwandlung des noch nicht bezahlten Restbetrages der Geldstrafe in Gefängnis oder einfache Haft zur Folge.

Die Dauer der Gefängnisstrafe oder einfachen Haft, in die eine nichtbezahlte Geldstrafe umgewandelt wird, bemißt sich in der Weise, daß 10 Lei einem Gefängnistag entsprechen.

Die Gefängnisstrafe oder einfache Haft, die durch die Umwandlung einer Geldstrafe entsteht, darf 1 Jahr nicht überschreiten; im Falle des Art. 52 letzter Absatz, darf sie nicht höher sein als 2 Jahre. Die Geldstrafe, welche auf Grund von mildernden Umständen an Stelle der Gefängnisstrafe oder einfachen Haft auferlegt wird, darf, falls sie nicht bezahlt wird, nicht in Gefängnisstrafe oder einfache Haft von längerer Dauer, als das für die betreffende Straftat vom Gesetz vorgesehene besondere Mindestmaß der Freiheitsstrafe, umgewandelt werden.

Die oben angeführten Bestimmungen bezüglich der Zahlungspflicht der Geldstrafe innerhalb von 2 Monaten, sowie die Umwandlung der Geldstrafe in Gefängnis oder einfache Haft im Falle der Nichtbezahlung, sind ausdrücklich im Urteil anzuführen.

Die Geldstrafen für Übertretungen, die vom Gericht verhängt, jedoch nicht bezahlt wurden, werden als Schuld behandelt und von den Finanzabteilungen eingetrieben, welche das Gericht von der Begleichung in Kenntnis zu setzen haben[6]).

Art. 55 Der Inhaftierte kann sich jederzeit von der zu verrichtenden Arbeit oder der Freiheitsstrafe befreien, wenn er den noch ausstehenden Betrag der Geldstrafe erlegt.

Art. 56[7]) Die nach Art. 54 zu Gefängnis, einfacher Haft oder Polizeiarrest Verurteilten, werden gesondert von den übrigen Häftlingen gehalten.

Art. 57 Die Geldstrafen für Vergehen, die auf Grund des vorliegenden Gesetzes und solche, die etwa auf Grund von Sondergesetzen verhängt werden, sowie Geldbeträge, die auf Grund von Vermögenseinziehungen oder Schadensersatzansprüchen, auf welche die Betroffenen verzichtet haben, eingehen, gehören dem Staat.

Der Staat wird die notwendigen Beträge zum Bau und Umbau der Strafanstalten, damit diese den Bestimmungen des vorliegenden Gesetzes entsprechen, sowie zur Deckung der Kosten des Hilfs- und Aufsichtswerkes der Fürsorgevereine, welche die unter Aufsicht stehenden oder

---

[6]) Gemäß den Bestimmungen der Verordnung Nr. 184, veröffentl. im Amtsbl. Nr. 25 vom 21. 5. 1954, wird dieser Absatz sinngemäß als aufgehoben betrachtet.

[7]) Gemäß den Bestimmungen der Verordnung Nr. 212, veröffentl. im Amtsbl. Nr. 8 vom 17. 6. 1960, werden die in diesem Art. enthaltenen Bestimmungen über den Polizeiarrest infolge der Änderung des Art. 24 des Strafgesetzbuches, dessen neue Fassung den „Polizeiarrest" unter den Strafarten nicht mehr vorsieht, und der Aufhebung des Art. 35 über Vollstreckung des Polizeiarrests, aufgehoben.

bedingt entlassenen Häftlinge beaufsichtigen, und zur Erleichterung der Resozialisierung entlassener Häftlinge zur Verfügung stellen. Ebenso wird der Staat dem Justizministerium die notwendigen Beträge zur Verfügung stellen, mit denen das Ministerium Unterstützungen an nichtentschädigte Betroffene gewähren kann, sowie während der Inhaftierung des Verurteilten die Personen unterstützt, für die er unterhaltspflichtig ist, sowie die Opfer von Justizirrtümern entschädigt.

5. Kapitel
Strafen des Verlustes von Rechten
1. Abschnitt
Verlust der bürgerlichen Rechte

Art. 58 Der Verlust der bürgerlichen Rechte besteht in:

1. dem Ausschluß des Verurteilten von jedem öffentlichen Amt und dem Verlust des Rechtes, jemals ein solches Amt zu bekleiden,
2. dem Verlust des aktiven und passiven Wahlrechtes und sämtlicher politischer Rechte sowie des Rechtes, Auszeichnungen, Medaillen oder Ehrentitel zu tragen, Ruhebezüge[8]) vom Staat, Kreis[9]) oder der Gemeinde zu erhalten,
3. der Unfähigkeit, Beisitzer, Volksanwalt[10]), Sachverständiger oder Urkundszeuge zu sein,
4. der Unfähigkeit, Mitglied irgendeines Familienrates[11]), Vormund, Kurator oder Rechtsbeistand zu sein,
5. dem Verlust des Rechtes, Unterricht zu erteilen oder als Professor, Erzieher, Lehrer oder Aufsichtsorgan Mitglied eines öffentlichen oder privaten Institutes zu sein.

---

[8]) In bezug auf die Pension s. Verordnung Nr. 292, veröffentl. im Amtsbl. Nr. 20 vom 10. 8. 1959 betreffend die Pensionen im Rahmen der staatl. Versicherungen und die Vorschriften betreffend die Anwendung der Verordnung Nr. 292/59, veröffentl. in der Sammlung der Urteile und Verfügungen des Ministerrates der Rum. Volksrepublik Nr. 32 vom 5. 9. 1959, abgeändert am 29. 4. 1960 (Sammlung der Urteile und Verfügungen des Ministerrates der RVR Nr. 15).

[9]) Gemäß Gesetz Nr. 5, veröffentl. im Amtsbl. Nr. 77 vom 8. 9. 1950 ist der Raum der Rumänischen Volksrepublik in Regionen, Städte, Bereiche (Raion) und Gemeinden eingeteilt.

[10]) Das Gesetz Nr. 6 zur Schaffung und Gestaltung der Staatsanwaltschaft der RVR, Amtsbl. Nr. 31 vom 19. 6. 1952 und veröffentl. durch Verordnung Nr. 143 Amtsbl. Nr. 20 vom 29. 4. 1954, verwendet den Ausdruck „Volksanwalt" nicht mehr.

[11]) Das Gesetz Nr. 4/1953 (Familiengesetz), veröffentlicht im Amtsbl. Nr. 1 vom 4. 1. 1954, sieht den „Familienrat", „Vormund", „Kurator" oder „Rechtsbeistand" nicht mehr vor. Durch die Verordnung Nr. 32 vom 31. 1. 1954 wird dagegen die Art des Ersatzes oder der Abschaffung dieser von der vorangegangenen Gesetzgebung vorgesehenen Schutzeinrichtung geregelt.

2. Abschnitt

Aberkennung der bürgerlichen Ehrenrechte

Art. 59 Die Aberkennung der bürgerlichen Ehrenrechte hat die zeitweilige Aufhebung der Ausübung eines oder mehrerer der in Art. 58 angeführten Rechte, die vom Gericht im Urteil genau zu bezeichnen sind, zur Folge, es sei denn, das Gesetz sieht ausdrücklich vor, daß das Gericht den Verlust des Rechtes selbst aussprechen kann.

3. Abschnitt

Verlust der elterlichen Gewalt

Art. 60 Der Verlust der elterlichen Gewalt besteht in dem Verlust sämtlicher aus ihr abgeleiteten Rechte.

6. Kapitel

Veröffentlichung und Kundmachung der Urteile durch Anschlag

Art. 61[12]) Rechtskräftige Urteile, die eine der in Art. 22 vorgesehenen Strafen für Verbrechen aussprechen, werden durch die Staatsanwaltschaft auszugsweise im Amtsblatt veröffentlicht und werden mindestens einen Monat lang an der Tür der Wohnung des Verurteilten, im Gemeindeamt[13]) der Gemeinde, wo das Verbrechen begangen wurde und in jenem, wo das Opfer wohnt, ausgehängt.

Bei Vergehen kann das Gericht die Veröffentlichung des Urteils nur auf Verlangen des Verletzten und nur dann, wenn die Veröffentlichung eine Rehabilitierung darstellt, anordnen.

Diese Bestimmungen finden auch bei einfacher Haft Anwendung.

Art. 62 Im Falle der Vernichtung, Verbergung, Beschädigung oder des völligen oder teilweisen Abreißens der Auszüge, werden diese neuerlich angeschlagen und die Täter gem. Art. 584[14]) Punkt 6 bestraft.

Kapitel 6 a

Militärische Degradierung

Art. 62[1] Die militärische Degradierung ist gegen alle Angehörigen der Militärbehörde jeden Grades wegen Verbrechen oder irgendeiner

---

[12]) Gemäß Verordnung Nr. 66 veröffentl. im Staatsanzeiger Nr. 44 vom 22. 2. 1949, sind alle gesetzlichen Verfügungen betreffs der Verpflichtung der Veröffentlichung im Staatsanzeiger aufgehoben.

[13]) Siehe Gesetz Nr. 6, veröffentl. im Amtsbl. Nr. 11 vom 28. 3. 1957, über die Einrichtung und Tätigkeit der Volksräte.

[14]) Art. 584 ist sinngemäß durch Verordnung Nr. 184, veröffentl. im Amtsbl. Nr. 25 vom 21. 5. 1954, aufgehoben.

Straftat gegen die Sicherheit des Staates zu verhängen, ebenso gegen Offiziere oder Unteroffiziere wegen einer der folgenden Straftaten:
1. Mitschuld bei Begehung einer Straftat, passive Bestechung, falsche Aussage, vorsätzliche Straftaten gegen das öffentliche Eigentum, ferner wegen Diebstahl, Raub und Betrug,
2. tätlicher Angriff gegen einen Vorgesetzten, Preisgabe eines anvertrauten Postens oder Auftrags, Feigheit, Desertion und Plünderung, gemäß Art. 487, 496, 507, 508, 520 und 536 des Militärstrafgesetzbuches.

Art. 62[2] Die militärische Degradierung besteht in:
1. dem Verlust des Ranges und des Rechtes, die Uniform und die entsprechenden Rangabzeichen zu tragen,
2. der Ausstoßung aus der Armee,
3. dem Verlust des Rechtes, Auszeichnungen zu tragen.

7. Kapitel
Berechnung der Strafdauer und Anrechnung der Untersuchungshaft

Art. 63 Die Dauer jeder Freiheitsstrafe wird von dem Tage an gerechnet, an dem der Verurteilte auf Grund des rechtskräftigen Urteils inhaftiert wird.

Die Tage, an denen der Strafvollzug beginnt bzw. aufhört, sind dem Verurteilten als volle Tage anzurechnen. Die Zeit, die der Verurteilte während des Strafvollzugs krankheitshalber im Krankenhaus zugebracht hat, ist ihm auf die Strafzeit anzurechnen, es sei denn, er hat die Krankheit absichtlich hervorgerufen oder diese vorgespiegelt.

Art. 64 Die Dauer einer erlittenen Untersuchungs- und Verwahrungshaft ist von der verhängten Freiheitsstrafe durch Urteil abzuziehen. Der Abzug hat sowohl dann zu erfolgen, wenn der Täter wegen einer einzelnen Straftat verurteilt wurde, als auch wenn die Verfolgung und Verhandlung für mehrere, zusammentreffende Straftaten gleichzeitig oder gesondert stattgefunden hat, auch wenn der Angeklagte freigesprochen wurde oder die Verfolgung der Straftat, die die Untersuchungs- oder Verwahrungshaft veranlaßt hat, aufgehoben oder unterbrochen wurde.

Die Anrechnung der Untersuchungs- und Verwahrungshaft wird auch im Falle der Verurteilung zu einer Geldstrafe angewendet, wobei ein Tag der Untersuchungshaft mit 10 Lei anzurechnen ist.

8. Kapitel
Aussetzung des Strafvollzugs

Art. 65 Im Falle einer Verurteilung zu höchstens 2 Jahren Gefängnis, einfacher Haft oder Geldstrafe, kann das zuständige Gericht in dem

Urteil selbst die Aussetzung der ausgesprochenen Strafe für 3 Jahre zuzüglich der Dauer der Strafe anordnen:

1. wenn gegen den Verurteilten bis dahin keinerlei Freiheitsstrafen wegen Verbrechen oder Vergehen verhängt wurden, auch wenn er rehabilitiert worden ist, und
2. wenn auf Grund der Tatumstände und des Vorlebens des Verurteilten das Gericht zu der Ansicht gelangt, daß der Verurteilte sich in Zukunft auch ohne Vollzug der Strafe gut führen werde.
3. Wenn der Täter im Falle einer Veruntreuung den gesamten veruntreuten Betrag bis zur letztinstanzlichen Urteilsverkündung vollständig hinterlegt hat und die obigen Bedingungen erfüllt.

Die Strafaussetzung muß begründet werden.

Im Falle der Zuerkennung einer Strafaussetzung hat das Gericht den Verurteilten auf die Folgen der Nichteinhaltung der Aussetzungsbedingungen hinzuweisen.

Die Aussetzung des Vollzugs der Freiheitsstrafe hat von Rechts wegen auch die Aussetzung des Vollzugs einer als Nebenstrafe ausgesprochenen Geldstrafe zur Folge[15]). Die Aussetzung des Vollzugs von Freiheits- oder Geldstrafen umfaßt von Rechts wegen für die Zeit der Aussetzung auch die Aussetzung der durch die Verurteilung ausgesprochenen Verluste, Aberkennungen und Entzüge von Rechten. Die Aussetzung des Strafvollzugs hat keine Wirkung auf die verhängten Sicherheitsmaßnahmen, auf die Verurteilung zum Schadensersatz, zur Rückerstattung oder zur Zahlung der Prozeßkosten. Das Gericht kann dem Veruteilten auferlegen, vor Ablauf der Bewährungsfrist den vom Gericht festgesetzten Schaden wiedergutzumachen, die Rückerstattungen zu leisten und die Gerichtskosten zu bezahlen.

Art. 66 Die Aussetzung des Strafvollzugs wird in nachstehenden Fällen nicht angewendet:

1. im Falle des sachlichen Zusammentreffens von Straftaten oder der Bildung einer Gesamtstrafe, wenn das Gericht auf eine Strafe von mehr als 1 Jahr erkannt hat;
2. wenn die Gefängnisstrafe infolge Zubilligung mildernder Umstände für ein Verbrechen verhängt wird.

Art. 67 Der Verurteilte, der vor Ablauf der vom Zeitpunkt des Urteils an gerechneten Bewährungsfrist eine neue Straftat begeht, die vom Gesetz als Verbrechen oder Vergehen bewertet wird, und wegen der er durch ein rechtskräftiges Urteil verurteilt wurde, unterliegt selbst nach Ablauf der oben erwähnten Bewährungsfrist dem Vollzug der ausge-

[15]) Durch Verordnung Nr. 544, veröffentl. im Amtsbl. Nr. 2 vom 14. 1. 1954, wurden die Bestimmungen über Geldstrafen, die zusammen mit Freiheitsentzug auszusprechen waren, aufgehoben.

setzten Strafe, ausgenommen es handelt sich um nicht vorsätzliche Straftaten oder solche, die vom Gericht nur mit Geldstrafe bestraft werden.

Aus der nunmehr zu vollstreckenden, ausgesetzten Strafe und der Strafe für die letztbegangene Straftat, darf keine Gesamtstrafe gebildet werden.

Die ausgesetzte Strafe ist auch zu vollstrecken, wenn dem Verurteilten eine Verpflichtung gem. Art. 65 letzter Absatz auferlegt worden war und er vor Ablauf der Bewährungsfrist dieser Verpflichtung nicht nachgekommen ist.

Art. 68 Die Verurteilung wird als nicht bestehend behandelt, wenn sich nach Ablauf der Bewährungsfrist keine der im Art. 67 vorgesehenen Gründe für den Widerruf der Strafaussetzung ergeben haben.

Art. 69 Der Aussetzung des Vollzugs des Polizeiarrestes und der polizeilichen Geldstrafe können auch wegen Übertretungen Verurteilte teilhaftig werden, wenn auf sie die allgemeinen Voraussetzungen des Art. 65 zutreffen.

Die Bewährungsfrist dauert 8 Monate.

Die für die Beendigung oder den Widerruf der Strafaussetzung geltenden Bestimmungen, werden auch auf die wegen Übertretungen Verurteilten angewendet.

IV. Teil
Sicherheitsmaßnahmen

1. Kapitel
Allgemeine Bestimmungen

Art. 70 Sicherheitsmaßnahmen werden vom Gericht neben einer Strafe verhängt, es sei denn das Gesetz bestimmt, daß sie auch selbständig verhängt werden können.

Sie können nur verhängt werden, wenn das Gericht die Gemeingefährlichkeit des Täters feststellt.

2. Kapitel
Verschiedene Arten von Sicherheitsmaßnahmen

Art. 71 Die Sicherheitsmaßnahmen sind:

1. Unterbringung geistesgestörter Täter in einer Anstalt,
2. Unterbringung physiologisch oder psychologisch abnormaler Täter in einem Asyl,
3. Unterbringung von Gewohnheitsverbrechern in einer besonderen Anstalt,
4. aufgehoben,
5. Unterbringung jugendlicher Täter in einer Besserungsanstalt,

6. Anordnung der Aufsicht für Jugendliche,
7. Bevormundungsmaßnahmen für Jugendliche,
8. Aufenthaltsverbot für bestimmte Orte,
9. Verbot, bestimmte Lokale zu betreten,
10. Verbot der Ausübung eines bestimmten Berufes oder Gewerbes,
11. Ausweisung Fremder,
12. Einziehung einzelner Gegenstände,
13. Kaution für gutes Betragen,
14. Schließung eines Betriebes,
15. Auflösung oder Aufhebung einer juristischen Person.

Die Anwendungsfälle und Vollstreckungsweise der Sicherheitsmaßnahmen bezüglich Jugendlicher sind in den Artikeln 146, 147, 148, 149, 151, 152 und 153 des vorliegenden Gesetzes aufgezeigt.

1. Abschnitt

Unterbringung geistesgestörter Täter in einer Anstalt

Art. 72 Wenn der wegen einer vom Gesetz als Verbrechen oder Vergehen bewerteten Straftat Beschuldigte oder Verurteilte infolge seines Geisteszustandes die Sicherheit von Personen und die öffentliche Ordnung gefährdet, verfügt das zuständige Gericht auf Antrag der Staatsanwaltschaft seine Unterbringung in einer für diesen Zweck vorgesehenen Anstalt oder in einer besonderen Abteilung einer Irrenanstalt. Die Unterbringung kann auf Antrag der Staatsanwaltschaft ausgesprochen werden, selbst wenn eine Anordnung oder ein Beschluß auf Einstellung des Strafverfahrens ergangen ist. Die Aufhebung der Unterbringung kann nur dann bewilligt werden, wenn die Freilassung des Untergebrachten mit keinerlei Gefahr mehr verbunden ist.

Die Bedingungen, unter welchen sie beantragt werden kann, und die Personen, welche sie beantragen können, sind in der Strafprozeßordnung angeführt.

Im Falle der Abweisung kann der Antrag nicht früher als 6 Monate vom Tage der Abweisung an gerechnet wiederholt werden. Die Staatsanwaltschaft kann die Aufhebung jederzeit beantragen.

2. Abschnitt

Unterbringung physiologisch oder psychologisch abnormaler Täter in einem Asyl

Art. 73 Das Gericht kann im Urteil verfügen, daß der Verurteilte nach Verbüßung der Strafe in eine Anstalt verbracht wird, wenn er infolge einer Krankheit oder eines Gebrechens oder einer chronischen Vergiftung durch Alkohol oder Rauschgifte die Sicherheit von Personen oder die öffentliche Ordnung gefährdet.

Die in einer solchen Anstalt Untergebrachten sind ärztlicher Behandlung und unmittelbarer Aufsicht unterworfen und werden an eine ihrem körperlichen und geistigen Zustand angemessene Arbeit gewöhnt.

Die Behandlung in der Anstalt soll rücksichtsvoll sein. Die Aufhebung der Unterbringung wird gemäß den im Art. 72 des vorliegenden Gesetzes vorgesehenen Bedingungen nach den Formvorschriften der Strafprozeßordnung ausgesprochen.

3. Abschnitt

Unterbringung von Gewohnheitsverbrechern in einer besonderen Anstalt

Art. 74 Das Gericht kann im Urteil verfügen, daß Gewohnheitsverbrecher in einer besonderen für dergleichen Täter bestimmten Anstalt untergebracht werden.

Die Unterbringung dauert von 2 bis zu 10 Jahren. Gewohnheitsverbrecher sind solche Personen, die nach Zahl und Art der begangenen gemeinen Straftaten Anzeichen einer dauernden verbrecherischen Neigung aufweisen.

Besondere Anstalten für Gewohnheitsverbrecher sind möglichst in größerer Entfernung von Großstädten zu errichten oder sollen eine besondere Abteilung in den Straflagern bilden.

Die Untergebrachten sind innerhalb oder außerhalb der Anstalt zu einer ihren physischen Kräften angemessenen Arbeit anzuhalten und unter Aufsicht zu halten.

Die Bestimmungen des Art 34 des vorliegenden Gesetzes finden auch auf den Arbeitsertrag dieser Untergebrachten Anwendung.

4. Abschnitt

Unterbringung von Landstreichern und Bettlern in einem Straflager

Art. 75 aufgehoben

5. Abschnitt

Aufenthaltsverbot für bestimmte Orte

Art. 76 Im Falle einer Verurteilung wegen eines Verbrechens kann das Gericht unter Anführung von Gründen verfügen, daß der Verurteilte nach Verbüßung der Freiheitsstrafe nicht mehr an den Tatort oder in andere, im Urteil besonders genannte Orte zurückkehren darf. Die Maßnahme kann auch auf die wegen gemeiner Straftaten zu mindestens 2 Jahren Gefängnis Verurteilten angewendet werden.

Die Dauer dieses Verbots beträgt für Verbrechen 2 bis 10 Jahre, für Vergehen 1 bis 3 Jahre.

6. Abschnitt

Verbot, bestimmte Lokale zu betreten

Art. 77 Das Verbot, bestimmte Lokale zu betreten, kann gegen solche Personen verfügt werden, die die Straftat infolge einer krankhaften Leidenschaft, Trunksucht oder eines anderen Lasters, verübt haben.

Das Urteil hat die Art der verbotenen Lokale anzugeben. Die Dauer des Verbotes beträgt 6 Monate bis 3 Jahre.

7. Abschnitt

Verbot der Ausübung eines bestimmten Berufes oder Gewerbes

Art. 78 Das Verbot, einen bestimmten Beruf oder ein bestimmtes Gewerbe auszuüben, kann verfügt werden, wenn sich herausstellt, daß das Vergehen aus Unfähigkeit, mangelhafter Vorbereitung, Nachlässigkeit oder Nichtbeachtung der für die Ausübung des Berufes bestehenden Vorschriften begangen worden ist.

Das Verbot kann nach Einholung eines Gutachtens einer Sachverständigenkommission für bestimmte Zeit oder für dauernd ausgesprochen werden. Während der Verbotsdauer kann der Betroffene nur unter Leitung und auf Verantwortung eines im gleichen Beruf Tätigen arbeiten.

Die Aufhebung des Verbotes der Berufsausübung, das wegen Unfähigkeit oder mangelhafter Vorbereitung für dauernd ausgesprochen wurde, ist nach Ablauf von 3 Jahren — gerechnet vom Zeitpunkt der Verbotsverkündung an — zulässig, jedoch nur nach Überprüfung der zur Berufsausübung notwendigen Kenntnisse durch eine vom Gericht eingesetzte Sachverständigenkommission.

8. Abschnitt

Ausweisung von Fremden

Art. 79 Das Gericht kann durch Urteil dem Täter fremder Staatsangehörigkeit, der sich eines Verbrechens oder Vergehens schuldig gemacht hat, den Aufenthalt auf rumänischem Gebiet zeitweilig oder für immer verbieten.

Nach Vollzug der Strafe wird der Verurteilte ausgewiesen.

9. Abschnitt

Einziehung einzelner Gegenstände

Art. 80 Im Falle einer Verurteilung kann das Gericht vorbehaltlich der Rechte Dritter in dem Urteil die Einziehung verfügen und zwar:

1. der durch die Straftat hervorgebrachten Gegenstände,

2. der Gegenstände, die zur Verübung einer Straftat gedient haben oder zur Verübung einer solchen bestimmt waren, wenn diese Gegenstände dem Täter, dem Anstifter oder einem Gehilfen gehören,
3. der Gegenstände, deren Besitz gegen Gesetze und Verordnungen verstößt.

Diese Gegenstände werden nach der Einziehung, sofern sie die öffentliche Gesundheit gefährden, von der Untersuchungsbehörde im Einverständnis mit der Staatsanwaltschaft, vernichtet.

Die Einziehung der oben vorgesehenen Gegenstände kann auch dann beschlossen werden, wenn der Täter, Anstifter oder Gehilfe nicht strafbar ist, sei es, weil keine Strafanklage erhoben werden kann, sei es, daß eine Verfügung oder ein Beschluß auf Einstellung des Strafverfahrens oder ein freisprechendes Urteil ergangen ist.

10. Abschnitt

Kaution für gutes Betragen

Art. 81 Als Kaution für gutes Betragen muß ein Barbetrag, der nicht niedriger als 100 Lei und nicht höher als 10000 Lei sein darf, innerhalb von 15 Tagen nach der Verfügung der Maßnahme beim Finanzamt[16]) hinterlegt werden. Diese Maßnahme wird nur in den vom Gesetz besonders vorgesehenen Fällen angewendet. Das Gericht kann sie, wenn es dies für richtig hält, durch die Sicherheitsmaßnahme der Ziffern 8, 9, 10, 14 und 15 des Art. 71 ersetzen.

Art. 82 Die Hinterlegung der Kaution kann durch hypothekarische Eintragung auf das eigene unbewegliche Vermögen oder das einer anderen Person oder durch ein Pfand Dritter ersetzt werden.

Art. 83 Die Dauer dieser Sicherheitsmaßnahme ist von einem bis zu 3 Jahren. Die Frist läuft von dem Tage, an dem die Kaution erlegt oder verbürgt wurde.

Wenn die Hinterlegung der Kaution oder die Bürgschaft nicht in der oben vorgesehenen Frist erfolgt, wendet das Gericht die für die Straftat vorgesehene Strafe oder die durch die Kaution ersetzte Sicherheitsmaßnahme an.

In diesem Fall kann die Vollstreckung der angewendeten Strafe nach den Bestimmungen des Art. 65 ausgesetzt werden.

Wenn der Täter während der Laufzeit der erlegten Kaution oder der Bürgschaft kein Verbrechen oder Vergehen, für das das Gesetz Gefängnisstrafe vorsieht, begangen hat, wird die Kaution zurückerstattet und die hypothekarische Eintragung gelöscht. Im gegenteiligen Fall verfügt

[16]) Siehe im Zusammenhang mit diesem Ausdruck das Gesetz Nr. 6, veröffentl. im Amtsbl. Nr. 11 vom 28. 3. 1957, über Einrichtung und Tätigkeit der Volksräte.

das Gericht, welches die Sicherheitsmaßnahme verhängt hat, die Einziehung des Betrages oder die Einlösung der Hypothek zugunsten des Staates.

11. Abschnitt

Schließung des Betriebes

Art. 84 Die Schließung eines Industrie- oder Handelsbetriebes kann vom Gericht in den vom Gesetz vorgesehenen Fällen und wenn festgestellt wird, daß diese Maßnahme zur Verhütung neuer Straftaten notwendig ist, verfügt werden. Die Dauer der Schließung des Betriebes beträgt 1 Monat bis zu einem Jahr.

Bei Übertretungen[17]) kann die Schließung des Betriebes erst beim zweiten Rückfall für die gleiche Übertretung ausgesprochen werden und zwar für die Dauer von einem Tag bis zu einem Monat.

12. Abschnitt

Auflösung oder Betriebseinstellung bei juristischen Personen

Art. 85 Wenn ein Verbrechen oder Vergehen, das vom Gesetz mit mindestens einem Jahr Gefängnis bestraft wird, von den Direktoren oder Verwaltern einer Gesellschaft, Genossenschaft oder Körperschaft, die im Namen einer juristischen Person und mit von ihr gestellten Mitteln tätig sind, begangen wird, kann das Strafgericht, neben der auf die physischen Personen anzuwendenden Strafe, auch die Sicherheitsmaßnahme der Betriebseinstellung oder Auflösung der juristischen Person, je nach der Größe der Gefahr, welche die Fortsetzung der Tätigkeit jener juristischen Person für die öffentliche Moral und Ordnung darstellen würde, aussprechen.

Die Auflösung hat die Liquidation des Vermögens der juristischen Person nach den Gesetzesbestimmungen für juristische Personen zur Folge.

Die Betriebseinstellung besteht in der Beendigung jeglicher Tätigkeit der juristischen Person, selbst unter einem anderen Namen und mit anderen Direktoren oder Verwaltern. Die Dauer der Einstellung darf 2 Jahre nicht überschreiten.

3. Kapitel

Anwendung und Vollzug der Sicherheitsmaßnahmen im Zusammenhang mit den Strafen

Art. 86 Die Sicherheitsmaßnahmen werden sofort nach Inkrafttreten des Urteils vollstreckt.

Die Sicherheitsmaßnahme durch Freiheitsentziehung, sowie die in Art. 71 Ziffer 8, 9, 10, 11 und 13 vorgesehenen Sicherheitsmaßnahmen werden nach Verbüßung der Strafe vollstreckt.

---

[17]) Gemäß Vorschriften der Verordnung Nr. 184, veröffentl. im Amtsbl. Nr. 25 vom 21. 5. 1954, wurde dieser Absatz sinngemäß aufgehoben.

Wenn mehrere Sicherheitsmaßnahmen ausgesprochen wurden, bestimmt das Gericht die Reihenfolge, in welcher sie zu vollstrecken sind.

Art. 87 Wenn während der Vollstreckung einer Sicherheitsmaßnahme der Betroffene eine Straftat begeht, wegen welcher er eine Gefängnisstrafe zu verbüßen hat, wird der Vollzug der Sicherheitsmaßnahme so lange ausgesetzt, bis die Strafe vollstreckt ist.

Art. 88 Beim Zusammentreffen mehrerer Straftaten, die mehrere Sicherheitsmaßnahmen erfordern, kann das Gericht nur eine einzige mit Freiheitsentziehung verbundene Sicherheitsmaßnahme verhängen, und zwar diejenige, die es nach Maßgabe der durch den Täter drohenden Gefahr als geeignet erachtet.

Bezüglich der Sicherheitsmaßnahmen, welche keine Freiheitsentziehung vorsehen, kann das Gericht im Falle des Zusammentreffens mehrerer Straftaten die gleichzeitige oder aufeinanderfolgende Anwendung verschiedener dieser Maßnahmen verfügen, auf keinen Fall jedoch kann eine Vollstreckungsdauer festgesetzt werden, die das Höchstmaß der für die Sicherheitsmaßnahme vom Gesetz verfügten längsten Dauer überschreitet.

Wenn beim Zusammentreffen von Straftaten, diese sowohl mit Freiheitsentzug verbundene, als auch andere Sicherheitsmaßnahmen zur Folge haben, können alle diese Sicherheitmaßnahmen, nach den besonderen Umständen des Falles, entweder gleichzeitig oder aufeinanderfolgend angewendet werden, wobei die Bestimmungen der vorangegangenen Absätze für die Festsetzung der Dauer jeder einzelnen Maßnahme zu berücksichtigen sind.

Art. 89 Die Sicherheitsmaßnahmen des Art. 71 Ziffer 3, 4[18]),7, 8, 9, 10 und 14 können widerrufen werden, wenn das Gericht feststellt, daß die Gefahr, die ihre Anwendung erforderte, nicht mehr besteht.

Das Gericht kann auch eine mit Freiheitsentziehung verbundene Sicherheitsmaßnahme durch eine andere, die nicht mit Freiheitsentziehung verbunden ist, ersetzen.

Art. 90 Der Antrag auf Widerruf oder Änderung der oben angeführten Sicherheitsmaßnahmen kann nicht vor Ablauf eines Viertels der Zeit, für die sie ausgesprochen worden waren, oder von wenigstens 5 Jahren, wenn sie auf Lebenszeit ausgesprochen wurden, eingereicht werden.

Im Falle der Abweisung des Antrags auf Widerruf oder Änderung kann dieser nur noch einmal und nur nach Ablauf der Hälfte der Zeit, für welche sie ausgesprochen worden war, oder von wenigstens 10 Jahren, wenn diese Maßnahmen auf Lebenszeit ausgesprochen wurden, eingereicht werden.

---

[18]) Ziffer 4 des Art. 71, auf welchen Art. 89 hinweist, wurde durch Verordnung Nr. 351, veröffentl. im Amtsbl. Nr. 54 vom 20. 8. 1949, aufgehoben.

Art. 91 Im Zuge des Untersuchungs- oder Strafverfahrens können die im Art. 71 Ziffer 1, 2, 4[19]), 5, 6, 12, 13 und 14 vorgesehenen Sicherheitsmaßnahmen vorläufig verfügt werden.

V. Teil

Rückerstattung und Entschädigung

Art. 92 Der Verurteilte kann außer zur Rückerstattung von Gegenständen an den Verletzten, die auch von Amts wegen angeordnet werden kann, auf Verlangen des Verletzten auch zu anderen Entschädigungen verpflichtet werden.

Die dem Verletzten zugebilligten Entschädigungen müssen immer eine vollständige und gerechte Wiedergutmachung der infolge der Straftat erlittenen materiellen Nachteile darstellen und können nach den Grundsätzen des Zivilrechtes in einem Gesamtbetrag festgesetzt werden. Sie können, wenn es den Interessen beider Teile besser entspricht, auch in Ratenzahlungen innerhalb eines bestimmten Zeitabschnittes bestehen.

Das Gericht darf auch auf Verlangen des Verletzten die Verwendung der Entschädigungen und Rückerstattungen zu einem anderen Zweck nicht genehmigen.

Im Falle des Zusammentreffens einer Geldstrafe und der Strafprozeßkosten mit den Entschädigungen, wird, wenn das Vermögen des Verurteilten zur Deckung derselben nicht ausreicht, den Entschädigungen der Vorzug gegeben.

Art. 93 Die wegen derselben Straftat Verurteilten, ebenso die wegen Befreiungsgründen Straffreien sind zur gesamten Hand zur Rückerstattung, Entschädigung und zur Zahlung der Prozeßkosten verpflichtet.

Die Hehler sind nur zum Ersatz des Wertes der von ihnen verhehlten Gegenstände und zum Ersatz des durch die ihnen zur Last gelegte Tat verursachten Schadens zur gesamten Hand verpflichtet.

Art. 94 Die Zivilklage auf Entschädigung sowie andere Ansprüche des Verletzten, die sich wegen einer Straftat oder wegen eines durch Straftaten hervorgerufenen Schadens aus einem rechtskräftigen Urteil ergeben, unterliegen der im Zivilrecht vorgesehenen Verjährung.

VI. Teil

Die Straftat

1. Kapitel

Einteilung der Straftaten

Art. 95 Die Straftaten sind Verbrechen und Vergehen, je nach der für jede derselben vom Gesetz vorgesehenen Strafe, es sei denn, ein Sondergesetz ändert ausdrücklich diese Einteilung.

[19]) Siehe Anmerkung 18.

Die Änderung der Strafe infolge Anwendung von gesetzlichen Entschuldigungsgründen und Zubilligung von Milderungsumständen ändert auch die Einstufungsart der Straftat.

2. Kapitel
Versuch

Art. 96 Ein Versuch liegt vor, wenn die Absicht, ein Verbrechen oder Vergehen zu begehen, durch den Beginn einer Ausführungshandlung eines Verbrechens oder Vergehens bekundet wurde und diese Handlung entweder unterbrochen wurde oder keinen Erfolg hatte.

Art. 97 Der Versuch eines Verbrechens wird, wenn das Gesetz nichts anderes bestimmt, mit einer um einen Grad geringeren Strafe, als der für das begangene Verbrechen vorgesehenen, bestraft.

Wenn die Strafe schwerer Kerker ist, wird der Versuch mit Gefängnis von mindestens 2 Jahren bestraft. Wenn die Strafe strenge Haft ist, wird der Versuch mit einfacher Haft von mindestens 2 Jahren bestraft.

Art. 98 Der Versuch eines Vergehens wird nur in den vom Gesetz ausdrücklich bestimmten Fällen bestraft.

In diesen Fällen ist, wenn das Gesetz nichts anderes vorsieht, eine Strafe zwischen dem besonderen Mindestmaß der für das begangene Vergehen vorgesehenen Strafe und der Hälfte dieses Mindestmaßes zu verhängen; wenn das besondere Mindestmaß jedoch dem allgemeinen Mindestmaß entspricht, kann die Strafe auf eine Geldstrafe herabgesetzt werden.

Art. 99 Versuch liegt auch dann vor, wenn die Vollendung der beabsichtigten Straftat wegen Unbrauchbarkeit oder Unzulänglichkeit der verwendeten Mittel, oder wegen mangelnder Voraussicht des Urhebers in bezug auf die Zeit und den Ort, wo sich das Tatobjekt befand, nicht möglich war.

In diesem Falle wird der Versuch bestraft:

bei Verbrechen mit einer um zwei Grade geringeren Strafe, als sie für das begangene Verbrechen vorgesehen ist, wenn dagegen die Strafe des Verbrechens schwerer Kerker ist, mit Gefängnis bis zu höchstens 8 Jahren;

bei Vergehen, wenn das Gesetz eine Strafe für den Versuch vorsieht, mit einer Strafe zwischen der Hälfte des besonderen Mindestmaßes der für das begangene Vergehen vorgesehenen Strafe und dem allgemeinen Mindestmaß der Strafe; wenn aber das besondere Mindestmaß der Strafe das allgemeine Mindestmaß ist, mit Geldstrafe.

Versuch liegt nicht vor, wenn die Undurchführbarkeit der Straftat auf die Art, wie die Ausführung vorbereitet wurde, zurückzuführen ist.

Art. 100 Der Versuch wird nicht bestraft:

1. wenn der Täter freiwillig auf die begonnene Ausführung verzichtet hat,
2. wenn der Täter freiwillig und vor Aufdeckung der Tat die Folgen seiner Handlung verhindert hat.

3. Kapitel

Verübung mehrerer Straftaten von derselben Person

1. Abschnitt

Zusammentreffen von Straftaten

Art. 101 Wenn die gleiche Person mehrere Straftaten begangen hat, die als Verbrechen oder Vergehen gewertet werden, ohne vorher für eine derselben rechtskräftig verurteilt worden zu sein, wird vom Gericht die schwerste von den für diese Straftaten vorgesehenen Strafen verhängt, die im Strafmaß noch erhöht werden kann, und zwar:

1. bis um 7 Jahre, wenn unter den vom Gericht festgesetzten Strafen mindestens 2 Strafen wegen Verbrechen sind,
2. bis um 3 Jahre, wenn unter den festgesetzten Strafen, eine Strafe wegen eines Verbrechens vorgesehen ist,
3. bis um 2 Jahre, wenn die festgesetzten Strafen Freiheitsstrafen sind.

Auf keinen Fall darf die so verschärfte Strafe das allgemeine Höchstmaß für diese Art von Strafmaßnahmen überschreiten.

Unter den Voraussetzungen der Ziffern 1 und 2, kann das Gericht, wenn es lebenslängliche Zwangsarbeit verhängt hat, gleichzeitig die Einzelhaft bis zu 3 Jahren verhängen.

Art. 102 Die Bestimmungen des vorangehenden Artikels werden auch beim Zusammentreffen von politischen und gemeinen Straftaten angewendet.

Wenn die Strafe für politische Straftaten schwerer ist, hat das Gericht zu entscheiden, daß ein Teil der angewendeten Strafe nach der Vollzugsordnung für Straftaten gemeiner Natur vollzogen wird.

Dieser Teil darf das Höchstmaß, das vom Gesetz für die schwerste gemeine Straftat vorgesehen ist, nicht überschreiten.

Die Strafvollstreckung beginnt immer mit dem den gemeinrechtlichen Bestimmungen unterworfenen Teil.

Art. 103 Wenn durch ein und dieselbe Handlung mehrere Bestimmungen des Strafgesetzes verletzt werden, kommt die Bestimmung, welche die schwerste Strafe vorsieht, zur Anwendung.

Art. 104 Im Falle des Zusammentreffens von Straftaten werden die hierfür verhängten Geldstrafen zusammengerechnet.

Art. 105 In allen, in den vorangegangenen Artikeln vorgesehenen Fällen des Zusammentreffens von Straftaten, hat das Gericht zugleich mit der Freiheitsstrafe unter den Voraussetzungen des Art. 25 auch die vom Gesetz für jedes Verbrechen oder Vergehen vorgesehene Strafe des Verlustes von Rechten zu verhängen und diejenigen für Straftaten gleicher Art zusammenzuziehen, ohne das allgemeine, vom Gesetz vorgesehene Höchstmaß zu überschreiten.

Art. 106 aufgehoben.

Art. 107 Wenn die gleichen Gesetzesbestimmungen wiederholt durch mehrere Handlungen, die zeitlich auseinanderliegen, jedoch den gleichen Entschluß zur Verübung von Verbrechen und Vergehen bekunden, verletzt werden, werden diese als eine Einheit angesehen, in welchem Falle die für diese Straftat vorgesehene Strafe verhängt wird, wobei das Gericht die Strafe bis um 5 Jahre bei Verbrechen und bis um ein Jahr bei Vergehen, jedoch ohne das allgemeine Höchstmaß zu überschreiten, erhöhen kann.

Art. 108 Die Bestimmungen der Art. 101, 105 und 106 sind auch anzuwenden, wenn der Verurteilte nach einer rechtskräftigen Verurteilung wegen einer oder mehrerer Straftaten für andere vor Verkündung des rechtskräftigen Urteils begangene Taten gerichtlich verfolgt wird, sowie wenn der Täter für zusammentreffende Straftaten durch zwei oder mehrere rechtskräftige Urteile verurteilt worden ist.

Wenn der Verurteilte die Strafe, die in einem oder mehreren Urteilen verhängt worden war, ganz oder zum Teil verbüßt hat, ist die verbüßte Strafe von der für die zusammentreffenden Straftaten zu verhängenden Strafe abzuziehen.

2. Abschnitt
Rückfall

Art. 109 Wer nach vollständiger Verbüßung einer für ein Verbrechen verhängten Strafe oder nach erfolgter Begnadigung ein neues Verbrechen begeht, wird zu einer um einen Grad höheren Strafe als sie für das Verbrechen vorgesehen ist, verurteilt.

Wenn das neue Verbrechen mit lebenslänglicher Zwangsarbeit zu bestrafen ist, kann das Gericht, wenn es auf diese Strafe erkennt, die Verlängerung der Einzelhaft bis zu 3 Jahren aussprechen.

Art. 110 Wer nach vollständiger Verbüßung einer für ein Verbrechen verhängten Strafe oder nach erfolgter Begnadigung ein Vergehen begeht, wird mit dem für dieses Vergehen gesetzlich vorgesehenen Höchstmaß bestraft, das auch erhöht werden kann, wobei das allgemeine Höchstmaß nicht überschritten werden darf.

Art. 111 Wer nach vollständiger Verbüßung einer für ein Vergehen verhängten Freiheitsstrafe von mehr als 6 Monaten oder nach erfolgter Begnadigung ein neues Vergehen begeht, wird mit dem für dieses Vergehen vorgesehenen Höchstmaß der Strafe bestraft, wobei das allgemeine Höchstmaß nicht überschritten werden darf.

Art. 112 Wer nach Verbüßung von 3 für Vergehen derselben Art verhängten Strafen, von denen jede in einer Gefängnisstrafe oder einfachen Haftstrafe von 6 Monaten oder weniger bestand, ein neues Vergehen derselben Art begeht, wird mit der für dieses Vergehen gesetzlich vorgesehenen Höchststrafe bestraft, die bis um 5 Jahre erhöht werden kann, wobei das gesetzlich vorgesehene allgemeine Höchstmaß nicht überschritten werden darf.

Art. 113 Bei Rückfall ist, wenn die für die neue Straftat vorgesehene Strafe in Geldstrafe besteht, diese zu verdoppeln; sie kann auch verdreifacht werden.

Art. 114 Wenn sich nach einer rechtskräftigen Verurteilung herausstellt, daß der Verurteilte rückfällig war, wird die Strafe vom erkennenden Gericht, entsprechend den Bestimmungen und vorgesehenen Unterscheidungen der vorangehenden Artikel, abgeändert.

Diese Vorschrift wird nicht angewendet, wenn die Rückfälligkeit des Verurteilten erst nach vollständiger Verbüßung der Strafe oder nach der Begnadigung festgestellt wurde.

Art. 115 aufgehoben.

Art. 116 Als rückfällig wird nicht angesehen, wer wegen eines Vergehens rechtskräftig verurteilt wurde und danach ein Verbrechen begangen hat.

Ebenso werden nicht als rückfällig angesehen ein Jugendlicher, der das 18. Lebensjahr nicht vollendet hat, und ein Volljähriger, der eine neue Straftat begeht, nachdem er als Jugendlicher wegen einer anderen Straftat verurteilt worden war.

Art. 117 Die in diesem Abschnitt wegen Rückfalls vorgesehene Erhöhung der Strafen wird nicht angewendet:

1. wenn im Zeitpunkt der Begehung eines neuen Verbrechens oder Vergehens im Falle einer Verbrechensstrafe 10 Jahre oder im Falle einer Vergehensstrafe 5 Jahre seit der Strafverbüßung oder seit der Begnadigung verstrichen sind;
2. im Falle der Verjährung der durch Urteil verhängten vorangegangenen Strafe;
3. wenn die Verbrechen oder Vergehen, wegen der der Täter durch rechtskräftiges Urteil vorher verurteilt wurde, amnestiert wurden oder diese Verbrechen oder Vergehen nach dem Gesetz nicht mehr strafbar sind;
4. wenn im Zeitpunkt der Begehung der Straftat der Verurteilte rehabilitiert war, oder wenn auf ihn irgend eine andere gesetzliche Vorschrift, welche die vorangegangene Verurteilung als nichtbestehend erachtet, anwendbar ist.

Art. 118 aufgehoben.

Art. 119 Der rechtskräftig Verurteilte, der vor Beginn der Vollstreckung des Urteils, während der Strafe oder als Entwichener eine neue Straftat begeht, wird wie folgt bestraft:

1. wenn die für die neue Straftat gesetzlich vorgesehene Strafe schwerer ist als die frühere, wird die für die neue Tat bestimmte Strafe verhängt, wobei eine Erhöhung bis um 10 Jahre bei Verbrechen und bis um 3 Jahre bei Vergehen vorgenommen werden kann, wobei das allgemeine Höchstmaß nicht überschritten werden darf.
   Wenn die für die zweite Straftat vorgesehene Strafe eine lebenslängliche Inhaftierung ist, ist diese Strafe anzuwenden;
2. wenn die gesetzlich vorgesehene Verurteilung leichter ist als die frühere, wird das frühere Urteil vollstreckt, wobei eine Erhöhung der Strafe wie in Ziffer 1 und unter den dort angeführten Unterscheidungen vorgenommen werden kann.

   Wenn die vom Gericht für die erste Straftat verhängte Strafe eine lebenslängliche ist, wird diese Strafe vollstreckt, jedoch mit Verlängerung der Einzelhaft bis zu 3 Jahren.

Die unter die Bestimmungen dieses Artikels fallenden Täter sind nur dann als rückfällig anzusehen, wenn sowohl bezüglich der Art und Anzahl der Straftaten, als auch bezüglich der im ersten Urteil verhängten Gesamtstrafe, die in Art. 109 bis 112 einschließlich vorgesehenen Bedingungen erfüllt und wenn die Bestimmungen des Art. 116 nicht anwendbar sind.

4. Kapitel

Teilnahme mehrerer Personen bei Begehung derselben Straftat

1. Abschnitt

Anstifter und Gehilfen

Art. 120 Anstifter ist, wer einen anderen vorsätzlich zur Begehung eines Verbrechens oder Vergehens bestimmt. Der Anstifter wird wie der Täter bestraft.

Die unmittelbare Anstiftung zu einem Verbrechen oder einem Vergehen, für das vom Gesetz eine Freiheitsstrafe von mehr als 2 Jahren vorgesehen ist, das jedoch vom Angestifteten nicht ausgeführt wurde, wird mit einer der nach den Bestimmungen des Art. 99 festgesetzten Strafen bestraft.

Art. 121 Gehilfe ist, wer vorsätzlich

1. die Begehung eines Verbrechens oder Vergehens erleichtert, ihr Vorschub oder Hilfe leistet;
2. sich mit den Tätern oder Gehilfen vor oder während der Begehung der Straftat verabredet, um die aus der Straftat stammenden Gegenstände zu verbergen oder die Verwertung sicherzustellen, oder um den Genannten Unterschlupf, die Möglichkeit zur Flucht oder zu einer Zu-

sammenkunft zu geben, damit sie nicht entdeckt werden oder um sie der Verfolgung zu entziehen;

3. einen anderen zu einer der in den Abs. 1 und 2 erwähnten Taten bestimmt, wenn diese tatsächlich begangen wurden.

Art. 122 Persönliche Umstände eines Teilnehmers, welche Ausschluß, Verminderung oder Erschwerung der Strafe zur Folge haben, werden auf die anderen Teilnehmer nicht ausgedehnt.

Tatsächliche Umstände werden den anderen lediglich dann zugerechnet, wenn sie ihnen bekannt oder von ihnen vorausgesehen worden waren.

Art. 123 Der Gehilfe wird mit einer um einen Grad niedrigeren Strafe, als der vom Gesetz für den Täter vorgesehenen, bestraft.

Wenn die Strafe des Täters Gefängnis ist, ist die Strafe des Gehilfen das Mindestmaß der für das verübte Vergehen vorgesehenen Strafe, die bis zu dem gesetzlich für Gefängnis allgemein vorgeschriebenen Mindestmaß herabgesetzt werden kann.

Wenn der Täter eine schwerere Straftat als die, zu der er angestiftet wurde, begeht, wird der Anstifter für diejenige Straftat bestraft, zu der er angestiftet hat. Dasselbe gilt auch für die Gehilfen.

Bei Straftaten, die die öffentliche Ordnung oder die innere oder äußere Sicherheit des Staates betreffen, werden die Gehilfen wie die Täter bestraft.

Der Anstifter oder Gehilfe bleibt straffrei, wenn er noch vor Beginn der Ausführung der Straftat freiwillig die Vollendung der Tat verhindert oder die anderen Teilnehmer daran hindert, die von ihm in Hinblick auf die Vorbereitung oder Ausführung der Straftat beschafften Mittel zu nützen.

Art. 124 Bei nicht vorsätzlichen Straftaten wird, wenn der strafbare Erfolg durch die Mitwirkung mehrerer bei der Erfüllung der Tatbestandsmerkmale herbeigeführt wurde, jeder von ihnen wie der Täter dieser Straftat bestraft.

2. Abschnitt

Beteiligung volljähriger und minderjähriger Täter an der Begehung derselben Straftat

Art. 125 Die Teilnahme volljähriger und minderjähriger Täter an derselben Straftat bildet für die ersteren einen Erschwerungsumstand, auf Grund dessen das gesetzlich vorgesehene Mindest- und Höchstmaß der Strafe für die ihnen zur Last gelegte Tat um ein Viertel der Dauer erhöht wird, wobei das allgemein vorgesehene Höchstmaß nicht überschritten werden darf.

VII. Teil

Gründe, die die strafrechtliche Verantwortlichkeit aufheben oder sie vermindern

1. Kapitel

Vorsatz

Art. 126 Für ein Verbrechen ist Vorsatz erforderlich.

Für ein Vergehen ist gleichfalls Vorsatz erforderlich, es kann nur in den vom Gesetz ausdrücklich vorgesehenen Fällen ohne Vorsatz begangen werden.

2. Kapitel

Gründe, die die Verantwortlichkeit aufheben oder sie vermindern

1. Abschnitt

Allgemeine Bestimmungen

Art. 127 Außer den im Gesetz besonders vorgesehenen Fällen und Umständen kann niemand von der Verantwortung für eine Straftat befreit und die Verantwortung auch nicht vermindert werden.

2. Abschnitt

Geisteskrankheit und andere Gründe der Bewußtseinsstörung

Art. 128 Nicht verantwortlich für eine Straftat ist, wer sich im Zeitpunkt ihrer Begehung im Zustand einer durch Geisteskrankheit oder durch andere Ursachen hervorgerufenen Bewußtseinsstörung befand.

3. Abschnitt

Trunkenheit

Art. 129 Wer eine Straftat im Zustand des Vollrausches begangen hat, der durch Alkohol oder andere Gifte oder Rauschgifte herbeigeführt worden war, ist von jeder Verantwortung befreit, wenn dieser Zustand auf zufällige, vom Täter nicht vorgesehene und von seinem Willen völlig unabhängige Umstände zurückzuführen ist.

Wer eine Straftat im Zustand zufälligen, jedoch bewußt herbeigeführten Vollrausches begeht, wird mit der für diese Straftat vorgesehenen Strafe bestraft, wobei deren Höchstmaß um ein Fünftel herabgesetzt wird; wenn die Strafe lebenslängliche Zwangsarbeit ist, wird sie auf Zwangsarbeit von 20 bis zu 25 Jahren herabgesetzt; wenn aber vom Gesetz die Todesstrafe vorgesehen ist, ist lebenslängliche Zwangsarbeit zu verhängen.

Die Bestimmung des vorangehenden Absatzes wird nicht angewendet, wenn bewiesen wird, daß der Täter sich absichtlich in diesen Zustand versetzt hat, sei es, um eine Herabsetzung der Strafe zu erzielen, sei es, um die Tat leichter zu verüben. In diesem Falle wird die Straftat als mit Vorsatz begangen angesehen.

4. Abschnitt

Moralischer Zwang

Art. 130 Nicht verantwortlich für eine Straftat ist, wer diese unter Einwirkung eines moralischen Zwanges durch eine Bedrohung begangen hat, welche eine direkte Gefahr für das Leben, die körperliche Unversehrtheit, Gesundheit und Freiheit sei es für seine eigene Person, sei es für einen Verwandten oder für eine ihm durch innige Gefühlsbande nahestehende Person bedeutete, und die Gefahr anders nicht hätte abgewendet werden können.

5. Abschnitt

Notstand

Art. 131 Eine Straftat liegt nicht vor, wenn jemand eine Tat begeht, um sein Leben oder seine körperliche Unversehrtheit oder das Leben oder die körperliche Unversehrtheit eines Verwandten oder einer ihm durch innige Gefühlsbande nahestehenden Person, von einer schweren, unmittelbaren und zufälligen Gefahr zu retten, wenn die Gefahr nicht anders hätte abgewendet werden können. Ebenso wird die Beschädigung oder Vernichtung fremden Gutes, wenn sie unter den oben angeführten Bedingungen zum Schutze des eigenen Gutes begangen wurde nicht als Straftat angesehen, wenn das gerettete Gut einen offensichtlich höheren Wert darstellt als das geopferte. Notstand wird für denjenigen nicht angenommen, der die gesetzliche Pflicht hat, der Gefahr zu begegnen.

6. Abschnitt

Berechtigte Notwehr

Art. 132 Wer eine Tat begeht, die erforderlich ist, um das Leben, die körperliche Unversehrtheit, die Freiheit, die Ehre oder das Vermögen von sich oder einem anderen gegen einen direkten, unmittelbaren und rechtswidrigen tätlichen Angriff zu verteidigen, dem wird die Tat nicht als Straftat zugerechnet.

Als berechtigte Notwehr wird auch der Fall angesehen, wenn der Handelnde unter dem Einfluß der Verwirrung, der Angst oder der Gewalt die Grenzen der Verteidigung überschritten hat.

7. Abschnitt
Physischer Zwang

Art. 133 Wer unter physischem Zwang, dem er nicht widerstehen konnte, eine Straftat begeht, ist für diese nicht verantwortlich.

8. Abschnitt
Zufall

Art. 134 Wenn der Täter durch einen unvorhergesehenen Umstand zur Begehung einer Straftat genötigt wurde, wird ihm diese nicht als solche zugerechnet.

9. Abschnitt
Rechts- und Tatirrtum

Art. 135 Niemand kann sich unter Berufung auf die Unkenntnis oder falsche Auslegung des Strafgesetzes der Verantwortung entziehen.

Art. 136 Tatumstände, welche ein Tatbestandsmerkmal oder gesetzliche Erschwerungsumstände bilden, ziehen keine Verantwortung und auch keine Erschwerung derselben für eine vom Gesetz als Verbrechen oder Vergehen angesehene Straftat nach sich, wenn sie dem Täter bei Begehung der Straftat nicht bekannt waren.

Die obigen Vorschriften gelten auch für nicht vorsätzliche Straftaten, wenn die Unkenntnis jener Umstände nicht auf ein Verschulden des Täters zurückzuführen ist.

10. Abschnitt
Gesetzesgebot und Auftrag der gesetzlichen Behörde

Art. 137 Nicht als Straftat ist die Tat anzusehen, die vom Gesetz auferlegt oder genehmigt ist, wenn sie vorschriftsmäßig ausgeführt wird, ebenso die Tat, die auf Grund eines dienstlichen Befehls von dem zuständigen Organ ausgeführt wurde, wenn der Dienstbefehl von der zuständigen Behörde in gesetzlicher Weise gegeben wurde und nicht offensichtlich rechtswidriger Natur ist.

Wenn die Ausführung eines dienstlichen Befehls eine Straftat darstellt, werden der Dienststellenleiter oder der Vorgesetzte, der den Befehl erteilt hat, zusammen mit dem, der den Befehl ausgeführt hat, als Täter dieser Straftat bestraft.

Derjenige, der den Befehl ausgeführt hat, bleibt straffrei, wenn er keine Möglichkeit hatte, die Rechtsmäßigkeit des Befehls zu beurteilen.

11. Abschnitt

Minderjährigkeit

Art. 138 Minderjährig ist, wer das 18. Lebensjahr noch nicht vollendet hat.

Art. 139 Der Minderjährige, der das 12. Lebensjahr noch nicht vollendet hat, ist für die von ihm begangenen Straftaten nicht verantwortlich.

Ebenso ist der Minderjährige, der das 15. Lebensjahr noch nicht vollendet hat, für eine begangene Straftat nicht verantwortlich, außer wenn nachgewiesen wird, daß er bei Ausführung der Tat mit Vorbedacht gehandelt hat.

Der Minderjährige zwischen 15 und 18 Jahren ist für seine Tat verantwortlich.

Das Gericht ist verpflichtet, die Tat und die Art, wie sie begangen wurde, festzustellen und Auskünfte einzuholen über:

1. den physischen und sittlichen Zustand des Minderjährigen und seiner Vorfahren,
2. über die Umstände, unter denen er aufgewachsen ist und unter welchen er gelebt hat,
3. über die sittliche und materielle Lage der Familie.

Wenn an dem physischen und geistigen Zustande des Minderjährigen Zweifel bestehen, wird ein ärztliches Gutachten eingeholt.

Art. 140 Auf Grund der gemäß dem vorangehenden Artikel gewonnenen Auskünfte, kann das Gericht bei Minderjährigen bis zu 12 Jahren und bei Minderjährigen zwischen 12 und 15 Jahren, die noch kein Urteilsvermögen besitzen, eine der folgenden Maßnahmen anwenden:

1. er kann der Familie überlassen werden, die darauf hingewiesen wird, ihn in Zukunft besonders zu beaufsichtigen; wenn er die Schule besucht, wird die Schulbehörde verständigt, die ihn zu rügen oder die von der Schulordnung vorgesehenen Disziplinarmaßnahmen anzuwenden hat;
2. wenn die Familie fehlt oder keine genügende sittliche Sicherheit bietet, kann er einem nahen Verwandten, der die Überwachung des Kindes zu übernehmen bereit ist, anvertraut werden;
3. [20]) falls ein solcher fehlt, kann er einer ehrbaren Person, einem Fürsorgeverein oder einer öffentlichen oder privaten Anstalt, welche vom Staat für diesen Zweck eine Genehmigung hat, anvertraut werden, jedoch nur, wenn eine solche Person oder Anstalt bereit ist, diese Aufgabe zu übernehmen;

---

[20]) Siehe Art. 104 des Gesetzes Nr. 4 (Familiengesetz), veröffentl. im Amtsbl. Nr. 1 vom 4. 1. 1954.

4. wenn keine dieser Maßnahmen anwendbar ist, kann das Gericht verfügen, daß die Erziehung des Minderjährigen einer Besserungsanstalt anvertraut wird.

Bis zur endgültigen Entscheidung kann das Gericht, wenn es dies für notwendig erachtet, die vorläufige Unterbringung des Minderjährigen bei einem Hilfs- oder Fürsorgeverein verfügen.

Falls der Minderjährige unter 12 Jahren oder der Minderjährige zwischen 12 und 15 Jahren, der noch kein Urteilsvermögen besitzt, der Familie, einer Person oder einem Wohltätigkeitsverein anvertraut wurde, kann er auf freiem Fuß unter Aufsicht belassen werden.

[21]) Wenn der Minderjährige eine Straftat in trunkenem Zustand begeht, werden die Eltern oder der Vormund für die letztere Tatsache mit einer der für Übertretungen im Art. 24 des Strafgesetzbuches vorgesehenen Strafen, bestraft.

Art. 141 Auch bei Begehung einer neuen Straftat kann das Gericht gegen den Minderjährigen bis zu 12 Jahren oder den Minderjährigen zwischen 12 und 15 Jahren, der noch kein Urteilsvermögen besitzt, keine andere als eine der in Ziffer 3 und 4 des vorangehenden Artikels vorgesehenen Maßnahmen verhängen.

Art. 142 Die in Art. 140 vorgesehenen Maßnahmen verlieren ihre Gültigkeit, wenn der Minderjährige das 18. Lebensjahr vollendet hat.

Art. 143 Die Minderjährigen, auf die die Bestimmungen des Art. 140 1. Absatz zutreffen, können, wenn sie abnormal, zurückgeblieben oder krank sind, nach gutachtlicher Stellungnahme eines Facharztes in ein Krankenhaus, Heim oder Sanatorium eingeliefert werden, wo sie die notwendige, ihrem physischen und geistigen Zustand entsprechenden Pflege bis zur vollständigen Genesung erhalten.

Art. 144 Wenn das Gericht feststellt, daß der Minderjährige zwischen 12 und 15 Jahren mit Vorbedacht gehandelt hat, oder wenn der Minderjährige das 15. Lebensjahr überschritten hat, kann es gegen ihn eine der folgenden Sicherheitsmaßnahmen oder Strafen verhängen:

Sicherheitsmaßnahmen:

1. Belassung auf freiem Fuß unter Aufsicht.
2. Unterbringung in einer Besserungsanstalt.

Strafen:

1. Verweis.
2. Gefängnis oder einfache Haft.

Eine im Verlust von Rechten bestehende Strafe kann gegen Minderjährige nicht ausgesprochen werden.

Geldstrafe kann nur verhängt werden, wenn der mehr als 15 Jahre alte Minderjährige Vermögen hat oder einen Beruf ausübt; ebenso kann, wenn

[21]) Siehe Anmerkung 7.

der Minderjährige älter als 15 Jahre ist und eigenes Vermögen hat, auch die Vermögensbeschlagnahme verhängt werden.

Der Minderjährige, der das 15. Lebensjahr überschritten und sich einer Straftat gegen die öffentliche Ordnung oder die innere oder äußere Sicherheit des Staates schuldig gemacht hat, wird wie ein Volljähriger bestraft.

In den im vorangehenden Absatz vorgesehenen Fällen sind auch die Bestimmungen des Art. 24 Absatz 2 und 4 und des Art. 49[1] anzuwenden.

Art. 145 Der im vorangehenden Artikel vorgesehene Verweis besteht darin, daß das Gericht den Minderjährigen in öffentlicher Sitzung rügt, indem es ihn darauf hinweist, daß er bei Begehung einer neuen Straftat schärfer bestraft werden wird.

Wenn der Verurteilte nicht zum festgesetzten Termin erscheint, ohne eine gesetzliche Rechtfertigung zu erbringen, oder wenn er erscheint, jedoch den Verweis nicht mit dem gebührenden Respekt anhört, kann das Gericht den Beschluß ändern und Gefängnis oder einfache Haft verhängen.

Der Verweis wird nicht angewendet:

1. wenn der Minderjährige eine Straftat begangen hat, die vom Gesetz mit Gefängnis oder einfacher Haft von mehr als einem Jahr bestraft wird,
2. wenn er vorher eine Straftat begangen hat, für welche auf ihn eine der in Art. 140 vorgesehenen Maßnahmen angewendet worden war.

In den oben angeführten Fällen verhängt das Gericht Gefängnis oder einfache Haft.

Art. 146 Die Belassung auf freiem Fuß unter Aufsicht besteht in der Belassung des Minderjährigen in Freiheit unter strenger Aufsicht und zwar für ein Jahr.

Die Urteilsverkündung wird bis zum Ablauf dieser Probezeit aufgeschoben.

Diese Sicherheitsmaßnahme kann gegen den Minderjährigen, der mit einer Freiheitsstrafe von mehr als einem Monat bestraft wurde, nicht angeordnet werden.

Wenn das Gericht die Belassung auf freiem Fuß unter Aufsicht anordnet, vertraut es den Minderjährigen seinem gesetzlichen Vertreter, einem staatlichen Kinderheim oder einer anderen Fürsorgeanstalt für Minderjährige oder auch einer Vertrauensperson an, die bereit ist, eine solche Aufgabe zu übernehmen.

Der mit der Aufsicht Beauftragte muß ununterbrochen über das Betragen des Minderjährigen wachen und bei Beendigung der Bewährungsfrist dem zuständigen Gericht unverzüglich über das Verhalten des Minderjährigen berichten.

Art. 147 Wenn der Minderjährige sich während der ganzen Probezeit tadellos betragen hat, wird das gegen ihn eröffnete Verfahren durch richterlichen Entscheid eingestellt.

Wenn sich jedoch der Minderjährige während der Bewährungsfrist der über ihn verhängten Aufsicht entzieht oder ein unsittliches oder unordentliches Leben führt oder weitere Straftaten begeht, muß die mit seiner Aufsicht beauftragte Person oder Anstalt das zuständige Gericht verständigen. Wenn dieses das Vorliegen eines der oben angeführten Fälle feststellt, widerruft es die Sicherheitsmaßnahme der Belassung auf freiem Fuß unter Aufsicht und veranlaßt die Einlieferung des Minderjährigen in eine Besserungsanstalt oder verurteilt ihn zu Gefängnis oder einfacher Haft.

Art. 148 Die sittliche Umerziehung wird immer dann angeordnet, wenn das Gericht unter Berücksichtigung des Vorlebens, der Umgebung, in der der Minderjährige lebt, und der Art der begangenen Straftat feststellt, daß er sich in einem Zustand sittlichen Verfalls befindet.

Diese Maßnahme wird auf unbestimmte Zeit angeordnet, darf jedoch nur bis zur Vollendung des 18. Lebensjahres dauern. Die sittliche Umerziehung wird in einer besonders dafür vorgesehenen Besserungsanstalt durchgeführt.

Mit dieser Sicherheitsmaßnahme wird die sittliche Wiederherstellung des Minderjährigen, seine Gewöhnung an ein ehrbares Leben und die Erlernung eines Handwerks beabsichtigt.

Art. 149[22]) Wenn seit der Einlieferung des Minderjährigen in die Besserungsanstalt wenigstens ein Jahr verstrichen ist und wenn festgestellt wird, daß er sich gebessert hat, kann der Überwachungsausschuß der betreffenden Anstalt für 2 Jahre die Freilassung des Minderjährigen auf Bewährung gem. Art. 146 Abs. 3 anordnen.

Wenn das Betragen des Minderjährigen während der Bewährungsfrist einwandfrei ist, wird er endgültig freigelassen.

Andernfalls kann das Gericht die Einlieferung des Freigelassenen in eine Besserungsanstalt verfügen, sofern er das 18. Lebensjahr nicht vollendet hat.

Art. 150 Die Gefängnisstrafe oder einfache Haft, welche auf Minderjährige angewendet werden kann, ist:

1. von 3 bis zu 15 Jahren, wenn die begangene Straftat vom Gesetz als Verbrechen bestraft wird,
2. die Hälfte der entsprechenden Strafe, wenn die Straftat vom Gesetz mit Gefängnis oder einfacher Haft bestraft wird.

---

[22]) Gemäß Verordnung Nr. 72, veröffentl. im Amtsbl. Nr. 28 vom 23. 3. 1950, wurde der „Überwachungsausschuß" abgeschafft. Von diesem Zeitpunkt an können nur die Gerichte die Freilassung des Minderjährigen beschließen.

In diesem Fall darf das Strafhöchstmaß 3 Jahre nicht überschreiten.

Wenn der Minderjährige jünger als 15 Jahre ist, darf bei Verbrechen die Strafe nicht mehr als 10 Jahre betragen. Die oben erwähnten Strafen können nur dann verhängt werden, wenn das Gericht unter Berücksichtigung der Tatumstände und des sittlichen Verhaltens des Minderjährigen zur Überzeugung gelangt, daß die Anwendung anderer Maßnahmen unzureichend ist. In allen Fällen wird die gegen den Minderjährigen ausgesprochene Gefängnisstrafe oder einfache Haft in der dafür besonders bestimmten Besserungsanstalt verbüßt.

Art. 151 Bei Anwendung des vorangehenden Artikels kann das Gericht in demselben Urteil anordnen, daß der Minderjährige nach Verbüßung von zwei Dritteln der Strafe bis zum Zeitpunkt, da die Freiheitsstrafe vollkommen verbüßt sein würde, unter Aufsicht auf freien Fuß gesetzt werden kann.

Art. 152 Wenn das Gericht Gefängnis oder einfache Haft verhängt, kann es gleichzeitig anordnen, daß der Minderjährige nach Verbüßung der Strafe in eine Besserungsanstalt eingewiesen wird.

Art. 153 Im Falle einer Belassung auf freiem Fuß unter Aufsicht (Art. 149) oder einer Entlassung auf Bewährung (Art. 151) trifft der Anstaltsverwalter unter Mithilfe der Vereine zum Schutze Minderjähriger die nötigen Maßnahmen zur Unterbringung des betreffenden Minderjährigen.

Ebenso werden Maßnahmen zur Unterbringung der endgültig Entlassenen getroffen.

Wenn die sittliche Wiederherstellung in staatlichen Kinderheimen oder Privatanstalten erfolgt, werden die Befugnisse der Aufsichtsbehörde von der vom Justizministerium dafür bestimmten Behörde ausgeübt.

12. Abschnitt
Taubstummheit

Art. 154 Der Taubstumme ist für die begangene Straftat nicht verantwortlich, wenn festgestellt wird, daß er im Zeitpunkt der Tat nicht zurechnungsfähig war; andernfalls wird er mit Gefängnisstrafe in dem vom Gesetz für Minderjährige vorgesehenen Rahmen bestraft.

13. Abschnitt
Herausforderung

Art. 155 Der Entschuldigungsgrund der Herausforderung liegt vor:

1. wenn das Verbrechen oder Vergehen durch Mißhandlung oder Gewalt gegen die Person des Täters oder eine andere Person herausgefordert worden war,

2. wenn das Verbrechen oder Vergehen durch schwere vom Opfer dem Täter zugefügte mündliche Beleidigungen unter Umständen herausgefordert worden war, die geeignet waren, bei ihm eine schwere Verwirrung oder Erregung hervorzurufen,
3. wenn Totschlag, Verletzung der Gesundheit oder der körperlichen Unversehrtheit oder Mißhandlung von einem Ehegatten an dem anderen oder dem Mitschuldigen im Zeitpunkt der Überraschung derselben beim Begehen des Ehebruches, verübt wurde.

Der Entschuldigungsgrund ist nicht gegeben, wenn die Herausforderung erfolgt:

1. seitens der Eltern oder einer anderen Person, welcher der Täter wie den Eltern Achtung und Dankbarkeit schuldet,
2. seitens eines Geisteskranken, der als solcher bekannt ist, seitens eines Kindes oder einer Person, die infolge eines Gebrechens des Mitleids und des Schutzes bedarf,
3. im Falle der Tötung der Ehegattin durch den Ehegatten und umgekehrt.

Art. 156 Wenn die Herausforderung erwiesen ist, wird die Strafe in nachstehender Weise herabgesetzt:

1. wenn das Gesetz für die begangene Straftat die Todesstrafe, Zwangsarbeit oder schwere Haft vorsieht, wird Gefängnis oder einfache Haft von 3 bis zu 12 Jahren verhängt, während bei anderen Strafarten für Verbrechen Gefängnis oder einfache Haft von einem bis zu 5 Jahren verhängt wird,
2. wenn das für das begangene Vergehen vom Gesetz vorgesehene Höchstmaß wenigstens 5 Jahre Gefängnis oder einfache Haft ist, wird Gefängnis oder einfache Haft von 6 Monaten bis zu 2 Jahren verhängt,
3. für jedes andere Vergehen, für welches das vom Gesetz vorgesehene Höchstmaß unter 5 Jahren Gefängnis oder einfacher Haft liegt, wird Gefängnis oder einfache Haft von 2 bis zu 6 Monaten, und wenn die Strafe unter 4 Monaten liegt, eine Geldstrafe bis zu 250 Lei verhängt und schließlich, wenn die Strafe nur in einer Geldstrafe besteht, wird diese auf das allgemeine Mindestmaß für diese Strafe herabgesetzt.

14. Abschnitt

Mildernde Umstände

Art. 157 Die vom Gesetz vorgesehene Strafe kann herabgesetzt werden, wenn das Gericht zugunsten des Täters begründete mildernde Umstände feststellt, so wenn der Täter keine andere Straftat mehr begangen hat, oder wenn eine Tat unter dem Einfluß einer starken Erregung, von Hunger oder Not oder wegen anderer ähnlicher Tatsachen begangen wurde.

Im Falle der Anwendung von mildernden Umständen wird die Strafe wie folgt herabgesetzt:

1. Bei Verbrechen, auch wenn die Verurteilung in Abwesenheit des Angeklagten erfolgt:
   a) wenn die Todesstrafe vorgesehen ist, wird lebenslängliche Zwangsarbeit verhängt oder kann Zwangsarbeit auf begrenzte Zeit verhängt werden, wenn aber die Strafe lebenslängliche Zwangsarbeit ist, wird Zwangsarbeit auf begrenzte Zeit verhängt oder kann schwerer Kerker verhängt werden,
   b) wenn die Strafe Zwangsarbeit auf begrenzte Zeit ist, wird schwerer Kerker oder Gefängnis, dessen Dauer jedoch nicht weniger als 3 Jahre betragen darf, verhängt,
   c) wenn die Strafe schwerer Kerker ist, wird Gefängnisstrafe, jedoch nicht unter einem Jahr verhängt.

Wenn das Gesetz ein Strafhöchstmaß vorsieht, wird das Strafmindestmaß oder die darauffolgende, um einen Grad niedrigere Strafe verhängt, wobei die in den obigen Absätzen vorgesehenen Grenzen nicht unterschritten werden dürfen.

2. Bei Vergehen, auch wenn die Verurteilung in Abwesenheit des Angeklagten erfolgt:
   a)[23]) Freiheits- oder Geldstrafe oder diese beiden Strafen zusammen können bis zum allgemeinen Mindestmaß der Geldstrafe herabgesetzt werden oder noch niedriger, jedoch nicht unter 2,50 Lei.

   Das Höchstmaß der Geldstrafe, auf welche als Ersatz für Gefängnis auf Grund der mildernden Umstände erkannt wird, darf nicht höher sein als 1000 Lei, ausgenommen den in Art. 52 Abs. 3 vorgesehenen Fall.

   In den im Militärstrafgesetz vorgesehenen Fällen kann eine Gefängnisstrafe nicht in eine Geldstrafe umgewandelt werden.
   b) Wenn das vom Gesetz vorgesehene Strafhöchstmaß 5 Jahre oder mehr beträgt, kann die Strafe nicht unter 3 Monate Gefängnis herabgesetzt werden, außer wenn das besondere Mindestmaß dieser Strafe niedriger als 3 Monate ist.
3. Im Falle von Straftaten, die die öffentliche Ordnung oder die innere oder äußere Sicherheit des Staates betreffen, sind mildernde Umstände nicht zu bewilligen, wenn das Gesetz dies ausdrücklich vorsieht.

Art. 158 Wenn mildernde Umstände zugebilligt werden, kann, wenn das Gesetz als Zusatzstrafe die totale Vermögenseinziehung vorsieht, teilweise Vermögenseinziehung angewendet werden, wenn dagegen vom

---

[23]) Durch Verordnung Nr. 544, veröffentl. im Amtsbl. Nr. 2 vom 14. 1. 1954, werden die Bestimmungen, die eine Geldstrafe vorsehen, wenn diese Strafe mit einer Freiheitsstrafe verbunden ist, aufgehoben.

Gesetz teilweise Vermögenseinziehung vorgesehen ist, kann diese Zusatzstrafe aufgehoben werden.

Art. 159 Wenn mildernde Umstände einem rückfälligen Täter zugebilligt werden, kann eine um einen Grad niedrigere Strafe verhängt werden; wenn jedoch die Straftat vom Gesetz mit lebenslänglicher Zwangsarbeit oder lebenslänglicher schwerer Haft bestraft wird, darf die Strafe nicht unter 15 Jahre Zwangsarbeit oder schwere Haft herabgesetzt werden.

Liegen mildernde Umstände bei Vergehen vor, darf die Strafe, wenn das vom Gesetz vorgesehene Mindestmaß für diese Vergehen 3 Jahre beträgt, nicht unter das allgemeine Mindestmaß herabgesetzt werden.

VIII. Teil

Zusammentreffen von erschwerenden und mildernden Umständen

Art. 160 Beim Zusammentreffen von mehreren Straferschwerungs- oder Milderungsgründen erfolgt die Festsetzung der Strafe nach den unten angeführten Vorschriften und der dort erwähnten Reihenfolge. Bei der vom Gesetz für die begangene Straftat vorgesehenen Strafe werden berücksichtigt:

1. wenn mehrere gesetzliche Entschuldigungsgründe vorliegen, zunächst diejenigen, welche sich auf die Tat und dann diejenigen, welche sich auf die Person des Täters beziehen;
2. der Erschwerungsgrund des Rückfalls;
3. die zugunsten des Täters anerkannten Milderungsumstände.

IX. Teil

Bedingungen der Strafverfolgung bei Vergehen, die einen Strafantrag erfordern

Art. 161 Wenn das Gesetz die Verfolgung einer Straftat von einem Strafantrag des Verletzten abhängig macht, kann die Untersuchung und Verfolgung derselben ohne diesen Antrag nicht stattfinden.

Wenn der Verletzte minderjährig oder nichthandlungsfähig ist, wird das Strafverfahren von Amts wegen eingeleitet.

In diesen Fällen muß der Strafantrag innerhalb von 3 Monaten nach dem Tag, an dem der Betroffene oder der Staatsanwalt von der begangenen Straftat Kenntnis erhalten hat und der Täter bekannt war, gestellt werden, sofern nicht während dieser Zeit die Verjährung eingetreten ist.

Art. 162 Die zum Nachteil mehrerer Personen begangene Straftat ist auch dann strafbar, wenn der Strafantrag nur von einer derselben gestellt wurde, ohne Rücksicht darauf, ob die übrigen keinen Strafantrag gestellt oder ob sie diesen zurückgezogen haben.

Der Strafantrag gegen einen der Teilnehmer an einer Straftat wirkt auch gegen die übrigen.

X. Teil
Erlöschen der Strafverfolgung, des Strafvollzugs und der durch die Verurteilung hervorgerufenen Rechtsfolgen

1. Kapitel
Der Tod

Art. 163 Der Tod des Beschuldigten löscht die Verfolgung der begangenen Tat und der Tod des Verurteilten die Strafvollstreckung.

Das Recht der Einziehung der in Art. 80 erwähnten Gegenstände verliert seine Gültigkeit nicht durch den Tod des Beschuldigten, selbst wenn sein Ableben vor der Verurteilung erfolgte.

2. Kapitel
Verjährung

1. Abschnitt
Erlöschen der Strafverfolgung durch Verjährung

Art. 164 Die Verjährung hebt die Strafverfolgung auf:

1. für Straftaten, die mit dem Tode, Zwangsarbeit oder schwerer Haft bestraft werden, nach Ablauf von 15 Jahren, für die mit schwerem Kerker oder strenger Haft bestraften dagegen nach 10 Jahren,
2. für Vergehen, die mit Freiheitsstrafe von mehr als 5 Jahren bestraft werden, nach 8 Jahren und für Vergehen, die mit Freiheitsstrafe bis zu 5 Jahren bestraft werden, nach 5 Jahren.

Für Presse-Verbrechen verjährt die Strafverfolgung nach 3 Jahren und für Presse-Vergehen nach einem Jahr, außer wenn der Geschädigte nachweisen kann, daß er keine Möglichkeit hatte, von der Tat Kenntnis zu nehmen. Alle oben angeführten Fristen werden, wenn Minderjährige die Straftat begehen, auf die Hälfte herabgesetzt.

Art. 165 Die im vorangehenden Artikel angeführten Verjährungsfristen beginnen mit dem Zeitpunkt der Begehung der Tat, bei Dauerstraftaten mit dem Aufhören der Straftat und bei fortgesetzten Straftaten mit dem Begehen der letzten Handlung.

Für Straftaten, die durch die Presse begangen wurden, beginnt die Verjährungsfrist mit dem Zeitpunkt des Vertriebs der Veröffentlichung.

Art. 166 Die Verjährung wird in folgenden Fällen unterbrochen:

1. wenn Erhebungs-, Verfolgungs- oder Untersuchungshandlungen vorgenommen wurden,

2. wenn rechtsgültig vor dem erkennenden Gericht irgendwelche Prozeßhandlungen vorgenommen wurden, welche nach dem Gesetz dem Täter mitgeteilt werden müssen,
3. wenn das erkennende Gericht ein auch noch nicht rechtskräftiges Urteil ausgesprochen hat.

Nach jeder Unterbrechung beginnt die Verjährungsfrist neu zu laufen. Die Straftat ist unabhängig von der Anzahl der eingetretenen Unterbrechungen verjährt, wenn die gesamte Verjährungsfrist um die Hälfte überschritten wurde, für Verjährungen von 3 Jahren oder weniger, wenn das Doppelte der Frist erreicht wurde.

Die Unterbrechung der Verjährung gilt auch für die Teilnehmer an einer Straftat, auch wenn die in den Ziffern 1, 2 und 3 des vorliegenden Artikels bezeichneten Maßnahmen nicht auch gegen sie gerichtet waren.

Art. 167 Die Verjährung der Strafverfolgung ruht für die Zeit, während der eine gesetzliche Vorschrift oder höhere Gewalt den Beginn der Verfolgung, der Untersuchung oder die Urteilsfällung hemmt.

Die Verjährung läuft von dem Tag an weiter, an dem die Ursache des Ruhens weggefallen ist.

2. Abschnitt

Erlöschen der Strafvollstreckung durch Verjährung

Art. 168 Die Todesstrafe sowie die Strafe der Zwangsarbeit und der schweren Haft verjährt nach 20 Jahren, die des schweren Kerkers und der strengen Haft nach 15 Jahren.

Strafen für Vergehen, die höher sind als 5 Jahre, verjähren nach 10 Jahren, die unter 5 Jahren nach 8 Jahren. Geldstrafen für Vergehen verjähren nach 5 Jahren.

Für Minderjährige verringert sich die obige Frist auf die Hälfte.

Die obigen Fristen beginnen mit dem Tage an dem das Urteil rechtskräftig geworden ist.

Art. 169 Die Verjährung der Todes- und Haftstrafen hat nicht auch die Verjährung der in Art. 25 Ziff. 1, 2 und 7 vorgesehenen Zusatzstrafen und der Sicherheitsmaßnahmen zur Folge.

Art. 170 Der wegen Verbrechen Verurteilte, dessen Strafe verjährt ist, darf nicht in die Gemeinde, in der der Verletzte oder dessen Nachkommen in direkter Linie wohnen, zurückkehren.

Das Gericht kann auf Antrag des Staatsanwalts den Ort, den der Verurteilte als Wohnsitz nicht wählen darf, bestimmen, wobei auch eine für genügend erachtete Entfernung zu berücksichtigen ist, damit das obige Verbot seinen Zweck erfüllt.

Art. 171 Die Verjährung der Strafe wird nur durch den Vollzug der Verurteilung unterbrochen.

Im Falle des Entweichens läuft eine neue Verjährungsfrist vom Tage des Entweichens an.

3. Kapitel
Amnestie

Art. 172 Durch Amnestie erlischt die Verfolgung und — wenn sie nach der Verurteilung erfolgt — auch der Strafvollzug. Die nach Art. 80 eingezogenen Gegenstände sowie die vor der Amnestie bezahlten Geldstrafen werden nicht zurückerstattet.

Die Amnestie hat keinen Einfluß auf die Rechte der verletzten Partei und auf die Sicherheitsmaßnahmen; diese Bestimmung wird im Falle einer Amnestie für politische Vergehen nicht angewendet.

4. Kapitel
Begnadigung

Art. 173 Die Begnadigung hat die ganze oder teilweise Einstellung des Strafvollzugs zur Folge oder die Änderung der Strafe in eine leichtere, sie hebt jedoch die zusätzliche Strafe, außer wenn die gerichtliche Verfügung etwas anderes bestimmt, und auch die Sicherheitsmaßnahme nicht auf.

5. Kapitel
Vergleich der Parteien

Art. 174 Wenn das Gesetz die Verfolgung einer Straftat von einem vorangegangenen Antrag der verletzten Partei abhängig macht, wird durch die Rücknahme der Anzeige oder den Vergleich der Parteien die Verfolgung eingestellt, außer wenn das Gesetz ausdrücklich etwas anderes vorsieht. Der Vergleich betrifft nur die unmittelbar Beteiligten.

6. Kapitel
Rehabilitierung

Art. 175 Jeder wegen eines Verbrechens oder Vergehens Verurteilte kann die gerichtliche Rehabilitierung erlangen. Die Rehabilitierung löscht die Verurteilung, die Rechtsverluste und die Verbote und hat für die Zukunft das Aufhören der Handlungsunfähigkeit, die durch die Verurteilung hervorgerufen wurde, zur Folge.

Die Rehabilitierung hat die Wiedereinsetzung des Täters in ein Amt, aus dem er auf Grund der Verurteilung entfernt wurde, nicht unbedingt zur Folge und stellt den Anspruch auf eingezogene Auszeichnungen und auf den verlorenen militärischen Rang nicht wieder her.

Dem Rehabilitierten wird jedoch die der Verurteilung vorangegangene Zeit für die Pensionsberechtigung anerkannt; falls er schon pensioniert ist, tritt er mit dem Zeitpunkt der Rehabilitierung in den Genuß seiner Rechte.

Die strafrechtliche Rehabilitierung für das Vergehen des betrügerichen Bankrotts schließt nicht von Rechts wegen auch die handelsrechtliche Rehabilitierung ein.

Art. 176 Die Rehabilitierung kann für wegen Verbrechen Veruteilte nach Ablauf von 10 Jahren, für wegen Vergehen zu mehr als 5 Jahren Verurteilte nach Ablauf von 8 Jahren und für zu weniger als 5 Jahren oder zu Geldstrafen Verurteilte nach Ablauf von 6 Jahren ausgesprochen werden.

Die vorerwähnten Fristen werden von dem Zeitpunkt gerechnet, an dem der Antragsteller die Strafe verbüßt hat. Für die zu lebenslänglicher Zwangsarbeit Verurteilten, die eine Strafherabsetzung erhalten haben, wird der Zeitpunkt von dem Augenblick an gerechnet, an dem sie die herabgesetzte Strafe verbüßt haben.

Für die zu Geldstrafe Verurteilten läuft die Frist vom Zeitpunkt der vollständigen Bezahlung der Geldstrafe. Bei Umwandlung der Geldstrafe in Gefängnis, läuft die Frist der Rehabilitierung vom Zeitpunkt der Strafverbüßung.

Im Falle der vollständigen Begnadigung beginnt die Frist vom Zeitpunkt der Verfügung an zu laufen.

In Ausnahmefällen kann das Justizministerium durch Beschluß die Herabsetzung der in diesem Artikel vorgesehenen Fristen anordnen.

Art. 177 Die Rehabilitierung ist nur beim Zusammentreffen der nachstehenden Bedingungen zulässig:

1. wenn der Verurteilte im Verlauf der im vorangehenden Artikel angeführten Fristen nicht neuerlich wegen Verbrechen oder Vergehen verurteilt wurde,
2. wenn der Verurteilte sich gut geführt hat,
3. wenn er in Arbeit steht oder sich in der Fortsetzung seiner Studien oder in Berufsausbildung befindet,
4. wenn er die Prozeßkosten und den Schadensersatz, zu dessen Zahlung er verpflichtet war, vollständig bezahlt hat, es sei denn, die verletzte Partei hat auf den Schadensersatz verzichtet.

Art. 178 Wenn der Antrag auf Rehabilitierung zurückgewiesen wurde, kann ein neuer Antrag erst nach 5 Jahren für Strafen wegen Verbrechen und nach 2 Jahren für Strafen wegen Vergehen vom Zeitpunkt der Zurückweisung des Antrags gerechnet gestellt werden. Der neue Antrag muß neben dem Beweis der erfüllten Voraussetzungen des ersten Antrags, auch den der guten Führung während der Zeit nach der Zurückweisung des ersten Antrags aufweisen.

Wenn die Zurückweisung auf Grund formeller Mängel erfolgte, kann der Antrag auf Rehabilitierung jederzeit neu gestellt werden.

Art. 179 Die Rehabilitierung kann rückgängig gemacht werden, wenn nach ihrer Bewilligung festgestellt wird, daß der Rehabilitierte noch anderweitig wegen Verbrechen oder Vergehen verurteilt worden war.

Art. 180 Die Bestimmungen dieses Artikels finden auch auf Urteile von Sonder- oder Militärgerichten, sowie auf Urteile von ausländischen Gerichten Anwendung, sofern sie in Rumänien wirksam anerkannt worden sind.

XI. Teil

Allgemeine Bestimmungen für Pressevergehen

Art. 181 Ein Pressevergehen ist eine Straftat, die durch Drucklegung und Verbreitung von Veröffentlichungen begangen wird.

Verantwortlich für diese Straftat sind:

1. für periodisch erscheinende Veröffentlichungen:
   Der Verfasser des Artikels oder der Nachricht, sofern er bekannt ist; wenn ein solcher nicht vorhanden ist, der Leiter des veröffentlichenden Organs und wenn ein solcher nicht vorhanden ist, dessen Redakteur,
2. für nichtperiodisch erscheinende Veröffentlichungen:
   Der Verfasser der Schrift, sofern er bekannt ist oder ermittelt wurde; wenn dieser nicht vorhanden ist, der Verleger des Schriftwerks und wenn dieser nicht vorhanden ist oder nicht ermittelt werden konnte, der Inhaber der Druckerei, wo das beanstandete Schriftwerk gedruckt wurde.

In allen Fällen können die in der gesetzlichen Reihenfolge der Verantwortlichkeit Untergeordneten nur bis zum Schluß der Verhandlung in der ersten Instanz des erkennenden Gerichts, die an ihrer Stelle zur Verantwortung zu ziehenden Personen bezeichnen.

Art. 182 In allen Fällen von Pressevergehen haftet der Eigentümer des veröffentlichenden Organs mit dem zur Zahlung der zivilrechtlichen Entschädigungen Verurteilten der verletzten Partei zur gesamten Hand.

XII. Teil

Erläuterung einiger Gesetzesbegriffe

Art. 183 Im vorliegenden Gesetz gelten nachstehende Begriffe:

1. Bei Ermittlung der Zeit wird der Tag mit 24 Stunden, die Woche mit 7 Tagen, der Monat mit 30 Tagen und das Jahr mit 365 Tagen berechnet.

2. Kriegszeit ist der Zeitraum von der Anordnung der Mobilmachung bis zum Zeitpunkt der Umstellung der Armee auf den Friedensstand.
3. Feind ist die fremde Macht, mit der Rumänien oder seine Verbündeten sich im Kriegszustand befinden, oder gegen die angesichts eines unmittelbar bevorstehenden Krieges militärische Maßnahmen getroffen wurden.

3bis Wenn im Strafgesetz die Ausdrücke vorkommen: Volksgut, Volkseinheit oder Volks-Organisation oder andere Ausdrücke, die den Begriff „Volk" enthalten, bezieht sich dies auf alles, was die örtlichen Organe oder Organe der Staatshoheit oder der staatlichen Verwaltung betrifft, was staatliche Einrichtungen, Wirtschaftsunternehmen oder -organisationen des Staates, Gesellschaften, an denen der Staat in irgendeiner Form beteiligt ist, Genossenschaften jeder Art, Massenorganisationen oder Vereine und Einrichtungen sozialer oder beruflicher Art und im allgemeinen alles, was das Kollektiv als Ganzes oder als Teil und zur Wahrung seiner Rechte im Rahmen der durch die staatliche Volksdemokratie festgesetzten Rechtsordnung betrifft.

4. Beamter ist jeder, der ständig oder zeitweise mit welchem Rang auch immer, unabhängig davon, ob und wie er eingesetzt wurde, ein Amt oder einen Auftrag irgendeiner Art im Dienst einer der Volkseinheiten oder -organisationen ausübt.

Diese Eigenschaft haben auch Priester oder Militärpersonen. Die Mitglieder der gesetzgebenden Körperschaften werden nicht als öffentliche Beamte betrachtet.[24])

4bis Sooft im Gesetz der Ausdruck gebraucht wird „ist besonders schwerwiegend", um die Qualifikation einer Straftat zu bezeichnen, heißt das, daß selbst nach Berücksichtigung der allgemeinen Grundsätze zur Individualisierung der Strafe, wie in Art. 21 aufgezeigt, die Anwendung des vom Gesetz vorgesehenen Höchstmaßes für die einfache Art der Straftat nicht zureichend ist.

5. Verwandte sind Vorfahren und Nachkommen, Ehegatten und ihre Eltern, Brüder, Schwestern, Adoptivkinder, Verschwägerte in direkter Linie, Schwäger und Schwägerinnen. Durch innige Bande verbunden sind jene Personen, die auf Grund der Familienbande, Freundschaft, Liebe oder Dankbarkeit besondere Hochachtung voreinander haben.
6. Bedrohung ist — wenn das Gesetz nichts anderes vorsieht — das Begehen von Handlungen und Taten, die darauf abgestellt sind, bei der

[24]) Gemäß Art. 23 der Verfassung der RVR vom 24. 9. 1952 ist die Große Nationalversammlung das einzige Gesetzgebende Organ der Rumänischen Volksrepublik.

bedrohten Person oder bei einer in Art. 130 genannten Person Angst vor einer unmittelbaren Gefahr für Leben, körperliche Unversehrtheit, Gesundheit, Freiheit, Ehre oder Vermögen hervorzurufen.

7. Waffen sind alle jene Instrumente oder Apparate, die vom Augenblick ihrer Herstellung an zum Angriff oder zur Verteidigung bestimmt sind.

   Den Waffen sind alle anderen Instrumente, Apparate, Gegenstände, chemische Substanzen, feste, flüssige oder gasförmige Körper gleichzustellen, die man durch Gebrauch dieser Bestimmung zugeführt hat.

8. Eine Menschenmenge oder Bande ist — wenn das Gesetz nichts anderes bestimmt — die Ansammlung oder Vereinigung von wenigstens 3 Personen.

9. Ein öffentlicher Ort ist ein Ort, der auf Grund seiner natürlichen Beschaffenheit dauernd und ausschließlich oder der auf Grund seiner Bestimmung zeitweise und den Bedürfnissen entsprechend oder der infolge eines durch bestimmte Umstände eingetretenen Zufalls der Allgemeinheit offensteht oder zugänglich ist.

10. In der Öffentlichkeit begangen ist eine Handlung, wenn sie begangen wird:
    a) an einem an sich öffentlichen Ort, unabhängig davon, ob ein Publikum anwesend ist,
    b) an einem seiner Bestimmung nach öffentlichen Ort, im Zeitpunkt, in dem er dem Publikum zugänglich war,
    c) an einem fallweise öffentlichen Ort, unter den gleichen Bedingungen wie im vorangehenden Absatz, wenn die Handlung von jemandem gesehen oder gehört wurde,
    d) an einem privaten Ort, in der Absicht, von der Öffentlichkeit gehört oder gesehen zu werden, und wenn sie tatsächlich gesehen oder gehört wurde,
    e) in einer Versammlung oder Zusammenkunft, an der mehrere Personen teilgenommen haben, mit Ausnahme der Familienzusammenkünfte,
    f) durch jede Mitteilungsart zum Zweck, die Handlung der Öffentlichkeit zur Kenntnis zu bringen.

Zweites Buch
VERBRECHEN UND VERGEHEN IM BESONDEREN
I. Teil
Verbrechen und Vergehen gegen den Staat
1. Kapitel
Verbrechen und Vergehen gegen die äußere Sicherheit des Staates
1. Abschnitt
Hochverrat

Art. 184 Der rumänische Staatsbürger, der eine Handlung in der Absicht begeht, das Staatsgebiet oder einen Teil desselben der Hoheit eines anderen Staates zu unterwerfen oder die Staatshoheit zu unterdrücken oder einzuschränken, begeht das Verbrechen des Vaterlandsverrats und wird mit dem Tode bestraft.

Mit der gleichen Strafe wird auch eine Handlung bestraft, die geeignet ist, die staatliche Einheit zu untergraben.

Art. 185 Der rumänische Staatsbürger, der gegen sein Vaterland Waffen erhebt oder in das Heer eines im Kriegszustand mit dem rumänischen Staat befindlichen Staates eintritt, begeht das Verbrechen des Vaterlandsverrats und wird mit dem Tode bestraft.

Art. 186 Der rumänische Staatsbürger, der mit fremden Regierungen oder ihren Unterhändlern oder mit fremden Parteien, Vereinigungen oder Gruppen politischer Natur zusammenarbeitet oder sich mit ihnen ins Einvernehmen setzt, um einen Krieg gegen den rumänischen Staat herbeizuführen oder einer fremden Besetzung Vorschub zu leisten, begeht das Verbrechen des Vaterlandsverrats und wird mit dem Tode bestraft.

Wenn das Einvernehmen seinen Zweck nicht erreicht hat, ist die Strafe Zwangsarbeit von 5 bis zu 25 Jahren und Verlust der Bürgerrechte von 3 bis zu 10 Jahren.

Art. 187 aufgehoben.

Art. 188 Der rumänische Staatsbürger, der im Kriegsfall nachfolgende Handlungen verübt, begeht das Verbrechen des Vaterlandsverrats und wird mit dem Tode bestraft:

1. dem Feind oder seinen Vertretern ohne Ermächtigung der zuständigen nationalen Obrigkeit Städte, Häfen, Flughäfen, Wasserflughäfen, Flottenstützpunkte, befestigte Orte oder andere Verteidigungsstützpunkte übergibt,
2. dem Feind ohne Ermächtigung der zuständigen nationalen Obrigkeit öffentliche Ämter und Dienststellen, Kriegsschiffe, Flugzeuge, tech-

nische Dienststellen, Anlagen, die dem Heer dienen, Vorratslager, Waffenlager, Munition oder anderes Kriegsmaterial zur Verfügung stellt,

3. dem Feind Soldaten, Menschen, Waffen, Munition oder anderes Kriegsmaterial beschafft,
4. die Soldaten der rumänischen Armee verleitet, zum Feind überzulaufen,
5. dem Feind als Auskunftsperson oder Führer zum Schaden der rumänischen Armee dient, oder seine Spione verbirgt, an Verschwörungen teilnimmt, um den Kommandeur einer besetzten Ortschaft zur Übergabe oder Kapitulation zu zwingen,
6. Aufstände oder Verwirrung in den Reihen der vaterländischen Verteidigungstruppen hervorruft oder angesichts des Feindes die Verbindung der Truppeneinheiten hindert,
7. im In- oder Ausland für eine fremde, mit Rumänien im Krieg befindliche Macht, Soldaten anwirbt,
8. die in Ziffer 1 und 2 angeführten kriegswichtigen Plätze und Gegenstände sowie Lebensmittel der rumänischen Armee, zum Schaden derselben und zum Nutzen des Feindes, in irgendeiner Weise vernichtet, in Brand setzt oder unbrauchbar macht.

Alle anderen Handlungen außer den oben angeführten, durch die der Feind unterstützt oder seine Tätigkeit begünstigt wird, werden mit Zwangsarbeit von 5 bis 25 Jahren und Verlust der Bürgerrechte von 3 bis 10 Jahren bestraft.

Art. 189 Die in Art. 186 und 188 vorgesehenen Strafen werden auch dann verhängt, wenn die begangene Tat gegen einen Verbündeten, mit dem Rumänien zusammen kämpft, gerichtet ist.

Art. 190 Es begeht das Verbrechen des Vaterlandsverrats durch Untreue und wird mit dem Tode bestraft:

1. der öffentliche Beamte, der Beauftragte oder Vollzugsbeamte der Regierung, der einer fremden Regierung, ihren Beauftragten oder jeder anderen Person, die zur Kenntnisnahme nicht befugt ist, Pläne, Skizzen, Zeichnungen, Fotos, Akten, Urkunden oder diplomatische Geheimdokumente, geheime Informationen oder Aufzeichnungen bezüglich der Verteidigung des Territoriums, der Sicherheit des Staates, der Mobilmachung und Truppenansammlung und der wirtschaftlichen Rüstung des nationalen Gebietes, des Zustandes, der Menge und der Qualität des Kriegsmaterials jeder Art, der befestigten Orte, der Festungen, der technischen Dienststellen, der Häfen, der Flughäfen, der Flottenstützpunkte, der Wasserflughäfen, der Kriegsschiffe, der Flugzeuge, der Waffen, der Munition, der Sprengkörper oder ihrer Beschaffenheit, der Maschinen, Mechanismen oder ihrer Einzelteile, oder

der Ausrüstung oder jede andere Auskunft über die Gegenstände und Arbeiten, die im Interesse der nationalen Verteidigung nicht verraten werden dürfen und die den oben genannten Personen anvertraut worden waren oder von denen sie auf Grund ihrer Stellung oder ihres Auftrags Kenntnis erhalten haben, auf welchem Wege auch immer beschafft, übermittelt oder aufdeckt, im Original oder in Kopie, teilweise oder zur Gänze, sei es auch unvollständig oder unrichtig;

2. der rumänische Staatsbürger, der die oben angeführte Tat begeht, wenn einer der im vorangehenden Absatz vorgesehenen Gegenstände oder eine der dort vorgesehenen Arbeiten ihm aus irgend einem Grund anvertraut waren oder von denen er offiziell oder infolge seiner Stellung, seines Berufes oder eines Auftrags, mit dem er betraut wurde, Kenntnis hatte;
3. der rumänische Staatsbürger, der in einem der zwei in den vorangehenden Absätzen nicht den Geheimakt oder das Geheimdokument selbst, sondern nur Mitteilungen und Kenntnisse von denselben übermittelt oder verrät.

Mit der gleichen Strafe wird auch derjenige bestraft, der dieselbe Tat nach Beendigung seines Dienstes oder seines Auftrags, mit dem er betraut war, begeht.

Art. 191 Der rumänische Staatsbürger, der dem Feind oder dessen Unterhändlern oder einer fremden Macht, oder deren Unterhändlern, in Ur- oder Abschrift, ganz oder zum Teil, irgendeinen der in Art. 190 angeführten Pläne, Schriften oder Urkunden auf irgendeine Art beschafft oder vermittelt, oder der in Kenntnis ihres Inhalts sie den Genannten mitteilt oder sie veröffentlicht oder sie, sei es auch nur zum Teil und unvollständig wiedergibt, begeht das Verbrechen des Vaterlandsverrats und wird mit dem Tode bestraft.

Die gleiche Strafe wird auch in nachstehenden Fällen verhängt:

1. über den rumänischen Staasbürger, der sich Pläne, Schriften oder Urkunden wie in Art. 190 angeführt, beschafft oder besitzt, ohne die Befugnis zu haben, von ihrem Inhalt Kenntnis zu nehmen,
2. über den rumänischen Staatsbürger, der auf Grund anderer Veröffentlichungen, Pläne, Schriften oder Urkunden, wie in Art. 190 angeführt, öffentlich wiedergibt.

Wenn der Verfasser der Veröffentlichung oder der Wiedergabe nicht bekannt ist, erfolgt die Bestrafung nach den Bestimmungen des Art. 181.

Art. 192 Es begeht das Verbrechen des Vaterlandsverrats und wird mit dem Tode bestraft:

1. der rumänische Staatsbürger, der um eine der in Art. 190 vorgesehenen Taten zu verüben, sich offen oder unter Verheimlichung seiner Person

oder Nation, seines Standes oder Berufes in eine Ortschaft, in eine Sperrzone zu Land, zu Wasser oder in der Luft, deren Betreten aus militärischen Gründen verboten ist, in eine Festung, einen Hafen, Flughafen, Wasserflughafen, Flottenstützpunkt, Militärhafen, in ein Armeelager, Militärquartier, Freilager, in eine Kaserne, technische Dienststelle, auf ein Kriegsschiff, in ein Versorgungslager, in eine Dienststelle, bei welcher Pläne, Urkunden, Schriftstücke oder andere Akten oder geographische Karten zur Landesverteidigung aufbewahrt werden, sowie in irgendeine andere militärische Stelle oder ihre Nebenstellen einschleicht;

2. der rumänische Staatsbürger, welcher durch die im vorhergehenden Absatz genannten Mittel und um die in Art. 190 vorgesehenen Taten zu verüben, sich Pläne und Auskünfte über Eisenbahnbetriebe oder andere Verkehrsmittel beschafft, Erkundigungen einzieht oder Photographien, Zeichnungen oder Skizzen über irgendeinen Gegenstand, der sich auf die Landesverteidigung oder die Sicherheit des Staates bezieht, anfertigt.

Art. 193 Der Versuch der in diesem Abschnitt behandelten Verbrechen wird wie das vollendete Verbrechen bestraft.

2. Abschnitt

Spionage

Art. 194 Wenn eine der im 1. Abschnitt dieses Kapitels vorgesehenen Straftaten, mit Ausnahme der im Art. 185 vorgesehenen, von einem Ausländer begangen wird, ist das ein Verbrechen der Spionage und wird mit dem Tode bestraft.

Der Versuch des Verbrechens der Spionage wird wie das vollendete Verbrechen bestraft.

In Kriegszeiten sind die Bestimmungen dieses Abschnittes in dem Maße anzuwenden, in welchem sie mit den internationalen Vereinbarungen bezüglich der Spionage übereinstimmen.

Art. 194[1] Die Mitteilung von Staatsgeheimnissen an fremde Staaten, an gegenrevolutionäre Organisationen oder an Privatpersonen, die im Dienste einer fremden Macht stehen, die Unterschlagung oder das Sammeln von Auskünften oder Urkunden, welche Staatsgeheimnisse darstellen, oder die Zurückhaltung solcher Urkunden zum Zwecke der Mitteilung an die oben Genannten, stellt ebenfalls das Verbrechen der Spionage dar und wird mit lebenslänglicher Zwangsarbeit und Vermögenseinziehung bestraft.

Wenn diese Straftaten schwerwiegende Folgen hatten oder hätten haben können, werden sie mit dem Tode und der totalen Vermögenseinziehung bestraft.

Art. 194^{2} Die in Abs. 1 des Art. 194^{1} vorgesehenen Straftaten, die sich auf Urkunden oder Auskünfte beziehen, die zwar nicht als Staatsgeheimnis anzusehen, jedoch nicht zur Veröffentlichung bestimmt sind, werden mit Zwangsarbeit von 15 bis zu 25 Jahren und Einziehung des Vermögens bestraft.

Wenn diese Straftaten schwerwiegende Folgen hatten oder hätten haben können, werden sie mit lebenslänglicher Zwangsarbeit und Vermögenseinziehung bestraft.

Art. 194^{3} Die in Abs. 1 des Art. 194^{1} genannten Straftaten, wenn sie sich auf andere Urkunden oder Auskünfte als jene, welche Staatsgeheimnisse darstellen oder für die Veröffentlichung nicht bestimmt sind, beziehen, werden, wenn sie zum Zwecke der Untergrabung des volksdemokratischen Regimes begangen wurden, mit schwerem Kerker von 5 bis zu 15 Jahren bestraft.

Art. 194^{4} Die in den Art. 194^{1}, 194^{2} und 194^{3} vorgesehenen Straftaten werden, wenn sie von einem rumänischen Staatsbürger begangen werden, als Vaterlandsverrat mit den in den obigen Artikeln vorgesehenen Strafen bestraft. Der Versuch der in den Art. 194^{1}, 194^{2} und 194^{3} vorgesehenen Straftaten durch einen Ausländer oder einen rumänischen Staatsbürger wird wie die vollendete Straftat bestraft.

Art. 194^{5} Wenn ein rumänischer Staatsbürger, der einen Staatsauftrag oder einen Auftrag im Interesse der Allgemeinheit im Auslande hat, die Rückkehr ins Land verweigert, begeht er die Straftat des Vaterlandsverrates und wird mit schwerem Kerker von 5 bis zu 15 Jahren, Verlust der bürgerl. Rechte von 4 bis zu 8 Jahren und Vermögenseinziehung bestraft.

Die Unterlassung der Anzeige von vorbereitenden Handlungen zu dieser Straftat, noch bevor der Täter die Landesgrenze überschritten hat oder von den staatlichen Stellen ergriffen worden ist, wird mit Gefängnis von einem bis zu fünf Jahren und teilweisem Verlust der bürgerl. Rechte von einem bis zu 5 Jahren bestraft.

3. Abschnitt

Andere Verbrechen und Vergehen gegen die äußere Sicherheit des Staates

Art. 195 Wer Urkunden oder Akten, welche Rechte des rumänischen Staates in Beziehung zu einem anderen Staat oder zu einer fremden Regierung festlegen, vernichtet oder verbirgt, begeht das Verbrechen der Verletzung staatlicher Interessen und wird mit schwerem Kerker von 10 bis zu 15 Jahren und Verlust der bürgerl. Rechte von 3 bis zu 15 Jahren bestraft.

Wenn der Täter Verwahrer oder derjenige ist, bei dem diese Urkunden oder Akten hinterlegt waren, ist die Strafe lebenslängliche Zwangsarbeit.

Art. 196 Wer im In- oder Ausland durch vom Staate nicht genehmigte militärische Werbung oder andere feindliche Handlungen gegen einen fremden Staat, den rumänischen Staat der Gefahr eines Krieges aussetzt, begeht das Verbrechen der Feindseligkeit gegen den Staat und wird mit schwerem Kerker von 5 bis zu 10 Jahren und Verlust der bürgerl. Rechte von 3 bis zu 5 Jahren bestraft; wenn aus diesem Grunde der Krieg auch ausgebrochen ist, wird er mit lebenslänglicher Zwangsarbeit und Verlust der bürgerl. Rechte auf 10 Jahre bestraft.

Wenn die feindseligen Handlungen nur geeignet sind, die Beziehungen der rumänischen Regierung zu einer anderen Regierung zu trüben oder den rumänischen Staat oder die rumänischen Staatsbürger, wo sie auch weilen, Vergeltungsmaßnahmen auszusetzen, ist die Strafe schwerer Kerker von 3 bis zu 6 Jahren; hat jedoch ein Abbruch der Beziehungen stattgefunden oder sind Vergeltungsmaßnahmen erfolgt, ist die Strafe schwerer Kerker von 5 bis zu 10 Jahren und in beiden Fällen Verlust der bürgerl. Rechte von 3 bis zu 5 Jahre.

Art. 196[1] aufgehoben.

Art. 197 Wer durch Fahrlässigkeit, durch Nichtbeachtung der Vollzugsvorschriften, dienstlichen Bestimmungen, Befehle und Anweisungen ermöglicht, daß Pläne, Schriften, Urkunden, Photographien, Skizzen, wie in den Artikeln 190, 191 und 192 angeführt, die ihm anvertraut wurden oder die er infolge seines Amtes, seiner Stellung oder seines Berufes oder infolge eines Auftrags, mit dem er betraut wurde, in Besitz hatte, beseitigt, gestohlen oder vernichtet werden, oder wer sie verliert oder unbefugten Personen die Möglichkeit verschafft, in sie Einsicht zu nehmen oder von ihnen Abschriften anzufertigen, begeht das Vergehen der Fahrlässigkeit gegen die Sicherheit des Staates und wird mit Gefängnis von 5 bis zu 12 Jahren bestraft.

Die gleiche Strafe ist auch gegen diejenigen zu verhängen, welche unter den dargestellten Bedingungen die aus Anlaß einer Untersuchung wegen Verrats oder Spionage gesammelten Auskünfte, Indizien und Beweise bekannt machen.

Art. 198 Wer zur Kriegszeit bezüglich der wirtschaftlichen Lage des Landes, des Bestehens einer etwaigen Unzufriedenheit der Bevölkerung über die Erklärung des Krieges, über dessen Führung oder über dessen Ergebnis falsche, übertriebene oder entstellte Gerüchte oder Auskünfte verbreitet oder veröffentlicht, ebenso wer durch die gleichen Mittel oder durch andere Handlungen, die geeignet sind, Panik oder Entmutigung hervorzurufen oder das Sinken der Kurse der öffentlichen oder privaten Wertpapiere zu verursachen, die Schwächung oder den Zusammenbruch des moralischen Widerstandes der Nation gegenüber dem Feinde ermöglicht, begeht das Vergehen des Defätismus und wird mit Gefängnis von 5 bis zu 12 Jahren und teilweisem Verlust der bürgerl. Rechte von 1 bis zu 5 Jahren bestraft, sofern die Tat keine schwerere Straftat darstellt.

Wenn die oben angeführten Taten auf Grund des Einverständnisses mit dem Feind oder zum Zwecke der Beeinflussung des Militärs begangen worden sind, werden sie als Verbrechen des Defätismus mit lebenslänglicher Zwangsarbeit bestraft.

Art. 199 Der rumänische Staatsbürger oder der in Rumänien wohnhafte Ausländer, der zur Kriegszeit an Zeichnungen, Zahlungen oder Anleihen zugunsten des feindlichen Staates teilnimmt oder solche Unternehmungen erleichtert, oder dem Feind Tiere oder Lebensmittel beschafft, begeht das Vergehen der Untreue gegen den rumänischen Staat und wird mit Zwangsarbeit von 5 bis zu 20 Jahren und Verlust der bürgerl. Rechte von 3 bis zu 5 Jahren bestraft.

Diese Strafe findet keine Anwendung auf die Bewohner des vom Feind besetzten Gebietes, wegen der von der Besatzungsmacht auferlegten und erhobenen Kriegsabgaben.

Art. 200 Wer zur Kriegszeit die in einem mit den Staatsorganen zum Zwecke der Versorgung des Heeres oder der Bevölkerung abgeschlossenen Lieferungsvertrag oder Abkommen hinsichtlich Arbeits- oder Werkleistungen übernommenen Verpflichtungen ganz oder teilweise nicht erfüllt, begeht das Vergehen der Versorgungsgefährdung und wird mit Gefängnis von 2 bis zu 12 Jahren und Aberkennung der bürgerl. Rechte von 1 bis zu 3 Jahren bestraft.

Wenn die Nichterfüllung des Vertrages auf Fahrlässigkeit zurückzuführen und ein Schaden entstanden ist, wird der Schuldige mit Gefängnis von 1 bis zu 5 Jahren bestraft.

Die in den vorangehenden Absätzen angeführten Strafen sind mit den dort vorgesehenen Unterscheidungen auch auf die Vertragsnachfolger, Bevollmächtigten, Lieferanten oder Vermittler anzuwenden, die — in Kenntnis des Zweckes der Belieferung — vorsätzlich oder fahrlässig die Erfüllung der im Vertrag vorgesehenen Verpflichtungen verzögern.

Die Bestimmungen dieses Artikels werden auch während der Mobilmachung oder des Belagerungszustandes auf diejenigen angewendet, die Verträge über Arbeiten für das Militär, die sich auf die Landesverteidigung beziehen, abgeschlossen haben.

Art. 201 Wer bei der Erfüllung abgeschlossener Verträge und übernommener Verpflichtungen hinsichtlich der Bedürfnisse des Heeres oder der Bevölkerung irgend eine betrügerische Handlung verübt, begeht die Straftat des Betrugs bei öffentlichen Lieferungen und wird entsprechend dem Wert des verursachten Schadens mit den in Art. 236 vorgesehenen Strafen bestraft.

Wenn der Betrug in Kriegszeiten begangen wird, wird das Mindestmaß der Freiheitsstrafe um die Hälfte dieses Mindestmaßes erhöht.

Mit denselben Strafen und auch nach den obenerwähnten Unterscheidungen wird auch derjenige bestraft, der mit der Überwachung der Ausführung der betreffenden Verträge oder Verpflichtungen betraut, es zuläßt, daß Betrugshandlungen begangen werden.

Wenn die im vorangehenden Absatz erwähnte Tat aus Nachlässigkeit begangen wird, ist die in Art. 242 vorgesehene Strafe entsprechend dem Wert des verursachten Schadens zu verhängen.

Art. 202 Der Versuch der in den Art. 195, 196 und 201 Abs. 1 und 2 vorgesehenen Verbrechen und Vergehen wird wie das vollendete Verbrechen oder Vergehen bestraft.

4. Abschnitt

Gemeinsame Bestimmungen

Art. 203 Wenn die in den Artikeln 186 Abs. 2, 187, 191, 192, 195, 196, 197, 198, 199, 200 und 201 vorgesehenen Straftaten von einer Militärperson verübt wurden, wird das für jede einzelne Straftat vorgesehene Mindestmaß der Freiheitsstrafe um die Hälfte dieses Mindesmaßes erhöht, außer wenn die Militärgesetze eine höhere Strafe vorsehen.

2. Kapitel

Verbrechen und Vergehen gegen die innere Sicherheit des Staates

1. Abschnitt

Der Angriff und die Verschwörung gegen die Verfassung und soziale Ordnung der Rumänischen Volksrepublik

Art. 204 aufgehoben.

Art. 205 aufgehoben.

Art. 206 aufgehoben.

Art. 207 Allein oder in Gruppen begangene Gewaltakte gleich welcher Art, ebenso die Verbreitung von Keimträgern oder giftigen Stoffen, welche den Tod oder eine schwere körperliche Schädigung zur Folge haben, und die Bildung von Gruppen zur Begehung von Gewalt- oder Sabotageakten werden mit dem Tode und der Vermögenseinziehung bestraft.

Die Drohung mit der Begehung von Gewaltakten gegen das Leben, die körperliche Unversehrtheit oder die Gesundheit von Mitgliedern der Staatsorgane oder von Personen, welche eine gemeinnützige Tätigkeit ausüben, wird, wenn sie mit der Tätigkeit dieser Personen zusammenhängt mit Zwangsarbeit von 5 bis zu 25 Jahren und Verlust der bürgerl. Rechte von 10 Jahren bestraft.

Der Versuch der in Absatz 1 vorgesehenen Straftat wird wie die vollendete Straftat bestraft.

Art. 208 aufgehoben.

Art. 209 Als Straftat der Aufwiegelung gegen die soziale Ordnung wird bestraft:

1. mit Zwangsarbeit von 15 bis zu 25 Jahren und Verlust der bürgerl. Rechte von 5 bis zu 10 Jahren die Anregung oder Gründung von Organisationen oder Vereinigungen im In- oder Ausland zum Zwecke der Änderung der bestehenden sozialen Ordnung im Staate oder der volksdemokratischen Regierungsform oder der Tätigkeit im Rahmen einer solchen Organisation oder Vereinigung oder der Beitritt zu einer solchen. Wenn die Tat sich als besonders schwer darstellt, ist die Todesstrafe zu verhängen.
2. mit Gefängnis von 3 bis zu 10 Jahren und teilweisem Verlust der bürgerl. Rechte von 3 bis zu 5 Jahren:
   a) die Verbreitung, systematische Werbung oder jede Handlung mit dem Ziel der Änderung der im Staate bestehenden sozialen Ordnung oder der demokratischen Regierungsform oder durch welche eine Gefahr für die Sicherheit des Staates herbeigeführt werden könnte,
   b) jegliche Unterstützung der in Punkt 1 aufgezeigten Organisationen oder Vereinigungen oder die Werbung oder das Unternehmen von Handlungen zugunsten derselben oder deren Mitglieder,
   c) öffentlich beleidigendes, verleumderisches und ehrverletzendes Verhalten einer Einzelperson oder zweier oder mehrerer verabredeter Personen gegen die soziale Ordnung des Staates, gegen Staatseinrichtungen und öffentliche Organisationen.

Wenn die unter a und b aufgeführten Taten sich als besonders schwer darstellen, ist die Strafe Zwangsarbeit von 5 bis zu 25 Jahren und Verlust der bürgerl. Rechte von 5 bis zu 10 Jahren.

Der Versuch wird wie die vollendete Straftat bestraft.

1. Abschnitt ^{bis}

Untergrabung der nationalen Wirtschaft und konterrevolutionäre Sabotage

Art. 209^1 Die Untergrabung der nationalen Wirtschaft unter Benutzung der staatlichen Einrichtungen und Unternehmungen oder durch Verhinderung der normalen Tätigkeit derselben, ebenso die Benutzung von staatlichen Einrichtungen und Unternehmungen oder die Verhinderung der Tätigkeit derselben, zugunsten ehemaliger interessierter Eigentümer oder kapitalistischer Organisationen, wird mit Zwangsarbeit von 5 bis zu 25 Jahren und Vermögenseinziehung bestraft.

Wenn diese Straftaten außerordentlich schwere Folgen hatten oder hätten haben können, ist die Strafe die Todesstrafe und Vermögenseinziehung.

Art. 209^{2} Die Vernichtung oder Beschädigung von Fabriken, Werkhallen, Maschinen, Verkehrsmitteln, Wasserleitungen, Telefon-, Telegraph- oder Radioeinrichtungen, Materialien, Bauten, Industrieerzeugnissen, landwirtschaftlichen Erzeugnissen oder anderer ähnlicher Güter, die dem Volkswohl dienen, durch Explosionen, Brandstiftung oder andere Mittel, zum Zwecke, die nationale Wirtschaft zu untergraben, wird mit Zwangsarbeit von 5 bis zu 25 Jahren und Vermögenseinziehung bestraft.

Wenn diese Straftaten außerordentlich schwere Folgen hatten oder hätten haben können, ist die Strafe die Todesstrafe und vollständige Vermögenseinziehung.

Art. 209^{3} Die wissenliche Nichterfüllung oder die gewollt nachlässige Erfüllung bestimmter Verpflichtungen, die geeignet sind, das volksdemokratische Regime zu untergraben, werden als gegenrevolutionäre Sabotage mit Zwangsarbeit von 5 bis zu 25 Jahren und Vermögenseinziehung bestraft.

Wenn diese Tat außerordentlich schwere Folgen hatte oder hätte haben können, ist die Strafe die Todesstrafe und totale Vermögenseinziehung.

Art. 209^{4} Der Versuch der in den Artikeln 209^{1} bis einschließlich 209^{3} vorgesehenen Straftaten, wird wie die vollendete Straftat bestraft.

2. Abschnitt

Andere Verbrechen und Vergehen gegen die innere Sicherheit des Staates

Art. 210 Wer in der Absicht, im Inland einen Bürgerkrieg hervorzurufen, die Bewohner bewaffnet oder sie zur Bewaffnung gegeneinander oder zwecks Verübung von Räubereien und Mordtaten wo immer im Inland anstiftet, begeht das Verbrechen des Aufruhrs und wird mit Zwangsarbeit von 7 bis zu 25 Jahren und dem Verlust der bürgerl. Rechte von 5 bis zu 10 Jahren bestraft. Wenn aus Anlaß der oben dargestellten Straftaten öffentliche Gebäude, militärische Anstalten oder Anlagen, Lager von Waffen oder Kriegsmaterialien, Eisenbahnen oder Werkstätten angegriffen oder besetzt worden sind, ist die Strafe lebenslängliche Zwangsarbeit und Vermögenseinziehung.

Wenn aber Mordtaten, Räubereien, Brandlegungen, Zerstörungen verübt oder schwere Schädigungen der Gesundheit oder der körperlichen Unversehrtheit verursacht worden sind, ebenso, wenn diese Taten durch

Höllenmaschinen, Explosivstoffe oder andere ähnliche Mittel verübt wurden, ist die Todesstrafe und Vermögenseinziehung zu verhängen.

Art. 211 Wer, um einen Aufstand gegen die volksdemokratische Macht hervorzurufen, bewaffnete Gruppen aufstellt oder deren Aufstellung veranlaßt, oder ihnen Waffen und Munition beschafft oder deren Beschaffung erleichtert, begeht das Verbrechen des bewaffneten Aufstandes und wird mit dem Tode und der Vermögenseinziehung bestraft.

Art. 212 Es begeht das Verbrechen der militärischen Machtergreifung und wird mit dem Tode bestraft, wer, um Unordnung im Staate hervorzurufen oder dessen Sicherheit zu gefährden eine der nachstehenden Taten begeht:

1. den Befehl über eine Militärgruppe, eine Ortschaft, eine Festung, einen Hafen, ein Kriegsschiff oder einen befestigten Ort sich anmaßt,
2. den ihm entzogenen Befehl weiter ausübt,
3. Soldaten aufstellt und wirbt oder deren Werbung und Aufstellung veranlaßt,
4. das Heer entgegen ergangenen Befehlen, es zu entlassen und zu verabschieden, weiter gesammelt beläßt.

Art. 213 Wer ein politisches Amt gesetzwidrig ausübt oder dessen Ausübung gesetzwidrig fortsetzt begeht das Verbrechen der politischen Machtergreifung und wird mit schwerer Haft von 5 bis zu 15 Jahren und Verlust der bürgerl. Rechte von 3 bis zu 8 Jahren bestraft.

Art. 214 Wer über die öffentliche Gewalt Verfügungsrecht hat und das Einschreiten oder die Verwendung derselben wider die zum Zwecke der Aufstellung des ordentlichen Heeres notwendige Werbung oder Einberufung von Personen anordnet, begeht das Verbrechen der Behinderung der Heeresaufstellung und wird mit schwerer Haft von 5 bis zu 10 Jahren und Verlust der bürgerl. Rechte von 3 bis zu 5 Jahren bestraft.

Wenn der Befehl ausgeführt wurde, ist die Strafe schwere Haft von 10 bis zu 15 Jahren und Verlust der bürgerl. Rechte von 5 bis zu 10 Jahren.

Art. 215 aufgehoben.

Art. 216 Wer durch Worte, Gebärden oder Handlungen Mißachtung gegen die Staatsflagge zum Ausdruck bringt, begeht das Vergehen der Beleidigung des nationalen Wahrzeichens und wird mit Gefängnis von 1 bis zu 5 Jahren und teilweisem Verlust der bürgerl. Rechte von 1 bis zu 3 Jahren bestraft.

Art. 217 Öffentliche Beamte, die nach vorangegangenem Einverständnis gemeinsam in einer das allgemeine öffentliche Interesse gefährdenden Weise die Ausübung des öffentlichen Dienstes verweigern oder einstellen, begehen das Vergehen der Vereinigung öffentlicher Beamter gegen die Sicherheit des Staates und werden mit Gefängnis von 6 Monaten bis zu 2 Jahren und teilweisem Verlust der bürgerl. Rechte von 1 bis zu 2 Jahren bestraft. Wurde die oben bezeichnete Tat zufolge eines zwischen den zivilen und militärischen Behörden getroffenen Einverständnisses verübt, ist die Strafe Gefängnis von 2 bis zu 5 Jahren und teilweiser Verlust der bürgerl. Rechte von 1 bis zu 5 Jahren.

Die Anstifter werden in dem im ersten Absatz angeführten Fall mit Gefängnis von 1 bis zu 3 Jahren, in dem im zweiten Absatz beschriebenen Fall mit Gefängnis von 3 bis zu 6 Jahren bestraft.

Art. 218 Wer durch welche Mittel auch immer Militärpersonen oder diesen gleichgestellte Personen unmittelbar anstiftet, sich den Gesetzen nicht zu unterwerfen oder den abgelegten Eid oder militärische Verpflichtungen nicht einzuhalten, oder wer die in der Reserve Belassenen anstiftet, der Einberufung keine Folge zu leisten, begeht das Verbrechen der antimilitärischen Anstiftung und wird mit Gefängnis von 1 bis zu 3 Jahren und teilweisem Verlust der bürgerl. Rechte von 1 bis zu 2 Jahren bestraft. Die gleiche Strafe wird auch in dem Falle verhängt, wenn sich die Anstiftung auf die Zivilpersonen der für die nationale Verteidigung unentbehrlichen Militärdienststellen bezieht.

Wenn sich die Anstiftung auf Verübung von Handlungen bezieht, um die für die nationale Verteidigung notwendige Gütererzeugung herabzusetzen oder die Wiederherstellung oder den Transport der für die Verteidigung notwendigen Gütervorräte zu verhindern oder diese Gütervorräte zu vernichten, ist die Strafe Gefängnis von 2 bis zu 6 Jahren und teilweiser Verlust der bürgerl. Rechte von 1 bis zu 3 Jahren.

In allen in diesem Artikel angeführten Fällen werden, wenn die Anstiftung Erfolg hatte, die hier vorgesehenen Strafen verhängt, wobei das Mindestmaß der Gefängnisstrafe verdoppelt wird, es se i denn, die Tat stellt eine schwerer zu bestrafende Straftat dar.

Art. 218¹ Der Versuch, der in den Art. 210 bis einschließlich 214 vorgesehenen Straftaten wird wie die vollendete Straftat bestraft.

3. Kapitel

Verbrechen und Vergehen gegen das Oberhaupt fremder Staaten, deren Vertreter und deren Hoheitszeichen

Art. 219 Wer auf rumänischem Staatsgebiet gegen das Oberhaupt eines fremden Staates einen Angriff auf das Leben, die körperliche Unversehrtheit oder Freiheit unternimmt, wird mit schwerem Kerker von 10 bis zu 15 Jahren bestraft, wenn nicht nach den Bestimmungen dieses Strafgesetzbuches eine schwerere Strafe zu verhängen ist; wenn aber der Angriff den Tod des Oberhauptes des fremden Staates herbeigeführt hat, wird der Täter mit lebenslänglicher Zwangsarbeit bestraft.

Art. 220 Wer auf rumänischem Staatsgebiet das Oberhaupt eines fremden Staates beleidigt, wird mit Gefängnis von 6 Monaten bis zu 3 Jahren bestraft.

Art. 221 Wer gegen einen bei der rumänischen Regierung beglaubigten Geschäftsträger oder gegen ein Mitglied einer fremden diplomatischen Mission, in Kenntnis dieser seiner Eigenschaft, irgendeine Straftat gegen dessen körperliche Unversehrtheit, Freiheit oder Ehre begeht, wird mit der vom Gesetz für die vollbrachte Tat vorgesehene Strafe, deren Höchstmaß um ein Viertel erhöht wird, bestraft.

Eine Beleidigung, Verleumdung und herabsetzende Äußerung wird nur auf Verlangen des Verletzten verfolgt.

Art. 222 Wer öffentlich zum Zwecke der Kundgabe der Mißachtung oder Verspottung die Flagge oder ein anderes Hoheitszeichen eines Staates, wenn diese entsprechend den geltenden gesetzlichen Bestimmungen gehißt oder gebraucht wurde, herunterreißt, vernichtet oder beschädigt, wird mit Gefängnis von 1 bis zu 5 Jahren bestraft.

Art. 223 Das Strafverfahren wegen der in den Artikeln 220 und 222 vorgesehenen Vergehen kann nur auf Anordnung des Generalstaatsanwaltes der Rumänischen Volksrepublik aufgenommen werden. Auf Wunsch der fremden Regierung wird das Verfahren eingestellt.

4. Kapitel

Vergehen gegen die Sicherheit fremder Staaten, das Friedensrecht und die guten internationalen Beziehungen

Art. 224 Wer auf rumänischem Gebiet gegen die innere oder äußere Sicherheit eines Staates, welcher sich mit Rumänien nicht im Kriege befindet, eine der im I. Teil des II. Buches des vorliegenden Gesetzbuches vorgesehenen Straftaten vorbereitet, begeht das Vergehen gegen die Sicherheit des fremden Staates und wird mit einfacher Haft von 5 bis zu 15 Jahren bestraft.

Art. 225 Es begeht das Vergehen gegen die guten internationalen Beziehungen und wird mit einfacher Haft von 2 Monaten bis zu 1 Jahr bestraft:

1. Wer durch irgendeine Verbreitung falscher Nachrichten oder entstellter oder gefälschter Urkunden die freundschaftlichen, internationalen Beziehungen Rumäniens zu einem anderen Staat gefährdet.

   Die Strafverfolgung tritt nur auf Anordnung des Generalstaatsanwalts der Rumänischen Volksrepublik ein.

2. Wer, um den rumänischen Staat zu einem Angriffskrieg zu zwingen, die öffentliche Meinung in diesem Sinne durch direkte, wie immer geartete Propagandamittel aufstachelt; ebenso wer durch die gleichen

Mittel im Laufe der diplomatischen Verhandlungen über die Lösung einer internationalen Unstimmigkeit, oder wer zur Zeit, da diese Unstimmigkeit bei einem zuständigen, internationalen Gericht anhängig ist, einen Volksaufstand entfesselt, um einen Druck auf die Regierung zur Führung eines Krieges auszuüben und so ihre freie Handlungsfähigkeit behindert.

Die oben vorgesehene Straftat wird nicht bestraft, wenn sie durch irgendeine herausfordernde Handlung des Auslands ausgelöst wurde.

Art. 226 In den Fällen der Art. 224 und 225 findet die Strafverfolgung nur statt, wenn die Gegenseitigkeit durch die Gesetze des fremden Staates, gegen den der Angriff unternommen oder die Propaganda gerichtet war, auch für den rumänischen Staat gesichert ist.

5. Kapitel
Gemeinsame Bestimmungen

Art. 227 Wenn zwei oder mehrere Personen einverständlich den Beschluß gefaßt haben, eine der in den Art. 184, 185, 186, 188, 207 Absatz 1, 210 und 211 vorgesehenen Straftaten zu verüben, machen sie sich der Verschwörung schuldig und werden mit schwerem Kerker von 5 bis zu 10 Jahren und Verlust der bürgerl. Rechte für die Dauer von 3 bis zu 5 Jahren bestraft.

Art. 227[1] Entsprechend der internationalen Einigkeit der arbeitenden Klasse werden die im vorliegenden Teil vorgesehenen Straftaten, die auf dem Gebiet der Rumänischen Volksrepublik gegen einen Arbeiterstaat oder gegen die Interessen der Arbeiterklasse eines anderen Landes verübt werden, wie die gegen die Sicherheit der Rumänischen Volksrepublik gerichteten Straftaten bestraft.

Art. 228 Wer von der Verübung einer der im Zweiten Buch, I. Teil, 1. Kapitel, Abschnitt 1 und 2, 2. Kapitel, Abschnitt 1, Art. 207 Abs. 1 und Art. 209 Ziffer 1, Abschnitt 1 bis Abschnitt 2, Art. 210 bis einschließlich Art. 214, 5. Kapitel, Art. 227 und 227[1] vorgesehenen Straftaten Kenntnis hat und es unterläßt, diese anzuzeigen, begeht die Straftat der Unterlassung der Anzeige und wird mit Gefängnis von 3 bis zu 10 Jahren und teilweisem Verlust der bürgerl. Rechte von 1 bis zu 5 Jahren bestraft.

Nicht bestraft werden Personen, welche noch vor jeder Verfolgungsmaßnahme die zuständigen Behörden von der Straftat in Kenntnis gesetzt haben, oder welche selbst, nachdem die Schuldigen entdeckt worden waren oder die Verfolgung schon aufgenommen worden war, die Verhaftung der Schuldigen erleichtert haben.

Art. 228[1] Vorbereitende Handlungen zur Verübung der im Art. 228 Absatz 1 erwähnten Straftaten, werden wie die vollendete Straftat bestraft.

Art. 229 Wenn eine der im vorliegenden Teil vorgesehenen Straftaten von einer Bande begangen wird, werden deren Anstifter und Rädelsführer mit der vom Gesetz für diese Straftat vorgesehenen Strafe bestraft, deren Mindest- und Höchstmaß um ein Viertel erhöht wird, ohne daß das allgemeine Höchstmaß überschritten werden darf.

Art. 230 Die erfolglose Anstiftung zu einem in diesem Teil vorgesehenen Verbrechen wird mit einer um einen Grad niedrigeren Strafe als diejenige, die für das Verbrechen, zu dem angestiftet wurde, vorgesehen ist, bestraft.

Die Gehilfen, Hehler und diejenigen, die die Täter bei Verübung der in diesem Teil vorgesehenen Straftaten begünstigt haben, werden wie die Täter bestraft.

Art. 231 In den in Art. 227 vorgesehenen Fällen bleiben diejenigen Teilnehmer an einer Verschwörung straffrei, die dieselbe, noch bevor sie entdeckt wurde und bevor die Ausführung der beabsichtigten Tat begonnen hat, den Behörden anzeigen.

Desgleichen werden diejenigen nicht bestraft, die nach Beginn der Ausführung einer der in diesem Teil enthaltenen Straftaten, diese den Behörden noch vor ihrer Entdeckung und so rechtzeitig anzeigen, daß ihre Vollendung verhindert werden kann.

Diejenigen Teilnehmer, die nach Beginn der Strafverfolgung oder nach Entdeckung der Schuldigen deren Verhaftung erleichtern, werden im Falle der Verübung eines Verbrechens mit Gefängnis von 3 bis zu 10 Jahren, im Falle der Verübung eines Vergehens mit einer Strafe im Rahmen des Mindestmaßes der für dieses Vergehen vorgesehenen Strafe, erhöht um die Hälfte dieses Mindestmaßes, bestraft.

I. Teil ^{bis}

Straftaten gegen den Frieden und die Menschlichkeit

Art. 231^1 Kriegshetzerische Propaganda, Verbreitung von tendenziösen oder erfundenen Nachrichten, die geeignet sind zum Krieg aufzuhetzen oder andere Kundgebungen für den Krieg in Wort und Schrift, durch Presse, Rundfunk, Film oder durch irgendein anderes Propagandamittel, stellt die Straftat der Bedrohung des Friedens der Völker dar und wird mit Zwangsarbeit von 5 bis zu 25 Jahren und Verlust der bürgerl. Rechte von 3 bis zu 10 Jahren bestraft.

Art. 231^2 Die Verübung einer der unten angeführten Handlungen, um eine Kategorie von Menschen aus rassischen, nationalen oder religiösen Erwägungen ganz oder teilweise zu vernichten, stellt die Straftat des Gattungsmordes dar und wird mit dem Tode bestraft:

a) Ermordung der Mitglieder dieser Kategorie von Menschen,

b) schwere Verletzung der körperlichen oder geistigen Unversehrtheit derselben,
c) Unterwerfung dieser Menschen unter Existenz- oder Behandlungsbedingungen, die geeignet sind, sie physisch zu vernichten,
d) Anwendung von Maßnahmen zur Geburtenregelung im Rahmen dieser Menschengruppe,
e) zwangsweise Versetzung von Kindern der einen Gruppe in eine andere.

Mittäterschaft bei Verübung einer Straftat des Gattungsmordes wird mit Zwangsarbeit von 5 bis zu 20 Jahren und Verlust der bürgerl. Rechte von 3 bis zu 10 Jahren bestraft.

Art. 231^{3} Jede Vernichtung von künstlerisch, historisch oder archeologisch wertvollen Denkmälern oder Baulichkeiten, von Museen, großen Bibliotheken, wissenschaftlichen Sammlungen oder von wichtigen Sammlungen wertvoller Bücher, historischen oder wissenschaftlichen Archiven oder von Kunstgegenständen, Manuskripten oder von wertvollen Büchern oder von Reproduktionen solcher Gegenstände oder im allgemeinen von allen für das Volk wertvollen Gegenständen während des Krieges oder ohne begründete militärische Notwendigkeit, wird mit Zwangsarbeit von 5 bis zu 20 Jahren und Verlust der bürgerl. Rechte von 3 bis zu 6 Jahren bestraft. Dieselbe Strafe ist bei Diebstahl oder wie immer geartetem Erwerb eines der oben angeführten Kulturwerte aus den militärischen Besatzungsgebieten zu verhängen.

231^{4} Unmenschliche Behandlung der Verwundeten, Kranken, der Mitglieder des zivilen Sanitätspersonals oder des Roten Kreuzes, Schiffbrüchiger, der Kriegsgefangenen oder im allgemeinen aller Personen, die in die Macht des Gegners geraten sind, oder der Mißbrauch derselben zu medizinischen oder wissenschaftlichen Experimenten, die durch ärztliche Behandlung in ihrem eigenen Interesse nicht gerechtfertigt erscheinen, wird mit Zwangsarbeit von 5 bis zu 20 Jahren und dem Verlust der bürgerl. Rechte von 3 bis zu 6 Jahren bestraft.

Dieselbe Strafe ist auch bei Verübung der unten angeführten Handlungen gegen eine der im vorangehenden Absatz erwähnten Personen zu verhängen:
a) Zwang zu Militärdienst im feindlichen Heer,
b) Festnahme von Geiseln,
c) Deportation,
d) Verschleppung oder Freiheitsentzug ohne gesetzliche Gründe,
e) Nichtzubilligung des Rechts auf ein ordentliches und objektives Verfahren.

Die Ermordung, Verstümmelung oder Ausrottung einer der in Absatz 1 angeführten Personen wird mit dem Tode bestraft.

Art. 231[5] Gänzliche oder teilweise Zerstörung von Krankenhäusern oder Lazarettschiffen, der dem Sanitätsdienst oder dem Roten Kreuz zugewiesenen Transportmittel jeder Art zur Beförderung Verwundeter oder Kranker oder ärztlicher Bedarfsartikel oder solcher des Roten Kreuzes oder von Lagern sanitärer Bedarfsartikel, wenn diese mit den vorgeschriebenen Kennzeichen versehen sind, wird mit Zwangsarbeit von 5 bis zu 15 Jahren und Verlust der bürgerlichen Rechte von 3 bis zu 5 Jahren bestraft.

Dieselbe Strafe ist bei ungerechtfertigter totaler oder teilweiser Vernichtung von militärischen Bedarfsgegenständen oder anderen Gütern in großen Mengen zu verhängen.

Die gleiche Strafe ist anzuwenden für jedwede Aneignung von Mitteln und Gegenständen, die zur Betreuung oder Pflege von Verwundeten oder Kranken, die in die Hand des Gegners geraten sind, dienen, die durch militärische Notwendigkeit nicht gerechtfertigt erscheint und in großen Mengen erfolgte.

II. Teil

Vergehen gegen die Ausübung politischer und staatsbürgerlicher Rechte

Art. 232 Wer durch Gewalt oder Drohung einen Staatsbürger daran hindert, seine politischen oder staatsbürgerlichen Rechte auszuüben, begeht das Vergehen der Verhinderung der Ausübung politischer oder staatsbürgerlicher Rechte und wird mit einfacher Haft von 3 Monaten bis zu 1 Jahr und teilweisem Verlust der bürgerl. Rechte von 1 bis zu 2 Jahren bestraft.

Art. 233[25]) Wenn die in Art. 232 vorgesehene Tat auf Grund einer vorangegangenen Verabredung im ganzen Land oder in einem Kreis, einem Verwaltungsbezirk oder in einer Gemeinde ausgeführt wurde, ist die Strafe einfache Haft von 1 bis zu 2 Jahren und teilweiser Verlust der bürgerl. Rechte von 1 bis zu 3 Jahren.

Art. 234 Wenn eine der in Art. 232 und 233 vorgesehenen Taten von einem öffentlichen Beamten verübt wurde, ist die Strafe Gefängnis von 1 bis zu 3 Jahren und teilweiser Verlust der bürgerl. Rechte von 1 bis zu 3 Jahren.

Art. 235 Wer durch irgendein Mittel die freie Ausübung des Wahlrechtes behindert oder in entscheidender Weise die Arbeiten oder Urkunden zur Durchführung oder Vorbereitung des Wahlganges oder zur Feststellung des Ergebnisses desselben fälscht, begeht das Vergehen des Wahlbetrugs und wird mit Gefängnis von 1 bis zu 3 Monaten bestraft. Wenn die Tat von einer mit der Leitung, der Überwachung oder dem

---

[25]) Siehe Anmerkung 8.

Beisitz beim Wahlgang betrauten Person begangen wird, ist die Strafe Gefängnis von 6 Monaten bis zu 2 Jahren und teilweiser Verlust der bürgerl. Rechte von 1 Monat bis zu 1 Jahr. Die Strafverfolgung kann, wenn sie nicht vom Verletzten oder dem Staatsanwalt beantragt wurde, von einer Anzahl von 20 Wählern beantragt und betrieben werden.

III. Teil
Verbrechen und Vergehen gegen die öffentliche Verwaltung

1. Kapitel
Verbrechen und Vergehen von öffentlichen Beamten

1. Abschnitt
Die Veruntreuung

Art. 236 Der öffentliche Beamte, der Geld, Wertpapiere oder irgendein anderes Gut des öffentlichen Eigentums, das ihm als Verwalter oder als Geschäftsführer anvertraut ist, im eigenen oder fremden Interesse sich aneignet, verwendet oder damit Tauschhandel treibt, begeht die Straftat der Veruntreuung und wird im Verhältnis zum Werte des verursachten Schadens wie folgt bestraft:
bei einem Schaden:

a) bis einschließlich 3000 Lei, mit Gefängnis von 3 Monaten bis zu 1 Jahr,
b) von 3000 bis einschließlich 10000 Lei, mit Gefängnis von 1 bis zu 4 Jahren,
c) von 10000 bis einschließlich 30000 Lei, mit Gefängnis von 4 bis zu 7 Jahren und totaler oder teilweiser Vermögenseinziehung und teilweisem Verlust der bürgerl. Rechte von 1 bis zu 3 Jahren,
d) von 30000 bis einschließlich 50000 Lei, mit Gefängnis von 7 bis zu 10 Jahren, teilweiser oder totaler Vermögenseinziehung und teilweisem Verlust der bürgerl. Rechte von 1 bis zu 6 Jahren,
e) von 50000 bis einschließlich 100000 Lei, mit Zwangsarbeit von 10 bis zu 15 Jahren, mit teilweiser oder totaler Vermögenseinziehung und Verlust der bürgerl. Rechte von 3 bis zu 7 Jahren,
f) über 100000 Lei, mit Zwangsarbeit von 15 bis zu 25 Jahren, totaler Vermögenseinziehung und Verlust der bürgerl. Rechte von 3 bis zu 10 Jahren.

Wenn die Tat wegen der Häufung derartiger Handlungen oder wegen der Schwere der hervorgerufenen Folgen sich als außerordentliche soziale Gefährdung darstellt, kann eine schwerere als die dem Werte des verursachten Schadens entsprechende oben erwähnte Strafe verhängt werden, unter der Bedingung, daß diese strenger ist als die, die dem verursachten Schaden entspricht.

Der Versuch wird wie die vollendete Straftat bestraft. Wenn der Wert des Schadens, der eingetreten wäre, nicht festgestellt werden kann, wird eine der in Absatz 1 a—f vorgesehenen Strafen im Verhältnis zu den einzelnen Begleitumständen der Verübung der Tat verhängt.

Die Anstifter, Gehilfen, Mitwisser und Förderer werden wie der Täter bestraft.

Wenn die im vorangehenden Absatz vorgesehenen Personen den Wert des verursachten Schadens nicht gekannt haben, wird eine der im Absatz 1 a—f vorgesehenen Strafen, je nach den einzelnen Begleitumständen der Straftat verhängt, ohne daß jedoch die vom Gesetz für den Täter vorgesehene Strafe überschritten werden darf.

Art. 237 Ein Beamter im Sinne des vorhergehenden Artikels, welcher vorsätzlich Zahlungen aus einem Posten des Staatshaushaltes an einen anderen Posten ohne Beachtung der gesetzlichen Bestimmungen bewilligt oder leistet, begeht das Vergehen der Entfremdung von Staatsgeldern und wird mit Gefängnis von 1 bis zu 5 Jahren bestraft.

2. Abschnitt

Rechtswidrige Aneignung

Art. 238 Der öffentliche Beamte, der durch irgendwelche Mittel eine Person zwingt, Geld oder einen anderen Vorteil, ohne daß diese gesetzlich dazu verpflichtet wäre, zu geben oder zu gewähren, begeht das Vergehen der rechtswidrigen Aneignung und wird mit Gefängnis von 1 bis zu 5 Jahren und teilweisem Verlust der bürgerl. Rechte von 6 Monaten bis zu 2 Jahren bestraft.

Art. 239 Der öffentliche Beamte, der in Ausübung seines Amtes unter Ausnützung eines Irrtums eines anderen, von diesem Geld oder irgendeinen anderen Vorteil für sich oder einen anderen, empfängt oder zurückhält, begeht das Vergehen der Ausnützung eines Irrtums und wird mit Gefängnis von 6 Monaten bis zu 2 Jahren und teilweisem Verlust der bürgerl. Rechte von 1 bis zu 2 Jahren bestraft.

Art. 240 Der öffentliche Beamte, welcher von jemandem nach Vollzug einer Amtshandlung im Rahmen der Befugnisse und Pflichten seines Amtes selbst unmittelbar oder mit seiner Zustimmung durch eine andere Person Geld oder einen anderen Vorteil annimmt, begeht das Vergehen der unrechtmäßigen Entlohnung und wird mit Gefängnis von 3 Monaten bis zu 1 Jahr und teilweisem Verlust der bürgerl. Rechte von 1 Jahr bis zu 2 Jahren bestraft.

Art. 241 Der öffentliche Beamte, dem von Amts wegen die Überwachung oder Kontrolle eines privaten Unternehmens oder einer privaten Anstalt unmittelbar obliegt, und der in irgendeiner Form von einem solchen Unternehmen oder einer solchen Anstalt irgendeinen Auftrag annimmt ehe 3 Jahre seit dem Zeitpunkt seiner Versetzung in den Ruhestand oder seit er sein Amt infolge Verzichts, Entlassung oder Absetzung verlassen hat verstrichen sind, begeht das Vergehen der rechtswidrigen Bereicherung und wird mit Gefängnis von 1 bis zu 5 Jahren bestraft.

Die Leiter solcher Unternehmungen werden als Gehilfen bei Begehung der oben erwähnten Tat angesehen.

3. Abschnitt[26])

Nachlässigkeit im Dienst

Art. 242 Die schuldhafte und wiederholte oder auch nur einmalige jedoch schwere Nichterfüllung oder fehlerhafte Erfüllung seiner Dienstpflichten durch einen Beamten stellt die Straftat der Nachlässigkeit im Dienst dar, wenn dadurch:

1. der reibungslose Ablauf im öffentlichen Leben gestört wird oder die gesetzlichen Interessen der Bürger geschädigt werden, oder
2. ein direkter Schaden am öffentlichen Eigentum entstanden ist.

Die Nachlässigkeit im Dienst, mit den im 1. Absatz Ziffer 1 erwähnten Folgen wird mit Gefängnis von 1 Monat bis zu 2 Jahren oder mit Geldstrafe von 300 bis 1000 Lei bestraft.

Die Nachlässigkeit im Dienst mit den im 1. Absatz Ziffer 2 erwähnten Folgen, wird im Verhältnis zum verursachten Schaden wie folgt bestraft: bei einem Schaden:

a) bis einschließlich 20000 Lei, mit Gefängnis von 1 Monat bis zu 1 Jahr,
b) von 20000 bis einschließlich 50000 Lei, mit Gefängnis von 1 bis zu 4 Jahren,
c) über 50000 Lei, mit Gefängnis von 4 bis zu 7 Jahren und teilweisem Verlust der bürgerl. Rechte von 1 bis zu 3 Jahren.

Die Nachlässigkeit im Dienst, welche eine Katastrophe zur Folge hatte, wird mit Gefängnis von 7 bis zu 10 Jahren, teilweiser oder totaler Vermögenseinziehung und teilweisem Verlust der bürgerl. Rechte von 1 bis zu 6 Jahren bestraft.

Als Katastrophe gilt die Vernichtung oder Beschädigung von allgemein zur Beförderung von Waren oder Personen bestimmten Verkehrsmitteln oder von wichtigen Einrichtungen oder Arbeiten, die außerordentlich schwere Folgen oder den Verlust von Menschenleben oder eine schwere Schädigung von Personen verursacht hatte.

[26]) Nachlässigkeit im Dienst. Die Bezeichnung dieses Abschnittes wurde geändert, um sie mit der Bezeichnung der Straftat im Art. 242 in Einklang zu bringen. (Früher, Ausgabe von 1958 „Nachlässigkeit im Amt“).

Bei Nachlässigkeit im Dienst, kann das Gericht die Amtsenthebung verfügen.

Art. 242[1] aufgehoben.

Art. 242[2] aufgehoben.

Art. 242[3] aufgehoben.

Art. 242[4] aufgehoben.

4. Abschnitt

Verweigerung der gesetzlich obliegenden Dienstleistungen

Art. 243 Der öffentliche Beamte, der rechtswidrig den Vollzug einer ihm kraft seines Amtes oder Dienstes obliegenden Amtshandlung verweigert, unterläßt oder verzögert, begeht das Vergehen der Verweigerung der gesetzmäßigen Dienstpflicht und wird mit Gefängnis von 6 Monaten bis zu 1 Jahr bestraft.

Mit der gleichen Strafe wird auch derjenige öffentliche Beamte bestraft, der eine ihm obliegende Amtshandlung, zu der er von seinem Dienstvorgesetzten einen besonderen Auftrag erhalten hat, nicht durchführt, oder dessen Durchführung verzögert.

Wenn die in den vorangehenden Absätzen vorgesehenen Taten unter den Voraussetzungen des Art. 251 begangen wurden, sind sie als Verbrechen der Bestechung anzusehen. Neben den oben vorgesehenen Strafen hat das Gericht zwingend in allen Fällen auch die Amtsenthebung auszusprechen.

Art. 244 Der öffentliche Beamte, welcher außer in dem in Art. 217 vorgesehenen Fall in der Absicht, die Interessen des Amtes oder Dienstes zu schädigen, das Amt, den Dienst oder die Arbeit verläßt, begeht das Vergehen des eigenmächtigen Verlassens des öffentlichen Amtes und wird mit Gefängnis von 1 bis zu 3 Monaten bestraft.

Art. 244[1] aufgehoben.

5. Abschnitt[27])

Dienstmißbrauch

Art. 245 Wiederholte Nichterfüllung seiner Dienstpflichten durch einen Beamten, oder auch nur eine einmalige solche Nichterfüllung, jedoch schwerwiegender Art, oder eine solche Nichterfüllung aus materiellen oder anderen persönlichen Interessen bildet, wenn sie:

1. eine Unterbrechung des reibungslosen Ablaufs des öffentlichen Lebens oder der gesetzlichen Interessen der Bürger verursacht hat,

---

[27]) Die Bezeichnung des V. Abschnittes wurde von „Gewaltmißbrauch" in „Dienstmißbrauch" geändert, um sie in Einklang mit der in Art. 245 enthaltenen Benennung der Straftat zu bringen.

2. eine unmittelbare Schädigung des öffentlichen Eigentums hervorgerufen hat,

die Straftat des Dienstmißbrauchs.

Der Dienstmißbrauch mit den im 1. Absatz Ziffer 1 erwähnten Folgen wird mit Gefängnis von 3 Monaten bis zu 3 Jahren oder mit einer Geldstrafe von 500 bis 3000 Lei bestraft.

Der Dienstmißbrauch mit den im 1. Absatz Ziffer 2 erwähnten Folgen wird nach Maßgabe des verursachten Schadens wie folgt bestraft:

a) bei einem Schaden bis einschließlich 20000 Lei, mit Gefängnis von 3 Monaten bis zu 2 Jahren,

b) von 20000 bis einschließlich 50000 Lei, mit Gefängnis von 2 bis zu 5 Jahren und teilweisem Verlust der bürgerlichen Rechte von 1 Jahr bis zu 3 Jahren,

c) über 50000 Lei, mit Gefängnis von 5 bis zu 10 Jahren, totaler oder teilweiser Vermögenseinziehung und teilweisem Verlust der bürgerlichen Rechte von 1 bis zu 6 Jahren.

Die Tat stellt keine Straftat dar, wenn sie im Interesse der Pflichterfüllung erforderlich war.

Die Bestimmungen des Art. 236 für den Versuch, die Anstifter, Gehilfen, Mitwisser oder Förderer sind auch auf die im 3. Absatz vorgesehenen Fälle anzuwenden.

Art. 245[1] Wenn das Zugpersonal den Zug verläßt oder sträfliche Handlungen bei seiner Tätigkeit begeht, die die Sicherheit der Beförderung auf der Eisenbahn unmittelbar gewährleistet und dadurch eine Katastrophe herbeigeführt wird, ist die Strafe Zwangsarbeit von 10 bis zu 25 Jahren, totale Vermögenseinziehung und Verlust der bürgerl. Rechte von 3 bis zu 10 Jahren oder Todesstrafe und totale Vermögenseinziehung[28]).

Art. 246 Der öffentliche Beamte, der ohne gerechtfertigten Grund von der Militärgewalt Gebrauch macht, begeht, sofern diese Tat nicht eine schwerere Straftat begründet, oder dadurch nicht eine schwerere Straftat verursacht wurde, das Vergehen des Mißbrauchs der orbigkeitlichen Gewalt und wird mit Gefängnis von 1 bis zu 3 Jahren und teilweisem Verlust der bürgerl. Rechte von 1 bis zu 3 Jahren bestraft.

Art. 247 Der öffentliche Beamte, der einem bestimmten Wirkungskreis der Staatsgewalt[29]) angehört und unbefugt Handlungen vornimmt, die in die Zuständigkeit eines anderen Wirkungskreises dieser Gewalt ge-

[28]) Art. 245[1] wurde durch Verordnung Nr. 212, veröffentl. im Amtsbl. Nr. 8 vom 17. 6. 1960, eingeführt.

[29]) Gemäß Art. 4 der Verfassung der RVR vom 24. 9. 1952 „steht die Macht in der Rumänischen Volksrepublik den Werktätigen in Städten und Dörfern zu, die sie durch die Große Nationalversammlung und die Volksräte ausüben".

hören oder durch irgendwelche Mittel die Ausführung derselben verhindert, wirkungslos macht oder erschwert, begeht das Vergehen der Überschreitung der Amtsgewalt und wird mit Gefängnis von 6 Monaten bis zu 2 Jahren und teilweisem Verlust der bürgerl. Rechte von 1 bis zu 2 Jahren bestraft.

Art. 248 Der öffentliche Beamte, der in Ausübung seines Amtes irgendeine Person beleidigt oder ihr gegenüber Gewalt anwendet, begeht, wenn die Tat nicht eine schwerere Straftat begründet, das Vergehen des mißbräuchlichen Verhaltens und wird mit Gefängnis von 1 bis zu 3 Monaten bestraft.

6. Abschnitt

Gemeinsame Bestimmungen

Art. 249 Abgesehen von den Fällen, in denen das Gesetz besondere Strafen für die von öffentlichen Beamten verübte Verbrechen oder Vergehen vorsieht, werden diese, sofern sie bei Verbrechen oder Vergehen, die sie kraft ihres Amtes zu unterdrücken, zu verhindern, aufzudecken oder zu verfolgen hatten, mitwirkten, nach den für diese Straftaten gesetzlich vorgesehenen Bestimmungen bestraft, wobei eine Erhöhung der Strafe im Falle eines Verbrechens bis zu weiteren 5 Jahren und im Falle eines Vergehens bis zu weiteren 3 Jahren zulässig ist, wobei jedoch das allgemein vorgesehene Höchstmaß der Strafe nicht überschritten werden darf.

2. Kapitel

Vergehen von Beamten oder Privatpersonen

1. Abschnitt

Aktive und passive Bestechung

Art. 250 Wer einem öffentlichen Beamten in der Absicht, ihn zur Erfüllung oder Nichterfüllung oder zu einer Verzögerung der Erfüllung einer ihm obliegenden Amtshandlung oder zur Vornahme einer gegen seine Dienstpflichten verstoßenden Amtshandlung zu bestimmen, unmittelbar oder mittelbar Geld oder irgendeinen anderen Vorteil, auf den der Beamte nach dem Gesetz keinen Anspruch hat, anbietet oder verspricht, begeht das Vergehen der Bestechung und wird mit Gefängnis von 3 bis zu 6 Jahren bestraft.

Wenn die Tat gegenüber einer Person, die ein Wahlmandat inne hat, oder gegenüber einem Richter, Geschworenen[30]) oder einem öffentlichen Beamten, der mit der Übergabe, Übernahme oder Überwachung von Lieferungen oder öffentlichen Arbeiten, oder mit der Festsetzung oder Erhe-

[30]) Die Schwurgerichte wurden durch Verordnung Nr. 2820, veröffentl. im Amtsbl. Nr. 180 vom 6. 8. 1958, abgeschafft.

bung von Steuern betraut ist, begangen wird, ist die Strafe Gefängnis von 5 bis zu 8 Jahren und teilweiser Verlust der bürgerl. Rechte von 1 bis zu 5 Jahren.

Nicht als Bestechung wird die unter den Voraussetzungen des Art. 238 begangene Tat gewertet.

Der Bestechende wird straffrei, wenn er die Tat vor oder nach Beginn der Erhebungen den Behörden anzeigt, es sei denn, daß die Erhebungen gegen den Bestechenden eingeleitet wurden.

Art. 251 Der öffentliche Beamte, der um eine ihm obliegende Amtshandlung zu vollziehen oder nicht zu vollziehen oder den Vollzug zu verzögern oder um gegen seine Dienstpflicht zu handeln, unmittelbar oder mittelbar Geld, Vermögenswerte, Dienstleistungen oder irgendeinen anderen Vorteil, der ihm nach dem Gesetz nicht zusteht, verlangt oder empfängt, oder ein derartiges Versprechen annimmt oder nicht zurückweist, begeht die Straftat der Bestechungsannahme und wird mit Gefängnis von 5 bis zu 10 Jahren und teilweisem Verlust der bürgerl. Rechte von 2 bis zu 5 Jahren bestraft.

Eine Gefängnisstrafe von 5 bis zu 12 Jahren und teilweiser Verlust der bürgerl. Rechte von 3 bis zu 6 Jahren ist zu verhängen, wenn die Tat von einer Person begangen wurde, die dem Richterstand oder dem Offiziersstand angehört, oder von einem Beamten begangen wurde, der mit der Verhandlung, Übergabe, Übernahme oder Überwachung in bezug auf Lieferungen oder öffentliche Arbeiten, mit der Zuerkennung irgendwelcher Rechte über die Staatsgüter, mit der Kontrolle der Anwendung von Sondergesetzen zur Unterdrückung von verbotenen Spekulationsgeschäften oder von Wirtschaftssabotage, oder mit der Festsetzung oder dem Einzug der Forderungen des Staates aus Gebühren, Stempeln und Steuern betraut ist.

Das Vergehen der Bestechungsannahme wird mit Gefängnis von 5 bis zu 12 Jahren und teilweisem Verlust der bürgerl. Rechte von 3 bis zu 6 Jahren bestraft, wenn eine der im 1. Absatz erwähnten Personen infolge der Bestechung eine ungesetzliche oder ungerechte Amtshandlung vorgenommen hat.

Mit der gleichen Strafe wird das Vergehen der Bestechungsannahme bestraft, wenn zwei oder mehrere zu diesem Zweck vor oder im Laufe der Vollziehung der Straftat verabredete öffentliche Beamte aufgrund der Bestechung eine gesetzeswidrige oder ungerechte Amtshandlung vorgenommen haben.

In allen Fällen der Bestechungsannahme werden das Geld, die Güter oder deren Wert zugunsten des Staates eingezogen.

Dieselben Maßnahmen werden auch im Falle eines erfolglosen Bestechungsversuches angewendet.

2. Abschnitt
Ausnutzung von Verbindungen

Art. 252 Wer unter Ausnutzung eines tatsächlichen oder vermeintlichen Zutritts oder Einflusses, den er bei einem öffentlichen Beamten hat, unmittelbar oder mittelbar irgendein Geschenk, einen Vorteil oder eine Belohnung für seine Vermittlung bei diesem Beamten annimmt oder sich oder einem anderen versprechen läßt, damit der Beamte eine in seinen Wirkungskreis fallende Amtshandlung vornimmt oder nicht vornimmt, begeht das Vergehen der Ausnutzung von Beeinflussungsmöglichkeiten und wird mit Gefängnis von 1 bis zu 3 Jahren und teilweisem Verlust der bürgerl. Rechte von 1 bis zu 3 Jahren bestraft.

Wer unter dem Vorwand, daß er die Gunst eines öffentlichen Beamten erkaufen müsse, ein Geschenk, einen Vorteil oder eine Belohnung sich geben oder sich oder einem anderen versprechen läßt, wird mit Gefängnis von 2 bis zu 5 Jahren und teilweisem Verlust der bürgerl. Rechte von 2 bis zu 5 Jahren bestraft.

Wer unter dem Vorwand eines angeblichen Auftrags seitens einer öffentlichen Persönlichkeit von einer Behörde verlangt, daß sie im Rahmen ihres Wirkungskreises eine Amtshandlung vornimmt oder nicht vornimmt, wird mit Gefängnis von 2 bis zu 5 Jahren bestraft.

Die empfangenen Gegenstände oder deren Gegenwert werden zugunsten des Staates eingezogen.

3. Abschnitt
Amtsbeleidigung

Art. 253[31]) Wer durch Worte, Gebärden oder Handlungen die Ehre oder das Ansehen eines öffentlichen Beamten während der Ausübung seiner Amtsverrichtungen in dessen Gegenwart oder durch Mittel der unmittelbaren Mitteilung angreift, begeht das Vergehen der Amtsbeleidigung eines öffentlichen Beamten und wird mit Gefängnis von 1 bis zu 6 Monaten bestraft.

Wenn die Beleidigung in einer öffentlichen Sitzung gegen einen Richter, Beisitzer oder Volksanwalt[32]), einen Vertreter der Anwaltschaft oder

---

[31]) In Zusammenhang mit der Anwendung der Art. 253 und 255, s. a. Verordnung Nr. 214, veröffentl. im Amtsbl. Nr. 8 vom 17. 6. 1960 über die Änderung des Forstgesetzbuches. Art. 79 des Forstgesetzbuches wird folgenden Wortlaut haben: „Art. 79 = Die vom Täter gegenüber einem Angehörigen des Forstpersonals zugefügte Amtsbeleidigung wird gem. Art. 253 und 255 des StGB unter den dort aufgezeigten Bedingungen und Unterscheidungen bestraft."

[32]) Das Gesetz Nr. 6 über die Schaffung und Einrichtung der Staatsanwaltschaft der RVR, erschienen im Amtsbl. Nr. 31 vom 19. 6. 1952 und

ein Mitglied eines Rechtsausschusses erfolgt, besteht die Strafe in Gefängnis von 6 Monaten bis zu 1 Jahr.

Art. 254 Wer die in Art. 253 angeführte Tat gegen eine gesetzgebende Versammlung[33]), einen Ausschuß oder gegen ein Mitglied dieser Versammlung, oder gegen eine Verwaltungs- oder Rechtskörperschaft oder gegen eine Behörde in Gegenwart der ihnen zugehörigen Personen und bei Ausübung ihrer Amtshandlungen begeht, wird wegen eines Vergehens der schweren Beleidigung einer öffentlichen Behörde mit Gefängnis von 6 Monaten bis zu 1 Jahr bestraft.

Art. 255[34]) Wird eine in den Art. 253 und 254 vorgesehene Tat durch Gewalttaten oder schwere Drohungen begangen, ist der Tatbestand des Vergehens der schweren Beleidigung durch Gewaltanwendung begründet und wird mit Gefängnis von 6 Monaten bis zu 2 Jahren und teilweisem Verlust der bürgerl. Rechte von 1 Jahr bis zu 2 Jahren, wenn aber eine schwere Schädigung der Gesundheit oder der körperlichen Unversehrtheit verursacht wurde, mit Gefängnis von 1 Jahr bis zu 4 Jahren und Verlust der bürgerl. Rechte von 1 Jahr bis zu 4 Jahren bestraft.

Wenn schwere Körperschäden oder der Tod herbeigeführt wurden, werden die für diese Straftaten vorgesehenen Strafen um ein Viertel erhöht, wobei das allgemeine Höchstmaß der Strafe nicht überschritten werden darf.

Wenn die oben aufgezeigten Taten bei einer öffentlichen Versammlung, einer Kundgebung oder einem Straßenumzug begangen wurden, ist die vom Gesetz für diese Taten vorgesehene Strafe unter Berücksichtigung der in den vorangehenden Absätzen festgesetzten Unterscheidungen um ein Viertel zu erhöhen, wobei das allgemeine Höchstmaß der Strafe nicht überschritten werden darf.

4. Abschnitt

Andere von Beamten oder Privatpersonen begangene Straftaten

Art. 256 Der öffentliche Beamte, welcher, nachdem er seines Amtes enthoben, abgesetzt, durch einen anderen ersetzt oder in den Ruhestand versetzt worden ist, seine Amtstätigkeit fortsetzt, begeht das Vergehen der mißbräuchlichen Amtsausübung und wird mit Gefängnis von 6 Monaten bis zu 2 Jahren und teilweisem Verlust der bürgerl. Rechte von 1 bis zu 2 Jahren bestraft.

---

wiederveröffentlicht in der Fassung der Bekanntmachung der Verordnung Nr. 143, veröffentl. im Amtsbl. Nr. 20 vom 29. 4. 1954, verwendet den Ausdruck „Volksanwalt" nicht mehr.

[33]) Gemäß Art. 23 der Verfassung der RVR vom 24. 9. 1952 stellt die Große Nationalversammlung das einzige gesetzgebende Organ der RVR dar.

[34]) Siehe Anmerkung 31.

Die gleiche Strafe ist über verstoßene Priester und Mönche, die aus dem Kloster fortgezogen oder ausgeschlossen worden sind, sowie über Angehörige des Klerus, die von Bischöfen ohne inländische Kirchengewalt und die von den inländischen Bischöfen nicht anerkannt werden geweiht wurden, zu verhängen, wenn diese Personen kirchliche Funktionen ausüben oder die Kirchen- oder Mönchstracht beibehalten.

Die gleiche Strafe wie im 1. Absatz ist auch über jene Personen zu verhängen, die im Rahmen des religiösen Kults kirchliche oder Verwaltungsfunktionen ohne Anerkennung des Kultus-Departements ausüben, ebenso über jene, die in Nichterfüllung ihrer Obliegenheiten es zulassen, daß solche nichtanerkannte Funktionen ausgeübt werden.

Art. 257 Wer sich eine öffentliche Machtstellung oder ein Amt, das er nicht inne hat, oder den damit verbundenen Wirkungskreis anmaßt und Handlungen vornimmt, die in diesen Wirkungskreis fallen, begeht das Vergehen der Amtsanmaßung und wird mit Gefängnis von 1 bis zu 3 Jahren und teilweisem Verlust der bürgerl. Rechte für die Dauer von 1 bis zu 3 Jahren bestraft.

Art. 257[1] Die Beseitigung einer Urkunde, die zum Nachweis des Familienstandes, als Ausweis oder zur Identifizierung dient, wird mit Gefängnis von 2 bis zu 5 Jahren bestraft.

3. Kapitel

Von Privatpersonen verübte Verbrechen und Vergehen

1. Abschnitt

Aufstand

Art. 258 Wer gegen die Große Nationalversammlung, gegen deren Organe oder gegen einen Vertreter derselben Gewalttaten begeht oder schwere Drohungen ausstößt, um in irgendeiner Weise die freie Ausübung ihres Auftrages oder ihres Amtes zu verhindern oder um sie zu zwingen, eine Entscheidung oder Verfügung zu treffen oder nicht zu treffen, wird mit schwerer Haft von 5 bis zu 15 Jahren und Verlust der bürgerl. Rechte von 5 bis zu 10 Jahren bestraft.

Art. 259 Wenn die im vorangehenden Artikel vorgesehene Tat gegen die Regierung oder gegen irgendein anderes Organ des Staates begangen wird, begründet sie den Tatbestand der Straftat des Aufstandes gegen die Obrigkeit des Staates und wird mit schwerer Haft von 5 bis zu 15 Jahren und Verlust der bürgerl. Rechte von 5 bis zu 10 Jahren bestraft.

Art. 260 Werden die in den Art. 258 und 259 vorgesehenen Taten von einer Gruppe von Menschen begangen, so besteht die Strafe für die Mitglieder derselben in der in diesen Artikeln vorgesehenen Strafe, für die

Anstifter und Rädelsführer aber in strenger Haft von 5 bis zu 20 Jahren und Verlust der bürgerl. Rechte von 5 bis zu 10 Jahren und Vermögenseinziehung.

Art. 261 Wenn die im Art. 258 vorgesehene Tat gegen einen in Ausübung seines Dienstes befindlichen, öffentlichen Beamten begangen wird, wird sie, sofern nicht eine schwerere Straftat vorliegt, als Vergehen des Aufstandes gegen ein öffentliches Amt mit Gefängnis von 6 Monaten bis zu 2 Jahren bestraft.

Art. 262 Wenn durch die in diesem Abschnitt vorgesehenen Straftaten Körperschäden verursacht wurden, erhöht sich die Strafe bis um 2 Jahre, wenn aber der Tod herbeigeführt wurde, ist die Todesstrafe zu verhängen.

2. Abschnitt

Gewaltsames Entfernen von Siegeln und Pfandentstrickung

Art. 263 Wer die gesetzlich angebrachten Siegel beseitigt oder vernichtet, begeht das Vergehen der gewaltsamen Entfernung von Siegeln und wird mit Gefängnis von 2 Monaten bis zu 1 Jahr bestraft.

Dieselbe Strafe trifft den Verwahrer, wenn die gewaltsame Entfernung der Siegel durch sein Verschulden erfolgt ist.

Wenn die Tat vom Verwahrer selbst begangen wurde, besteht die Strafe in Gefängnis von 6 Monaten bis zu 2 Jahren und teilweisem Verlust der bürgerl. Rechte von 1 bis zu 3 Jahren.

Art. 264 Wer gesetzmäßig gepfändete Gegenstände ganz oder zum Teil beseitigt, begeht das Vergehen der Pfandentstrickung und wird mit Gefängnis von 6 Monaten bis zu 1 Jahr bestraft.

Art. 265 Wer unter Anbringung von Siegeln gesetzmäßig gepfändete Gegenstände ganz oder zum Teil beseitigt, begeht das Vergehen der Pfandentstrickung an gesiegelten Pfändern und wird mit Gefängnis von 6 Monaten bis zu 2 Jahren bestraft.

Wenn diese Tat auf eine im Art. 263 angeführte Weise begangen wird, besteht die Strafe in Gefängnis von 1 Jahr bis zu 2 Jahren.

Wenn die in den vorangehenden Absätzen vorgesehenen Taten vom Verwahrer des gepfändeten Gutes oder vom Eigentümer, dem die gepfändeten Güter in Verwahrung belassen wurden, oder mit Wissen dieser Personen von einer anderen Person begangen werden, besteht die Strafe in Gefängnis von 1 Jahr bis zu 3 Jahren.

3. Abschnitt

Andere Straftaten von Privatpersonen

Art. 266 Wer auf irgendeine Weise den freien Wettbewerb bei von öffentlichen Behörden veranstalteten Versteigerungen verhindert oder die Mitbewerber von demselben ausschaltet, begeht das Vergehen der Behinderung des Wettbewerbs bei öffentlichen Versteigerungen und wird mit Gefängnis von 2 Monaten bis zu 1 Jahr bestraft.

Wenn diese Tat von mehreren zu diesem Zweck verabredeten Personen begangen wird, ist die Strafe Gefängnis von 6 Monaten bis zu 2 Jahren.

Die im 1. Absatz vorgesehene Strafe trifft auch den Bieter oder Mitbieter, welcher unmittelbar oder mittelbar Geld, Versprechungen oder einen anderen Vorteil verlangt oder annimmt und dann aus diesem Grunde von der Teilnahme an dem Verkauf oder der Versteigerung Abstand nimmt oder ein Angebot zurückzieht.

Art. 267 Wer an anderen als den für den Durchgangsverkehr der Reisenden bestimmten Orten oder zwar an diesen Orten aber geheim das Land betritt oder dasselbe verläßt, begeht das Vergehen des betrügerischen Grenzübertritts und wird mit Gefängnis von 3 bis zu 10 Jahren bestraft.

Dieselbe Strafe trifft auch denjenigen, der den Grenzübertritt unter den obigen Umständen erleichtert.

Der öffentliche Beamte oder der mit der Grenzüberwachung Betraute, welcher durch Vernachlässigung seiner Dienstpflichten den betrügerischen Grenzübertritt von Reisenden oder fremden Flüchtlingen ins Land erleichtert, wird mit Gefängnis von 3 bis zu 10 Jahren bestraft.

Wenn die Erleichterung des oben erwähnten betrügerischen Grenzübertritts erfolgt, weil der Beamte oder der mit der Bewachung der Grenze Betraute unmittelbar oder mittelbar Geld oder einen anderen Vorteil erhalten hat, ist die Strafe Gefängnis von 5 bis zu 12 Jahren und teilweiser Verlust der bürgerl. Rechte von 2 bis zu 5 Jahren sowohl für denjenigen, der das Land betritt oder verläßt als auch für den Beamten oder den mit der Grenzbewachung Betrauten.

Der Versuch der oben vorgesehenen Straftaten wird wie die vollbrachte Tat bestraft.

Wer irgendeine vorbereitende Handlung zur Verübung des Vergehens des betrügerischen Grenzübertritts unternimmt, wird mit Gefängnis von 2 bis zu 5 Jahren bestraft.

Art. 268 Der Landesverwiesene, der ohne behördliche Genehmigung ins Land zurückkehrt, begeht das Vergehen des unerlaubten Grenzübertritts und wird mit Gefängnis von 1 Jahr bis zu 2 Jahren bestraft.

Nach Verbüßung der Strafe wird der Täter neuerdings des Landes verwiesen.

III. Teil [bis]

Einige Straftaten gegen die Wirtschaftsplanung der Rumänischen Volksrepublik

1. Kapitel

Straftaten gegen die Wirtschaft

Art. 268[1] Wer bei Erfüllung der ihm anvertrauten Aufgaben als Verwalter, Geschäftsführer, Benutzer oder Verwahrer von Gegenständen, Geld, Wertpapieren oder anderen Gütern von Volkseinheiten oder -organisationen aus Mißachtung, Mangel an Vorsorge oder Leichtfertigkeit es an der wirtschaftlichen Sorgfalt fehlen läßt, wird, wenn dadurch eine Verhinderung, Erschwerung oder Verzögerung des Gedeihens der Volksgemeinschaft oder von Wirtschaftsorganisationen oder eine Schädigung des Volksvermögens oder der gesetzlichen Interessen der Staatsbürger verursacht wird oder verursacht werden kann, mit Gefängnis von 3 Monaten bis zu 4 Jahren oder einer Geldstrafe von 50 bis zu 1000 Lei bestraft.

Art. 268[2] Wer ein Industrieerzeugnis von minderwertiger Qualität, unvollständig oder ohne Einhaltung der Bestimmungen über die vorgeschriebene Durchschnittsbeschaffenheit in Umlauf setzt, wird mit Gefängnis von 2 bis zu 7 Jahren bestraft.

Der Massenverkauf oder der systematische Verkauf von Erzeugnissen minderwertiger Qualität durch Handelsunternehmungen wird mit Gefängnis von 1 Jahr bis zu 3 Jahren bestraft.

Art. 268[3] Die Gründung oder Führung von Scheingenossenschaften, um versteckte Gewinne zu erzielen oder auf ungesetzliche Weise in den Genuß der den Genossenschaften eingeräumten Vorteile zu kommen, wird mit Gefängnis von 2 bis zu 7 Jahren und totaler oder teilweiser Vermögenseinziehung bestraft.

Die Teilnahme am Betrieb von Scheingenossenschaften seitens derjenigen, welche in Kenntnis des Umstandes, daß die betreffende Organisation eine Scheingenossenschaft ist, durch diese Teilnahme Gewinne erzielen oder welche wissentlich zur Verschleierung des wahren Charakters dieser Organisationen beitragen, wird mit Gefängnis von 3 Monaten bis zu 2 Jahren bestraft.

Art. 268[4] Die Beamten, denen die Eintragung der Genossenschaften im Register und die Überwachung der Tätigkeit derselben obliegt und die zur Bildung von Scheingenossenschaften, zur Duldung der Fortsetzung ihrer Tätigkeit und zur Unterstützung solcher Genossenschaften beitragen, werden, wenn diese Taten durch Amtsmißbrauch oder aus materiellen Interessen begangen werden, mit Gefängnis von 2 bis zu 7 Jahren bestraft.

Diese Taten werden, wenn sie aus Mißachtung, aus mangelnder Vorsorge oder Leichtsinn begangen werden, mit Gefängnis von 3 Monaten bis zu 4 Jahren oder mit einer Geldstrafe von 50 bis 1000 Lei bestraft.

Art. 268^{5} Die aus Mißachtung, aus mangelnder Vorsorge oder Leichtsinn verursachte Beschädigung von Traktoren oder landwirtschaftlichen Maschinen, welche den staatlichen Traktoren- und Maschinendepots, staatlichen landwirtschaftlichen Betrieben oder anderen öffentlichen Unternehmen gehören, wird mit Gefängnis von 1 Monat bis zu 1 Jahr bestraft.

Wenn die Tat wiederholt begangen wird oder schwere Folgen verursacht hat, besteht die Strafe in Gefängnis von 1 Jahr bis zu 3 Jahren.

Art. 268^{6} Die Mißachtung, mangelnde Vorsorge oder Leichtsinn bei der Betreuung von Rindern der staatlichen landwirtschaftlichen Betriebe oder des Kollektivs, wird, wenn dieses Verhalten das Verenden der Rinder herbeigeführt hat, oder sie für die Arbeit oder den Zweck, zu welchem sie gehalten wurden, ungeeignet gemacht hat, mit Gefängnis von 1 Monat bis zu 1 Jahr bestraft.

Wenn die Tat wiederholt begangen wurde oder schwere Folgen verursacht hat, ist die Strafe Gefängnis von 1 Jahr bis zu 3 Jahren.

Art. 268^{7} Die Nichtbeachtung der Verpflichtungen zur rechtzeitigen Ablieferung derjenigen Mengen landwirtschaftlicher, pflanzlicher oder tierischer Erzeugnisse, die zur Kollektivierung bestimmt sind, wird mit einer Geldstrafe nach dem Zivilgesetz und in dem dort vorgesehenen Verfahren bestraft.

Die böswillige Nichtbeachtung der Verpflichtung zur rechtzeitigen Ablieferung der zur Kollektivierung bestimmten Mengen von pflanzlichen oder tierischen Erzeugnissen der Landwirtschaft, oder die böswillige Nichtbeachtung der Verpflichtungen zum Verkauf oder zur Ablieferung bestimmter Erzeugnisse der Landwirtschaft, wird, wenn die Verpflichtung zum Verkauf oder zur Ablieferung ausdrücklich in den Gesetzen oder Beschlüssen des Ministerrates vorgesehen ist, mit Gefängnis von 1 Monat bis zu 1 Jahr bestraft.

Die im 2. Absatz vorgesehenen Taten werden, wenn sie aufgrund eines vorangegangenen Einverständnisses von einem Personenkreis begangen wurden, mit Gefängnis von 3 Monaten bis zu 3 Jahren bestraft.

Art. 268^{8} Jede Vereitelung der Festsetzung der gesetzlichen Ablieferungsverpflichtung von landwirtschaftlichen Erzeugnissen, die zur Kollektivierung bestimmt sind, wird mit Gefängnis von 1 Monat bis zu 1 Jahr bestraft.

Art. 268^{9} Die Verwendung des vom Staate zur Verfügung gestellten Saatgutes zu einem anderen Zweck als dem, für den es vorgesehen wurde, wird mit Gefängnis von 1 Monat bis zu 6 Monaten oder mit Geldstrafe von 50 bis 500 Lei bestraft.

Art. 268^{10} Die Anstiftung zur Nichtbeachtung des staatlichen Anbauplanes oder der von den staatlichen Organen zur Verbesserung und Entwicklung der landwirtschaftlichen Produktion gegebenen Anweisungen wird, wenn durch die Tat nicht der Tatbestand einer schwereren Strafe begründet ist, mit Gefängnis von 3 Monaten bis zu 3 Jahren bestraft.

Art. 268^{11} Die Nichterfüllung der Verpflichtungen aus Verträgen, die mit einer öffentlichen, wirtschaftlichen Einheit oder Organisation geschlossen wurden, wird, wenn die Böswilligkeit im Zivilprozeß erwiesen wurde, oder sich ohne Zivilprozeß offensichtlich ergibt, mit Gefängnis von 3 Monaten bis zu 2 Jahren bestraft.

Art. 268^{12} aufgehoben.

Art. 268^{13} Die Nichtbeachtung der im Gesetz oder in den Beschlüssen des Ministerrates enthaltenen Bestimmungen bezüglich des Verbotes der Schlachtung oder Verunstaltung von Tieren wird, wenn sie den Zweck hat, diese Beschlüsse zu vereiteln, mit Gefängnis von 3 Monaten bis zu 2 Jahren bestraft.

Art. 268^{14} Die Unterlassung der Instandsetzung landwirtschaftlicher Maschinen durch den Privateigentümer wird, wenn dadurch der Lauf der landwirtschaftlichen Arbeiten gefährdet oder ein Schaden herbeigeführt werden könnte, mit Gefängnis von 3 Monaten bis zu 2 Jahren bestraft.

Art. 268^{15} Das Schlachten oder Verunstalten von Tieren sowie die Anstiftung anderer Personen zu diesen Taten in der Absicht, die Kollektivierung der ländlichen Wirtschaften oder ihre Entwicklung zu vereiteln, wird mit Gefängnis von 3 Monaten bis zu 3 Jahren bestraft.

Art. 268^{15a} Mit Gefängnis von 1 Monat bis zu 1 Jahr oder mit einer Geldstrafe von 50 bis zu 1000 Lei wird bestraft:

a) die Vernichtung von Fischlaich oder Zuchtfischen,
b) das gewerbsmäßige Fischen im Meer, im Delta, in der Donau, in den Flüssen, in ihren Überschwemmungsgebieten, in Seen und Teichen, wenn es ohne gesetzliche Zulassung geschieht, ebenso das Fischen während der Schonzeit oder an verbotenen Stellen mit nicht zugelassenen Geräten oder auf nicht zugelassene Weise, oder das Fangen von Fischen unter der gesetzlichen Größe, oder von Fischarten, deren Fang verboten ist,
c) der Verkauf von Fischen ohne gesetzliche Genehmigung,
d) der Transport von Fischen ohne die nach den Gesetzen erforderlichen Herkunftspapiere, ausgenommen der Menge, die dem Eigenverbrauch entsprechen würde,
e) die ohne Genehmigung der rechtmäßigen Behörde vorgenommene Ausführung irgendwelcher Arbeiten in Fischbecken, in Schon- und Zuchtgebieten, die den Wasserzu- und -abfluß aus diesen Becken, die Vermehrung und Bewegungsmöglichkeit der Fische verhindern,

ebenso die Vornahme irgendwelcher Eingriffe, die die Aufzucht oder das Wachstum der Fische behindern.

Art. 268[15b] Mit Gefängnis von 6 Monaten bis zu 3 Jahren wird das Fischen ohne Genehmigung in besonders eingerichteten, als solche erklärten und unter staatlicher Verwaltung stehenden Gewässern bestraft.

Art. 268[15c] Die in Art. 268[15a] vorgesehenen Straftaten werden mit Gefängnis von einem Monat bis zu 2 Jahren oder mit einer Geldstrafe von 100 bis 2000 Lei, die in Art. 268[15b] vorgesehenen dagegen mit Gefängnis von 1 Jahr bis zu 3 Jahren bestraft, wenn sie in organisierten Gruppen von mehr als 2 Personen oder nachts verübt werden.

Art. 268[16] Die Nichtbeachtung der in den Gesetzen oder in den Beschlüssen des Ministerrates vorgesehenen Bestimmungen bezüglich des Umlaufs der landwirtschaftlichen Güter, wird, wenn für jede einzelne Bestimmung besonders darauf hingewiesen wird, daß die Nichtbeachtung gemäß dem Strafgesetz geahndet wird, mit Gefängnis von 3 Monaten bis zu 3 Jahren bestraft.

Art. 268[17] Als Straftat des Betreibens verbotener Geschäfte (Spekulation) wird mit Gefängnis von 6 Monaten bis zu 5 Jahren bestraft:

a)[35]) der Ankauf von landwirtschaftlichen Erzeugnissen zum Zwecke des Wiederverkaufs oder zum Zwecke der Umarbeitung derselben zwecks Verkauf, wenn diese aufgrund der gesetzlichen Regelungen oder der Beschlüsse des Ministerrates nicht Gegenstand des Privathandels sein können,

b)[35]) der Ankauf von Industrieerzeugnissen zum Zwecke des Wiederverkaufs oder der Umarbeitung mit der Absicht des Weiterverkaufs, wenn diese aufgrund der gesetzlichen Regelungen oder der Beschlüsse des Ministerrates nicht Gegenstand des Privathandels sein können,

---

[35]) In Zusammenhang mit dem Text der Absätze a) und b) des Art. 268[17] s. a. Beschluß des Ministerrates Nr. 1087 betreffend das Verzeichnis der landwirtschaftlichen und industriellen Erzeugnisse, die nicht Gegenstand des Privathandels sein können, veröffentl. im Beschluß des Ministerrates Nr. 55 vom 12. 8. 1957, das tieferstehend wiedergegeben wird: „Aufgrund des Art. 6 der Verordnung Nr. 306/1952 zur Regelung der Ausübung des Privathandels und der Bekämpfung der Spekulation und des Art. 268[17] Punkt a) und b) des StGB, verfügt der Ministerrat der Rumänischen Volksrepublik: 1. Das Verzeichnis der landwirtschaftlichen und industriellen Erzeugnisse, die nicht Gegenstand des Privathandels sein können wird wie folgt festgesetzt: Getreide (Weizen, Korn, Gerste, Hafer, Mais), Getreidemehl, Viehstücke, Schweine, Schafe, Ziegen, das Fleisch und Fleischerzeugnisse aus dem Fleisch derselben, Öl, Fett, Speck, Häute jeder Art, Samen von Futterpflanzen und ölhaltigen Pflanzen. 2. Die gegenteiligen Bestimmungen des gegenwärtigen Beschlusses werden aufgehoben.

c) die Ausübung des Handels ohne gesetzliche Genehmigung oder unter anderen Bedingungen als sie in der Genehmigung festgelegt sind,
d) die Nichtbeachtung der gesetzlichen Bestimmungen für die Preis- und Gewinngestaltung,
e) die Werbung oder Anlockung von Kunden auf öffentlichen Plätzen zum An- oder Verkauf von Waren oder Erzeugnissen, wenn hierzu von der zuständigen staatlichen Stelle keine Genehmigung erteilt wurde,
f) Betätigungen, die durch Beschluß des Ministerrates besonders als verbotene Geschäfte (Spekulation), bezeichnet werden.

Art. 268^{17a} Die Anstiftung, Beteiligung, Verheimlichung und Förderung der in Art. 268^{17} vorgesehenen Straftaten, wird wie die Tat selbst bestraft.

Wenn das Gericht mildernde Umstände zuerkennt, kann es eine Gefängnisstrafe unter dem besonderen Mindestmaß, jedoch nicht weniger als 3 Monate für Erwachsene (Volljährige) und nicht weniger als 1 Monat für Minderjährige, aussprechen.

Art. 268^{18} Die Gründung oder Inbetriebnahme von Industriebetrieben durch diejenigen, denen dies durch das Gesetz oder den Beschluß des Ministerrates untersagt ist, wird mit Gefängnis von 3 Monaten bis zu 4 Jahren bestraft.

Art. 268^{19} Das Verbergen von Waren oder anderen Erzeugnissen, zum Zwecke der gewinnsüchtigen Verwertung, wird mit Gefängnis von 6 Monaten bis zu 5 Jahren bestraft.

Art. 268^{20} Der Betrug gegenüber Käufern beim Wiegen und Messen oder die Verwendung von ungenauen Waagen, Gewichten oder anderen Meßinstrumenten beim Verkauf, wird mit Gefängnis von 3 Monaten bis zu 4 Jahren bestraft.

Art. 268^{21} Die bewußte Verfälschung oder Vertauschung von Waren oder anderen Erzeugnissen, ebenso die Ausstellung solcher Güter zum Kauf oder Verkauf, wird mit Gefängnis von 3 Monaten bis zu 4 Jahren bestraft.

Art. 268^{22} aufgehoben.

Art. 268^{23} Mit Gefängnis von 6 Monaten bis zu 3 Jahren wird bestraft:
a) das Fälschen von Lieferscheinen und Rechnungen,
b) aufgehoben,
c) aufgehoben,
d) der Ankauf von Waren durch Privatkaufleute an Orten und in Gebieten, in welchen diesen der Warenerwerb durch Gesetz oder durch Beschlüsse des Ministerrates verboten ist.

Art. 268^{24} Der Erwerb von Bezugscheinen entgegen den gesetzlichen Bestimmungen oder entgegen den Beschlüssen des Ministerrates, sowie der An- und Verkauf auf übliche Weise von Bezugscheinen oder Gutscheinen für diese, wird mit Gefängnis von 3 Monaten bis zu 3 Jahren bestraft.

Art. 268^{25} Die Fälschung von Bezugscheinen oder Gutscheinen für diese oder die Verbreitung von gefälschten Bezugscheinen oder Gutscheinen für diese, wird mit Gefängnis von 1 Jahr bis zu 5 Jahren bestraft.

Wenn die Tat in großem Maßstab begangen wurde, ist die Strafe Gefängnis von 3 bis zu 12 Jahren.

Art. 268^{26} Die Nichtbeachtung der in Gesetzen oder Beschlüssen des Ministerrates enthaltenen Vorschriften über die Erzeugung und den Handel alkoholischer Getränke, wird, wenn bei jeder einzelnen dieser Vorschriften ausdrücklich bemerkt ist, daß ihre Nichtbefolgung gemäß dem Strafgesetz geahndet wird, mit Gefängnis von 3 Monaten bis zu 4 Jahren oder Geldstrafe von 100 bis 500 Lei bestraft.

Art. 268^{27} Die Nichtbeachtung anderer in Gesetzen oder Beschlüssen des Ministerrates enthaltenen Vorschriften für die Regelung der Erzeugung, des Verkaufs, der Verteilung und des Verbrauchs von Waren und anderen Erzeugnissen, sowie für die vorgeschriebene Standardisierungsnorm, wird, wenn für jede einzelne Vorschrift ausdrücklich die Anwendung des Strafgesetzes für den Fall der Nichtbefolgung vorgesehen ist, mit Gefängnis von 1 Monat bis zu 2 Jahren oder mit einer Geldstrafe von 50 bis 500 Lei bestraft.

Art. 268^{28} Die Nichtbeachtung der anderen in Gesetzen oder Beschlüssen des Ministerrates enthaltenen Vorschriften für die Ausübung des Handels- oder Handwerksgewerbes oder anderer Beschäftigungen, wird, wenn für jede einzelne Vorschrift die Anwendung des Strafgesetzes für den Fall der Nichtbefolgung vorgesehen ist, mit Gefängnis von 1 Jahr bis zu 2 Jahren oder mit Geldstrafe von 50 bis zu 500 Lei bestraft.

Art. 268^{28a} Die Nichtbeachtung der für die Übergabe, Zession oder Deklarierung ausländischer Zahlungsmittel, von Edelmetallen oder Edelsteinen vorgesehenen gesetzlichen Bestimmungen oder die Handhabung dieser Werte unter anderen als den im Gesetz vorgesehenen Bedingungen, wird mit Gefängnis von 1 Jahr bis zu 6 Jahren bestraft.

Wenn die Tat im Erwerb zum gewohnheitsmäßigen Wiederverkauf oder Vermittlung oder im Verkauf oder im Erwerb solcher Wertgegenstände besteht, wie sie im 1. Absatz angeführt werden, oder im Falle des Schmuggels oder des Versuches desselben solcher Wertgegenstände über die Grenze, ist die Strafe Gefängnis von 3 bis zu 10 Jahren.

Der Versuch wird bestraft.

Bei der Straftat der Nichtbeachtung der gesetzlichen Vorschriften für die Übergabe, Zession oder die Deklarierung der im 1. Absatz aufgezählten Wertgegenstände, bleiben die Täter, Gehilfen, Anstifter, Mitwisser und Förderer straffrei, wenn sie die Verübung der Tat den zur Strafverfolgung zuständigen Stellen oder der Staatsbank der Rumänischen Volksrepublik gestehen und gleichzeitig ihre diesbezüglichen gesetzlichen Verpflichtungen noch vor Einleitung des Strafverfahrens gegen sie, erfüllen.

Die im vorhergehenden Absatz aufgezählten Personen bleiben auch bei allen im vorliegenden Artikel angeführten Taten, selbst nach Einleitung des Strafverfahrens gegen sie, straffrei, wenn sie die Entdeckung anderer Täter erleichtern.

Art. 268[28b] aufgehoben.

Art. 268[29] Die absichtliche Mitteilung oder Eintragung von bewußt falschen Angaben, wenn die Verpflichtung zur Anmeldung oder Eintragung in Gesetzen oder Beschlüssen des Ministerrates vorgesehen ist und wenn für jede einzelne Vorschrift ausdrücklich für den Fall der Nichterfüllung derselben die Anwendung des Strafgesetzes vorgesehen ist, wird mit Gefängnis von 3 Monaten bis zu 3 Jahren oder mit Geldstrafe von 50 bis zu 500 Lei bestraft.

Art. 268[30] Die ungerechtfertigte Weigerung, den staatlichen Organen die gesetzmäßig beschlagnahmten Güter zur Verfügung zu stellen oder die der Beschlagnahme unterliegenden Güter zum Zwecke der Festlegung anzugeben, wird mit Gefängnis von 1 Monat bis zu 6 Monaten oder mit Geldstrafe von 100 bis 500 Lei bestraft.

Art. 268[31] Die Nichtbeachtung der gesetzlichen Vorschriften bezüglich des staatlichen Monopols für den Außenhandel, wird mit Gefängnis von 3 bis zu 10 Jahren bestraft.

Art. 268[31a] [36]) Die Umgehung der Verzollung in das Land eingeführter oder aus dem Land ausgeführter Güter, welche entsprechend den

[36]) Art. 268[31a] wurde durch Verordnung Nr. 218, veröffentl. im Amtsbl. Nr. 26 vom 21. 6. 1958, eingeführt. In Zusammenhang mit der Anwendung des Art. 268[31a] s. a. Verordnung Nr. 280 zur Änderung des Gesetzes Nr. 9/1949 über die Zölle, veröffentl. im Amtsbl. Nr. 26 vom 21. 6. 1958.

Einzelner Artikel. Nach Art. 79 des Gesetzes Nr. 9 betreffend die Zölle vom 1. 1. 1949 wird Art. 79[1] mit nachstehendem Inhalt angeführt:

Art. 79[1]: Als qualifizierter Schmuggel gelten nachfolgende Taten: a) das Verbringen über die Grenze von Waren, Wertgegenständen oder irgendwelchen Gegenständen über andere Übergangsstellen als jene zur Zollkontrolle bestimmten; b) der Schmuggel durch Verbergen von Waren, Wertgegenständen oder irgendwelchen Gegenständen in in Transportmitteln eingerichteten Verstecken; c) der Schmuggel unter Benützung falscher Zollunterlagen oder begünstigt durch Zollunterlagen für andere Waren, Wertgegenstände oder Gegenstände; d) die Zugehörigkeit zu einer Vereinigung, die sich mit Schmuggel befaßt; e) Schmuggel, betrieben von bewaffneten oder in Banden vereinigten Personen; f) von einem Beamten begangener Schmuggel, der mit der Zollkontrolle oder mit anderen Aufträgen, die ihm die Möglichkeit zum Schmuggeln erleichtern, betraut ist; g) der Schmuggel von Sprengstoffen, Waffen, Munition und

gesetzlichen Sonderbestimmungen als Schmuggel gewertet wird, ist mit Gefängnis von 3 bis zu 10 Jahren und teilweisem Vermögensentzug zu bestrafen.

Der Versuch ist strafbar.

Art. 268[32] Die Nichtbefolgung der gesetzlichen Vorschriften bezüglich des Gebrauchs von Fabrik- oder Handelsmarken oder von patentierten Erfindungen zum Zwecke des unlauteren Wettbewerbs, wird mit Gefängnis von 1 Monat bis zu 1 Jahr oder mit Geldstrafe von 50 bis 500 Lei bestraft.

Art. 268[33] Die Forderung oder Annahme von höheren als den gesetzlichen Zinsen, die Forderung oder Annahme von Zinseszinsen oder die Vorausnahme von Zinsen, wird mit Gefängnis von 3 Monaten bis zu 5 Jahren bestraft.

Art. 268[34] Die böswillige Verletzung von Kollektivarbeitsverträgen durch den Arbeitgeber, sowie auch der anderen gesetzlichen Vorschriften zur Regelung des Lohnes und der Arbeitszeit, wird mit Gefängnis von 1 Jahr bis zu 3 Jahren bestraft.

2. Kapitel
Steuerrechtliche Straftaten

Art. 268[35] Die Nichtbezahlung von Steuern, Gebühren oder der vorgeschriebenen Versicherungsbeiträge zu den gesetzlich festgesetzten Terminen durch die Zahlungsfähigen wird, wenn gegen sie schon wenigstens einmal im laufenden oder vergangenen Jahr die zwangsweise Eintreibung auf zivilem Wege vorgenommen wurde, wie folgt bestraft:

a) im ersten Fall mit einer Geldstrafe bis zur Höhe des geschuldeten Betrages,

b) in allen weiteren Fällen mit Gefängnis von 1 Monat bis zu 1 Jahr.

Art. 268[36] Die völlige oder teilweise Hinterziehung der Abgabe von Steuern oder Gebühren durch Verheimlichung des Gegenstandes oder der steuer- oder gebührenpflichtigen Einnahmequelle oder durch die Vernichtung oder Verheimlichung der durch Steuergesetze oder deren Aus-

---

Rauschgiften, von flugtechnischem Bedarf oder mit anderen Gegenständen, für deren Ein- oder Ausfuhr eine besondere Genehmigung notwendig ist; h) wiederholter Schmuggel innerhalb von 2 Jahren vom Zeitpunkt der Begehung des vorangegangenen Schmuggels.

Der qualifizierte Schmuggel wird gemäß den Bestimmungen des StGB bestraft.

Wenn durch den qualifizierten Schmuggel die Zahlung der Zollgebühren umgangen wurde, sind die Schuldigen, unabhängig von der verhängten Strafe, auch zur Zahlung dieser Gebühren verpflichtet.

führungsbestimmungen vorgeschriebenen Belege, wird mit Gefängnis von 1 Monat bis zu 1 Jahr oder mit Geldstrafe von 100 bis 1000 Lei bestraft.

Art. 268^{37} aufgehoben.

3. Kapitel
Gemeinsame Bestimmungen

Art. 268^{38} Die im vorliegenden Teil vorgesehenen Straftaten, mit Ausnahme der in den Art. 268^{1} bis 268^{6} einschließlich erwähnten, werden, wenn sie von Beamten in Ausübung ihrer dienstlichen Obliegenheiten begangen werden, je nach Fall gemäß den Bestimmungen der Art. 242 und 245 bestraft.

Die Bestimmungen des vorangehenden Absatzes werden nur dann angewendet, wenn die Taten nicht schwerere strafbare Handlungen darstellen.

IV. Teil
Vergehen gegen die Justizverwaltung

1. Kapitel
Vergehen gegen die richterliche Tätigkeit

1. Abschnitt
Verleumderische Anzeige

Art. 269 Wer in einer an die Behörde gerichteten Beschwerde oder Anzeige einen anderen eines Verbrechens oder Vergehens bezichtigt, wissend, daß seine Anzeige falsch ist, oder gegen jemanden wissentlich falsche Beweise erfindet oder vorbringt, begeht die Straftat der verleumderischen Anzeige und wird mit Gefängnis von 1 Jahr bis zu 5 Jahren und teilweisem Verlust der bürgerl. Rechte von 1 Jahr bis zu 3 Jahren bestraft.

Wenn sich die Anzeige auf solche Handlungen bezieht, die disziplinarische Folgen haben können oder die Arbeitsweise des Angezeigten betreffen, ist die Strafe Gefängnis von 6 Monaten bis zu 3 Jahren und wenn sich die Anzeige auf eine Übertretung bezieht, Gefängnis von 3 Monaten bis zu 1 Jahr.

Wenn der Angeklagte aus diesem Grunde zu Unrecht verurteilt worden ist, wird die für falsche Zeugenaussage vorgesehene Strafe verhängt.

Der wegen verleumderischer Anzeige Verurteilte ist verpflichtet, der öffentlichen Verwaltung die durch die angeordnete Verwaltungsuntersuchung zur Feststellung der dem öffentlichen Beamten unterstellten Unregelmäßigkeiten und Betrugshandlungen durch seine verleumderische Anzeige verursachten Kosten zu ersetzen.

Art. 270 Die Strafverfolgung wegen des in Art. 269 vorgesehenen Vergehens wird nur auf Antrag des Verletzten eingeleitet; wenn aber die

Beschuldigung in einem rechtskräftigen gerichtlichen Urteil als lügenhaft festgestellt wurde, wird die Strafverfolgung gegen den Verleumder von Amts wegen aufgenommen.

Desgleichen wird die Strafverfolgung von Amts wegen eingeleitet, wenn die verleumderische Anzeige gegen einen öffentlichen Beamten gerichtet war.

In dem im vorangehenden Absatz vorgesehenen Falle muß die Behörde, welche die Unschuld des Beamten im Wege der verwaltungsrechtlichen Untersuchung festgestellt hat, die zuständige Staatsanwaltschaft einschalten und sich gleichzeitig als Privatbeteiligter dem Strafverfahren mit dem Betrag der durch die Untersuchung oder die Erhebungen entstandenen Kosten anschließen.

Das gegen öffentliche Beamte begangene Vergehen der verleumderischen Anzeige wird unter Aufhebung der Bestimmungen des allgemeinen Rechts nach dem Verfahren für Flagrantdelikte verfolgt und verurteilt.

Art. 271 Wer in Kenntnis von Tatsachen und Beweisen, durch welche die Unschuld einer in Untersuchungshaft befindlichen oder zu Unrecht verurteilten Person bewiesen werden könnte, diese ihr oder der zuständigen Behörde nicht mitteilt, obwohl er dies ohne einen Schaden für sich oder seine Verwandten oder eine andere unschuldige Person tun könnte, begeht das Vergehen der schuldhaften Nichtanzeige und wird mit Gefängnis von 3 Monaten bis zu 1 Jahr bestraft.

2. Abschnitt

Gesetzwidrige Zurückhaltung und Verhaftung

Art. 272 Der Beamte, der auf eine der in Art. 245 vorgesehenen Arten jemanden verhaftet, anhält oder zurückhält oder solches verfügt, begeht das Vergehen der gesetzwidrigen Verhaftung und wird mit Gefängnis von 1 Jahr bis zu 3 Jahren und teilweisem Verlust der bürgerl. Rechte von 1 Jahr bis zu 3 Jahren bestraft.

Art. 273 Der mit der Überwachung des Vollzugs der Freiheitsstrafe oder der Untersuchungshaft betraute öffentliche Beamte, der die daraus sich ergebenden Befugnisse mißbraucht und einen Verurteilten oder Verhafteten nach Ablauf der gesetzlichen Frist zurückhält, ebenso der öffentliche Beamte, der jemanden verhaftet, anhält oder zurückhält oder verfügt, daß dies in anderen als den durch Gesetz oder Verordnung bestimmten Räumlichkeiten geschehe, begeht das Vergehen des gesetzwidrigen Haftvollzugs und wird mit Gefängnis von 1 Jahr bis zu 3 Jahren und teilweisem Verlust der bürgerl. Rechte von 1 Jahr bis zu 3 Jahren bestraft.

Art. 274 Die in den Art. 272 und 273 vorgesehenen Vergehen werden mit Gefängnis von 2 bis zu 5 Jahren und teilweisem Verlust der bürgerl. Rechte von 2 bis zu 5 Jahren bestraft, wenn:

1. die begangene Tat eine Schädigung der Gesundheit oder der körperlichen Unversehrtheit des Betroffnenen nach sich gezogen hat oder wenn dieser Gewalttätigkeiten oder Folterungen ausgesetzt war, sofern dies nicht eine schwerer zu ahndende Straftat begründet,
2. die Haft mehr als einen Monat gedauert hat.

Art. 275 Der öffentliche Beamte, der, nachdem er auf irgendeine Weise von irgendeiner gesetzwidrigen Verhaftung, Verwahrung oder Zurückbehaltung Kenntnis genommen hat, die notwendigen Erhebungen nicht veranlaßt und die gesetzlichen Maßnahmen nicht in der Frist von 48 Stunden verfügt, obwohl seine Amtspflicht ihm dies auferlegt, begeht das Vergehen der Duldung der gesetzwidrigen Verhaftung und wird mit Gefängnis von 1 Jahr bis zu 3 Jahren bestraft.

Art. 276 Die Beamten von Strafanstalten oder anderen für die Vollstreckung von Strafen und Sicherheitsmaßnahmen bestimmten Anstalten, die ohne gesetzlichen Auftrag oder Anordnung der zuständigen Behörde eine Person in die Strafanstalt oder sonst zuständige Anstalt übernehmen und in Gewahrsam setzen, begehen das Vergehen der gesetzwidrigen Internierung und werden mit Gefängnis von 2 Monaten bis zu 1 Jahr bestraft.

3. Abschnitt

Falsches Zeugnis

Art. 277 Wer in einer Strafsache als Zeuge aussagt und dabei eine falsche Bekundung macht oder nicht alles aussagt, was er im Zusammenhang mit der Strafsache über maßgebende Umstände, über welche er besonders befragt wurde, weiß, begeht die Straftat des falschen Zeugnisses und wird mit Gefängnis von 1 Jahr bis zu 5 Jahren und teilweisem Verlust der bürgerl. Rechte von 1 Jahr bis zu 4 Jahren bestraft.

Wenn deswegen eine Verurteilung zu einer Freiheitsstrafe von mehr als 5 Jahren erfolgte, ist die Strafe Gefängnis von 2 bis zu 7 Jahren und teilweiser Verlust der bürgerl. Rechte von 2 bis zu 5 Jahren, wenn dagegen eine Verurteilung zu einer Strafe von mehr als 10 Jahren erfolgte, besteht die Strafe in Gefängnis von 3 bis zu 10 Jahren und teilweisem Verlust der bürgerl. Rechte von 3 bis zu 6 Jahren.

Art. 278 Wenn die im 1. Absatz des Art. 277 vorgesehene Tat in einer Disziplinarstraf- oder Übertretungssache[37]) oder in einem Zivil-

[37]) Gemäß der Bestimmungen der Verordnung Nr. 184, veröffentl. im Amtsbl. Nr. 25 vom 21. 5. 1954, stellen die Übertretungen keine Straftaten mehr dar.

prozeß begangen wird, besteht die Strafe in Gefängnis von 3 Monaten bis zu 1 Jahr und teilweisem Verlust der bürgerl. Rechte von 1 Jahr bis zu 3 Jahren.

Die gleiche Strafe wird auch über denjenigen verhängt, der die im 1. Absatz des Art. 277 vorgesehene Tat böswillig in einer Disziplinaruntersuchung begeht.

Art. 279 Die in Art. 277 und 278 vorgesehenen Bestimmungen finden auch auf einen Sachverständigen, Übersetzer oder Dolmetscher Anwendung. Die anläßlich einer Verwaltungs-, Disziplinar- oder gerichtlichen Untersuchung oder vor einer Gerichts- oder Disziplinarinstanz gehörten Auskunftspersonen werden mit der gleichen Strafe, jedoch auf die Hälfte herabgesetzt, bestraft.

Art. 280 Wer durch irgendein Mittel einen Zeugen, eine Auskunftsperson, einen Sachverständigen, Übersetzer oder Dolmetscher zur Verübung der in den Art. 277 und 278 vorgesehenen Taten zu bestimmen versucht, begeht das Vergehen der Zeugenbeeinflussung und wird mit Gefängnis von 1 Monat bis zu 6 Monaten bestraft.

Art. 281 Wegen der in Art. 227, 228 und 279 vorgesehenen Straftaten wird nicht bestraft:

1. derjenige, der im Falle wahrer Bekundungen oder wenn er die volle Wahrheit gesagt hätte, sich selbst oder eine der in Art. 130 vorgesehenen Personen einer Straftat beschuldigt oder für sich selbst oder die erwähnten Personen in bezug auf die Ehre oder die Freiheit einen schweren Nachteil verursacht hätte,
2. derjenige, der infolge seiner persönlichen oder beruflichen Eigenschaft das Recht hatte, seine Vernehmung als Zeuge oder Sachverständiger oder als Übersetzer oder Dolmetscher abzulehnen, aber vom erkennenden Gericht auf dieses Recht nicht aufmerksam gemacht wurde,
3. derjenige, der das falsche Zeugnis oder eine falsche Aussage ehe gegen ihn die Strafverfolgung eingeleitet und ehe durch seine Tat irgendein Nachteil für jemanden entstanden ist, widerruft.

Art. 282 aufgehoben.

4. Abschnitt

Sachhehlerei

Art. 283 Wer um seines oder eines anderen materiellen Vorteils willen eine Sache in Kenntnis der Herkunft derselben aus einem Verbrechen oder Vergehen, aus welchem Rechtsgrund auch immer übernimmt, erwirbt oder verbirgt oder in irgendeiner Weise zur Veräußerung oder Verbergung derselben beiträgt, begeht das Vergehen der Sachhehlerei und wird mit Gefängnis von 3 Monaten bis zu 3 Jahren und teilweisem Verlust der bürgerl. Rechte von 1 Jahr bis zu 2 Jahren bestraft.

Die Strafe darf in keinem Falle das für die Hauptstraftat vom Gesetz vorgesehene Strafmaß überschreiten.

5. Abschnitt
Begünstigung der Täter

Art. 284 Das Vergehen der Begünstigung der Täter begeht:

1. wer, ohne ein vor Begehung der Straftat mit dem Täter oder dem Teilnehmer getroffenes Einverständnis, diesem Hilfe oder Schutz gewährt, um die Ermittlungen oder andere Verfahrenshandlungen der Behörden auszuschalten oder zu vereiteln, oder um sie der Verfolgung oder dem Strafvollzug zu entziehen,
2. wer unter den Voraussetzungen des vorhergehenden Absatzes dem Täter oder den Teilnehmern Hilfe leistet, damit diese sich den Vorteil oder das Ergebnis der Straftat sichern,
3. wer den Leichnam einer Person, die das Opfer eines Verbrechens oder Vergehens war, verbirgt.

Das Vergehen der Begünstigung des Täters wird, wenn der begünstigte Täter ein Verbrechen begangen hat, mit Gefängnis von 3 Monaten bis zu 3 Jahren und wenn er ein Vergehen begangen hat, mit Gefängnis von 1 Monat bis zu 1 Jahr bestraft.

Wenn die begünstigte Straftat die öffentliche Ordnung oder die innere oder äußere Sicherheit des Staates betrifft, wird die gleiche Strafe verhängt wie die von dem Gesetz für den begünstigten Täter vorgesehene.

Art. 285 Wenn die in Art. 284 vorgesehenen Taten zu dem Zwecke begangen werden, um sich oder einem anderen einen materiellen Vorteil zu verschaffen, sind die in jenem Artikel vorgesehenen Strafen zu verdoppeln und auch auf teilweisen Verlust der bürgerlichen Rechte von 1 Jahr bis zu 3 Jahren zu erkennen.

Art. 286 Der öffentliche Beamte, welcher eine Straftat, von der er in Ausübung seines Dienstes oder infolge desselben Kenntnis erlangt hat, den Gerichtsbehörden oder anderen Behörden, die er zu unterrichten verpflichtet war, nicht oder verspätet anzeigt, begeht das Vergehen der Begünstigung des Täters durch Unterlassung der Anzeige und wird mit Gefängnis von 3 Monaten bis zu 1 Jahr bestraft.

Wenn die Tat von einem Beamten der gerichtlichen Polizeimannschaft begangen wird, ist die Strafe Gefängnis von 6 Monaten bis zu 1 Jahr.

6. Abschnitt
Gemeinsame Bestimmungen für Abschnitt IV und V des vorliegenden Kapitels

Art. 287 Die in den Art. 283 und 284 Ziff. 1 und 2 vorgesehenen Vergehen werden nicht bestraft, wenn sie von Verwandten in auf- oder absteigender Linie, von dem Gatten oder der Gattin, auch wenn sie geschieden sind, dem Bruder oder der Schwester begangen wurden; ausgenommen sind die Straftaten gegen die öffentliche Ordnung oder die innere oder äußere Sicherheit des Staates.

Die in den Art. 283 und 284 vorgesehenen Straftaten werden, wenn sie zum Nachteil des Volksvermögens begangen wurden, ohne Rücksicht auf die Art oder den Verwandtschaftsgrad, der zwischen dem Hehler oder Begünstiger und dem Täter besteht, in allen Fällen bestraft.

Art. 288 Für die in Art. 284 vorgesehenen Vergehen wird neben den in diesem Artikel vorgesehenen Strafen, auch auf teilweisen Verlust der bürgerl. Rechte von 1 Jahr bis zu 2 Jahren erkannt, wenn das Vergehen der Begünstigung zugunsten des Täters oder des Teilnehmers eines Vergehens begangen wurde, für das das Gesetz auch den teilweisen Verlust der bürgerl. Rechte vorsieht.

7. Abschnitt

Andere Vergehen gegen die Ausübung der Gerichtsbarkeit

Art. 289 Der öffentliche Beamte, welcher gegen einen Täter, einen Zeugen oder Sachverständigen Gewalthandlungen, Folterungen oder andere ungesetzliche Zwangsmittel anwendet oder anwenden läßt, um Geständnisse oder Aussagen zu erpressen, begeht das Vergehen des Mißbrauchs bei Ermittlungen und wird mit Gefängnis von 1 Jahr bis zu 3 Jahren und teilweisem Verlust der bürgerl. Rechte von 1 Jahr bis zu 3 Jahren bestraft, wenn keine schwereren Straftaten begründet erscheinen.

Art. 290 Der mit der Verfolgung von Straftaten oder dem Strafvollzug betraute öffentliche Beamte, welcher die Erfüllung der ihm obliegenden diesbezüglichen Pflichten unterläßt, ebenso der öffentliche Beamte, der Handlungen vornimmt oder Maßnahmen trifft, um eine Person der gesetzlichen Strafe zu entziehen, oder veranlaßt, daß eine geringere als die gesetzliche Strafe vollzogen wird, begeht das Vergehen gegen die Maßnahmen zur Unterdrückung von Straftaten und wird mit Gefängnis von einem Jahr bis zu 2 Jahren und teilweisem Verlust der bürgerl. Rechte von 1 bis zu 3 Jahren bestraft.

Art. 291 Der Staatsanwalt, der gegen sein besseres Wissen, daß es sich um einen Unschuldigen handelt, die Strafverfolgung einleitet oder deren Einleitung anordnet, oder der Untersuchungsrichter, der unter den gleichen Umständen die Untersuchungshaft verfügt, oder der Richter, der eine Verurteilung gegen eine Person ausspricht, von der er weiß, daß sie unschuldig ist, begeht das Vergehen der ungerechtfertigten Maßnahme zur Unterdrückung von Straftaten und wird mit Gefängnis von 1 Jahr bis zu 3 Jahren und teilweisem Verlust der bürgerl. Rechte von 2 bis zu 5 Jahren bestraft.

Art. 292 Wer auf irgendeine Weise eine beim Gericht, bei welchem der Prozeß anhängig war, hinterlegte Urkunde, eine Zuschrift oder einen Schriftsatz, mögen diese ihm oder einem anderen gehören, in Hinblick auf das zu fällende Urteil entzieht, vernichtet oder unbrauchbar macht, begeht das Vergehen der Beseitigung gerichtlicher Urkunden und wird mit Gefängnis von 6 Monaten bis zu 2 Jahren bestraft.

Art. 293 Es begeht das Vergehen der Bekanntmachung von Urkunden des Geheimverfahrens und wird mit Gefängnis von einem Monat bis zu 6 Monaten bestraft:

1. wer entgegen den Bestimmungen der Strafprozeßordnung in irgendeiner Weise, ganz oder zum Teil, Anklage- oder andere Prozeßakten in Strafsachen wegen Verbrechen oder Vergehen veröffentlicht, noch bevor die Untersuchung beendet und noch bevor diese Akten in der öffentlichen Verhandlung des erkennenden Gerichts verlesen worden sind, ebenso wer Erhebungs- oder Untersuchungsakten einer eingestellten Strafsache veröffentlicht;
2. wer einen Bericht über die Verhandlung eines Prozesses, dessen Veröffentlichung das Gericht verboten oder den es als geheim erklärt hat, veröffentlicht;
3. wer die Namen von Richtern unter Anführung ihres persönlichen Votums in Beschlüssen oder Urteilen veröffentlicht oder tendenziöse Auslegungen über den wahrscheinlichen Ausgang eines anhängigen Prozesses oder über das Tun und Vorleben der am Prozeß beteiligten Personen äußert;
4. wer Berichterstattungen über eine Gerichtssitzung, in welcher über eine Straftat eines Minderjährigen verhandelt wird, oder wer das Bildnis eines strafverfolgten Minderjährigen oder irgendeine andere, auf diesen oder seine Straftat sich beziehende bildliche Darstellung veröffentlicht;
5. wer in einem Verleumdungsprozeß, in dem der Wahrheitsbeweis unzulänglich ist, Berichterstattungen veröffentlicht.

Die Bestimmungen der Ziffern 2 und 3, zweiter Teil, und 4 und 5 finden auf Aufsätze, Kommentare und Hinweise wissenschaftlichen Charakters keine Anwendung, doch darf unter keinen Umständen der Name der Prozeßparteien erwähnt werden.

Art. 294 Wer anläßlich der Ermittlungen oder der Verhandlungen eines Prozesses vor dem Gericht oder im Gericht an einer Demonstration oder einer Kundgebung, die die Einschüchterung oder Verschlimmerung der Urteilsfindung auf irgendeine Weise bezweckt, teilnimmt, begeht das Vergehen der Nötigung der Justiz und wird mit Gefängnis von 1 Monat bis zu 6 Monaten und teilweisem Verlust der bürgerl. Rechte von 1 Jahr bis zu 2 Jahren bestraft.

Art. 294[1] [38]) Wer ohne Rechtsanwalt zu sein, Handlungen ausführt, die zum Rechtsanwaltsberuf gehören, wird mit Gefängnis von 6 Monaten bis zu 2 Jahren bestraft.

Mit der gleichen Strafe wird auch der Rechtsanwalt bestraft, der für die Ausführung seiner Dienste neben den tarifmäßig festgesetzten Gebühren, Geld oder andere materielle Vorteile fordert oder annimmt.

2. Kapitel
Vergehen gegen die Wirksamkeit gerichtlicher Entscheidungen

1. Abschnitt
Entweichen von Häftlingen

Art. 295 Wer zur Entweichung eines Verhafteten oder gesetzmäßig Festgehaltenen Hilfe leistet oder diese erleichtert, begeht das Vergehen der Vorschubleistung zur Flucht und wird mit Gefängnis von 2 Monaten bis zu 1 Jahr bestraft.

Wenn er, um die Flucht zu erleichtern, dem Verhafteten Waffen, Schlüssel oder andere Werkzeuge beschafft hat, ist die Strafe Gefängnis von 6 Monaten bis zu 2 Jahren.

Art. 296 Der Wächter, Aufseher oder der Vollstreckungsbeamte einer Behörde, der die in Art. 295 vorgesehene Tat zugunsten einer unter seiner Bewachung stehenden Person begeht oder der gesetzwidrig im Laufe des Strafvollzugs einer solchen Person auch nur für kurze Zeit das Verlassen des Gefängnisses oder der Strafanstalt gestattet oder erleichtert oder diese an einen anderen als den durch einen Auftrag bestimmten Ort führt, wird mit schwerem Kerker von 3 bis zu 5 Jahren und Verlust der bürgerl. Rechte von 3 bis zu 5 Jahren bestraft.

Wenn die in Absatz 1 genannten Beamten die in Abs. 2 des Art. 295 vorgesehenen Taten begehen, ist die Strafe schwerer Kerker von 5 bis zu 10 Jahren und Verlust der bürgerl. Rechte von 3 bis zu 10 Jahren.

Wenn der Verhaftete bereits verurteilt worden war oder sich wegen einer als Verbrechen oder Vergehen qualifizierten Straftat gegen die äußere oder innere Sicherheit des Staates oder wegen Straftaten gegen die im Gesetz vorgesehenen Maßnahmen zur Unterdrückung von Handlungen, die die staatliche Existenz oder die Interessen des Staates

---

[38]) Im Zusammenhang mit dem Art. 294[1] s. a. Verordnung Nr. 2, veröffentl. im Amtsbl. Nr. 11 vom 6. 3. 1958, betreffend die Abänderung der Verordnung Nr. 281 vom 21. 7. 1954 betreffend die Einrichtung und Ausübung des Rechtsanwaltsberufes in der Rumänischen Volksrepublik.

gefährden, in Voruntersuchung befand, besteht die Strafe für die in Abs. 1 vorgesehene Tat in Zwangsarbeit für die Dauer von 10 bis zu 15 Jahren, für die in Abs. 2 vorgesehenen dagegen in lebenslänglicher Zwangsarbeit.

Wenn der Ausbruch oder die Flucht durch Nachlässigkeit dieser Beamten verursacht wurde, ist die Strafe Gefängnis von 1 Jahr bis zu 3 Jahren.

Art. 297 Wenn gesetzmäßig in Gefängnissen oder anderen Anstalten festgehaltene Personen oder solche, die sich in Untersuchungshaft befinden und zu diesem Zweck verhaftet wurden, entfliehen, werden sie mit Gefängnis von 2 bis zu 6 Monaten bestraft; diese Strafe ist, wenn es sich um einen bereits verurteilten Flüchtling handelt, der zu vollziehenden Strafe hinzuzufügen.

Wenn der Ausbruch unter Zusammenrottung, in Gemeinschaft oder unter Anwendung von Gewalt, Drohungen oder bewaffnet erfolgt ist, ist die Strafe Gefängnis von 3 Monaten bis zu 1 Jahr, sofern bei diesem Anlaß nicht Straftaten verübt wurden, die vom Gesetz mit einer schwereren Strafe geahndet werden.

Art. 298 Der Versuch der in Art. 296 und 297 angeführten Straftaten ist strafbar.

2. Abschnitt

Nichtbeachtung richterlicher Entscheidungen

Art. 299 Wer jemanden, der sich aufgrund eines im Prozeßwege erlangten rechtskräftigen und vollstreckbaren gerichtlichen Urteils im Besitze eines unbeweglichen Vermögens befindet, aus diesem Besitz verdrängt, begeht das Vergehen der Widersetzung gegen eine richterliche Entscheidung und wird mit Gefängnis bis zu 6 Monaten bestraft.

Wenn die oben angeführte Tat durch Drohung oder mit Gewalt begangen wird, ist die Strafe Gefängnis von 6 Monaten bis zu 2 Jahren.

Dieselbe Strafe trifft auch diejenigen, welche sich mit Drohungen oder Gewalt dem Vollzug einer richterlichen Entscheidung widersetzen.

Art. 300 Der Verurteilte, gegen den ein Aufenthaltsverbot für bestimmte Orte, ein Verbot des Betretens bestimmter Räumlichkeiten, das Verbot der Ausübung eines Berufes oder Handwerks, oder die Schließung eines Lokals erlassen wurde und der den Vollzug dieser Maßnahme nicht befolgt, begeht das Vergehen der Nichtbefolgung von Sicherheitsmaßnahmen und wird unter Aufrechterhaltung des Verbotes mit Gefängnis von einem Monat bis zu 3 Monaten bestraft.

Dieselbe Strafe trifft auch den Leiter oder Verwalter einer juristischen Person, der die gegen diese verhängten Maßnahmen der Auflösung oder Einstellung nicht befolgt.

3. Kapitel
Der Zweikampf

Art. 301 Wer einen anderen zum Zweikampf herausfordert, begeht, gleichgültig ob die Herausforderung angenommen wurde oder nicht, das Vergehen der Herausforderung zum Zweikampf und wird mit Gefängnis von 3 bis zu 6 Monaten bestraft.

Dieselbe Strafe trifft auch denjenigen, der die Herausforderung annimmt, selbst wenn der Zweikampf nicht stattgefunden hat.

Art. 302 Wer sich zum Zweikampf auf dem Kampfplatz stellt, wird, selbst wenn der Zweikampf durch vom Willen der Parteien unabhängige Umstände vereitelt wurde, mit Gefängnis von 1 bis zu 3 Jahren bestraft.

Art. 303 Wenn der Zweikampf stattgefunden hat und aus diesem Grunde eine Verwundung erfolgt ist, wird dies mit dem Höchstmaß der für die Verletzung der körperlichen Unversehrtheit vorgesehenen Strafe bestraft.

Art. 304 Wenn infolge des Zweikampfes der Tod eingetreten ist, wird dies mit dem Höchstmaß der für Mord vorgesehenen Strafe bestraft.

Art. 305 aufgehoben.

Art. 306 Der zum Zweikampf zugezogene Zeuge wird wegen Teilnahme bestraft, wobei die Strafe nicht geringer als Gefängnis von 3 Monaten sein darf.

Art. 307 Wer einen anderen zum Zweikampf drängt, wird als Anstifter bestraft; derjenige aber, der einem anderen Vorwürfe macht oder ihn dem Spott aussetzt, weil er zum Zweikampf nicht herausgefordert hat oder eine Herausforderung nicht angenommen hat, wird mit Gefängnis von 3 bis zu 6 Monaten bestraft.

V. Teil
Vergehen gegen die Religionsausübung und die den Toten gebührende Achtung

1. Kapitel
Vergehen gegen die Religionsausübung

Art. 308. Wer in irgendeiner Weise die Ausübung des Gottesdienstes einer vom Staate anerkannten Religionsgemeinschaft hindert oder stört, begeht das Vergehen der Störung des Gottesdienstes und wird mit Gefängnis von 2 bis zu 6 Monaten bestraft.

Dieselbe Strafe trifft denjenigen, welcher eine Person an der Ausübung ihres — nicht gegen die öffentliche Ordnung oder gegen die guten Sitten verstoßenden — eigenen Gottesdienstes hindert oder sie zwingt, einen anderen auszuüben.

Die im 1. Absatz vorgesehene Strafe trifft auch denjenigen, der durch irgendwelche Druckmittel eine Person zu Religionsübungen einer Glaubensgemeinschaft oder Erfüllung von religiösen Handlungen, die mit der Religionsausübung zusammenhängen, zwingt.

Art. 309 Wer in seine Glaubensgemeinschaft eine einer anderen Glaubensgemeinschaft angehörige Person aufnimmt oder einträgt, ohne sich vorher vergewissert zu haben, daß diese die zum Übertritt aus ihrer früheren Glaubensgemeinschaft notwendigen Formalitäten erfüllt hat, begeht das Vergehen der ungesetzlichen Glaubensänderung und wird mit Gefängnis von 1 Monat bis zu 3 Monaten bestraft.

Wenn die Täter selbst Oberhaupt einer Glaubensgemeinschaft sind, kann das Gericht die Sicherheitsmaßnahme der Auflösung der Glaubens- oder Religionsgemeinschaft anordnen.

Art. 310 Wer öffentlich durch irgendein Mittel, seine Verachtung gegen eine vom Staat anerkannte Glaubensgemeinschaft oder gegen die der Ausübung des Glaubens gewidmeten oder für diese bestimmten Gegenstände zum Ausdruck bringt, begeht das Vergehen der schweren Beleidigung eines Glaubensbekenntnisses und wird mit Gefängnis von 1 Monat bis zu 6 Monaten bestraft.

Art. 311 Wer die in Art. 310 vorgesehene Tat öffentlich gegenüber einem Diener einer vom Staate anerkannten Glaubensgemeinschaft, der sich in Ausübung seines Amtes befindet, verübt, begeht das Vergehen der schweren Beleidigung eines Religionsdieners und wird mit Gefängnis von 1 Monat bis zu 6 Monaten bestraft.

Art. 312 Wer die in Art. 255 vorgesehene Tat gegen einen Diener einer vom Staat anerkannten Religion, der sich in Ausübung seines Amtes befindet, verübt, begeht das Vergehen der schweren tätlichen Beleidigung eines Religionsdieners und wird gemäß den Bestimmungen des oben erwähnten Artikels bestraft.

2. Kapitel

Vergehen gegen die den Toten gebührende Achtung

Art. 313 Wer durch irgendein Mittel eine Grabstätte, eine Urne oder ein Grabdenkmal schändet, begeht das Vergehen der Grabschändung und wird mit Gefängnis von 3 Monaten bis zu 1 Jahr bestraft.

Die gleiche Strafe trifft auch denjenigen, der durch Gewalt oder Drohung einen Leichenzug oder Trauerkult stört oder die Beerdigung oder Einäscherung eines Toten behindert.

Wer sich weigert, einen Leichnam zu bestatten oder ihn innerhalb der vom Gesetz oder von den sanitären Vorschriften festgesetzten Frist den Behörden zur Bestattung zu übergeben, wird mit Gefängnis von 2 bis zu 6 Monaten bestraft.

Art. 314 Wer auf irgendeine Weise eine schändende Handlung an einem Leichnam vornimmt, begeht das Vergehen der Leichenschändung und wird mit Gefängnis von 6 Monaten bis zu 2 Jahren bestraft.

VI. Teil

Verbrechen und Vergehen gegen die öffentliche Ruhe

1. Kapitel

Zusammenschluß zur Verübung von Verbrechen und Vergehen

Art. 315 Allein die Tatsache der Vereinigung, um Verbrechen oder Vergehen oder auch nur ein bestimmtes Verbrechen oder Vergehen gegen das Leben, die körperliche Unversehrtheit oder die Freiheit von Personen oder gegen Sachen vorzubereiten oder zu verüben, unabhängig von der Dauer des Bestehens der Vereinigung und der Mitgliederanzahl, sowie jede zu diesem Zwecke getroffene Absprache, begründet das Vergehen der Vereinigung gegen die öffentliche Ruhe und wird mit Gefängnis von 2 bis zu 6 Jahren bestraft.

Wenn die Mitglieder oder diejenigen, die die Absprache getroffen haben, die Eigenschaft öffentlicher Beamten hatten oder in irgendeiner Weise von unter Kontrolle des Staates stehenden Anstalten entlohnt worden waren, ebenso wenn die Bildung der Vereinigung oder das Zustandekommen der Absprache in einem der Religionsausübung, dem Unterricht oder der Erziehung gewidmeten Raum oder in einem Raum einer Anstalt des Staates, eines Bezirkes[39]), einer Gemeinde oder einer anderen, der Kontrolle einer dieser Obrigkeiten unterstellten Anstalt, erfolgt ist, ist die Strafe Gefängnis von 3 bis zu 8 Jahren.

Art. 316 Die in Art. 315 vorgesehenen Strafen werden auch gegen diejenigen verhängt, die sich einer im vorangehenden Artikel beschriebenen Vereinigung oder einer zu demselben Zweck getroffenen Absprache anschließen.

Art. 317 Die Anstiftung zu den oben angeführten Straftaten wird nach Art. 315 und den dort gemachten Unterscheidungen bestraft, gleich ob sie Erfolg hatte oder nicht.

Art. 318 Die in Art. 315 vorgesehenen Strafen werden auch auf diejenigen angewendet, die Belehrungen über die Fabrikation, Handhabung oder den Gebrauch von Maschinen, Waffen, Werkzeugen oder anderen Mitteln erteilen, um einer zwecks Verübung der in Art. 315 angeführten Verbrechen oder Vergehen bestehenden Vereinigung zu helfen.

Art. 319 Mit Gefängnis von 1 Jahr bis zu 5 Jahren wird derjenige bestraft, der dem Täter der in Art. 315 vorgesehenen Straftaten

[39]) Siehe Anmerkung 25.

durch Beschaffung von Werkzeugen, von Verständigungs- oder Werbemitteln, einer Unterkunft oder eines Raumes zur Verbergung der zur Verübung der in Art. 315 vorgesehenen Verbrechen oder Vergehen bestimmten Gegenstände Vorschub leistet.

2. Kapitel

Verbrechen und Vergehen des Einfalls in das Staatsgebiet

Art. 320 Allein die Tatsache der Zugehörigkeit zu einer Gruppe oder Bande, gleichgültig wieviel Mitglieder sie zählt, die die Staatsgrenzen zum Zwecke der Verübung von Verbrechen oder Vergehen oder auch nur eines bestimmten Verbrechens oder Vergehens gegen Personen oder Sachen überschreiten, begründet das Vergehen des Einfalls in das Staatsgebiet und wird mit Gefängnis von 5 bis zu 10 Jahren bestraft.

Wenn jedoch Raub oder Mord versucht oder verübt wurde, wird die Todesstrafe verhängt.

Diese Bestimmungen werden auch auf rumänische Staatsbürger und auf dem Staatsgebiet weilende Ausländer angewendet, wenn sie einer solchen Gruppe oder Bande beitreten.

Art. 321 Wer die Personen, die dieser Gruppe oder Bande angehören, beherbergt, ihnen Unterschlupf, Möglichkeit zur Zusammenkunft oder zum Entkommen bietet, begeht das Vergehen der Begünstigung des Einfalls in das Staatsgebiet und wird mit Gefängnis von 2 bis zu 5 Jahren und teilweisem Verlust der bürgerlichen Rechte von 1 Jahr bis zu 3 Jahren bestraft; wenn jedoch die Begünstigung gewohnheitsmäßig erfolgt, ist die Strafe Gefängnis von 3 bis zu 7 Jahren und teilweiser Verlust der bürgerlichen Rechte von 3 bis zu 5 Jahren.

Art. 322 Mit Gefängnis von 3 Monaten bis zu 1 Jahr wird bestraft, wer von solchen Gruppen oder Banden, von ihrem Unterschlupf oder ihrem Zusammenkunftsort Kenntnis hat, und die Behörden nicht rechtzeitig zwecks Ergreifung derselben verständigt.

3. Kapitel

Aufhetzung, Anstiftung und andere Vergehen gegen die öffentliche Ruhe

Art. 323 Wer öffentlich Kennzeichen, Abzeichen, Bilder, Uniformen, Fahnen oder Spruchbänder zur Schau stellt oder trägt, begeht, wenn dadurch der Anschluß an eine nach dem Gesetz strafbare Vereinigung oder Absprache kundgegeben oder wenn unmißverständlich die Billigung einer nach den Gesetzen strafbaren Handlung offenbart wird oder wenn sich dies als Aufhetzung, Anreiz oder Ermutigung zu einem

Aufruhr oder zur Störung der Ordnung darstellt, das Vergehen der Aufhetzung gegen die öffentliche Ruhe und wird mit Gefängnis von 2 Monaten bis zu 2 Jahren bestraft.

Die gleiche Strafe wird auch gegen denjenigen verhängt, der in der Öffentlichkeit Fahnen oder andere zur Ausbreitung des Aufruhrs oder zur Störung der öffentlichen Ruhe geeignete Kennzeichen verkauft oder auf sonstige Weise verbreitet.

Art. 324 Wer öffentlich, sei es auch unter einer Verhüllung, Uniformen, Kennzeichen, Abzeichen, Bilder oder Fahnen, die vom Gesetz oder von den Behörden nicht genehmigt sind, trägt, wird mit Gefängnis von 1 Monat bis zu 3 Monaten bestraft.

Im Falle des vorangehenden Absatzes wird Gefängnis von 2 bis zu 6 Monaten verhängt, wenn es sich um Uniformen, Kennzeichen, Abzeichen oder Fahnen eines fremden Staates oder einer ausländischen Institution oder Gesellschaft handelt.

Art. 325 Es begeht die Straftat der Verbreitung verbotener Veröffentlichungen und wird mit Gefängnis von 3 bis zu 7 Jahren bestraft, wer Schriften, Zeichnungen oder Drucksachen, die durch eine rechtskräftige richterliche Entscheidung als illegal erklärt worden sind, wiedergibt, verkauft oder verteilt.

Die gleiche Strafe wird auch gegen denjenigen verhängt, der ausländische Schriften, Zeichnungen oder Drucksachen, deren Einfuhr in das Land von den zuständigen Behörden verboten wurde, einführt, wiedergibt, verkauft oder verteilt.

Mit Gefängnis von 5 bis zu 12 Jahren wird bestraft:

a) wer Manuskripte, Skizzen oder Zeichnungen, die eine direkte Aufforderung zur Verübung einer solchen Straftat enthalten, durch die einer der in Art. 315 angeführten Zwecke erreicht werden soll, in irgendeiner Weise zum Druck oder zur Vervielfältigung gibt, selbst wenn der Druck oder die Vervielfältigung nicht ausgeführt wurden,

b) wer trotz Kenntnis des Inhaltes der obengenannten Manuskripte, Skizzen oder Zeichnungen, die obengenannten Arbeiten zur Ausführung übernommen oder ausgeführt hat,

c) wer trotz Kenntnis des Inhaltes, Briefe jeder Art, Zeitungen, Korrespondenzen, Inschriften, Zeichnungen, Plakate, Abzeichen, verbotene Drucksachen, Filme, Lichtreklamen oder dergleichen, durch die zur Verübung einer als Verbrechen oder Vergehen qualifizierten Tat aufgefordert wird, einer oder mehreren Personen zur Verbreitung in der Öffentlichkeit anvertraut, auch wenn diese Verbreitung nicht stattgefunden hat, sowie wer zum Zwecke der Verbreitung in der Öffentlichkeit diese Sachen in Empfang nimmt oder aufbewahrt.

Art. 326 Wer sich ohne Genehmigung der zuständigen Behörden militärisch organisiert, begeht das Vergehen gegen die öffentliche Ruhe und wird mit Gefängnis von 1 Jahr bis zu 3 Jahren bestraft.

Art. 327 Die Straftat der öffentlichen Aufhetzung begeht derjenige, der durch irgendein Mittel die Öffentlichkeit unmittelbar zum Ungehorsam gegen die Gesetze oder gegen die eingesetzten Obrigkeiten aufhetzt, und wird mit Gefängnis von 4 bis zu 10 Jahren bestraft; die gleiche Strafe wird auch gegen denjenigen verhängt, der zum Haß gegen eine Nation, Rasse oder Konfession aufhetzt.

Desgleichen erfüllt den Tatbestand des Vergehens der öffentlichen Aufhetzung die bloße Tatsache, daß die Öffentlichkeit durch irgendein Mittel unmittelbar zur Verübung eines Verbrechens oder Vergehens aufgefordert wird; im Falle der Aufforderung zur Verübung eines Verbrechens wird die Tat mit Gefängnis von 4 bis zu 10 Jahren, im Falle der Aufforderung zur Verübung eines Vergehens dagegen mit Gefängnis von 1 Jahr bis zu 5 Jahren bestraft. Wenn die Aufforderung sich auf politische Straftaten bezieht, ist die Strafe einfache Haft im gleichen Ausmaß.

Art. 327bis Wer in Wort, Schrift oder durch andere Mittel der Kundgebung in irgendeiner Weise die Ehre oder das Ansehen von Mitbürgern anderer Nationalität oder einer Person aus rassischen oder sprachlichen, Glaubens- oder Religionserwägungen verletzt, begeht das Vergehen der Beleidigung der Rasse und wird mit Gefängnis von 1 Jahr bis zu 3 Jahren und teilweisem Verlust der bürgerl. Rechte von 6 Monaten bis zu 2 Jahren bestraft.

Ebenso wird derjenige bestraft, der bei Einstellung in öffentliche oder private Dienste oder bei der Ausübung solcher Dienste oder unter anderen, wie immer gearteten Umständen, wegen der Rasse, der Sprache, der Religion oder der Nationalität Unterschiede in der Behandlung macht oder zu einer solchen Behandlung beiträgt.

Art. 328 Wer öffentlich oder durch irgendwelche Mittel Handlungen, welche Verbrechen oder Vergehen darstellen, billigt oder die Täter, Anstifter oder Gehilfen lobt, begeht das Vergehen der Billigung von Straftaten und wird mit Gefängnis von 2 Monaten bis zu 1 Jahr bestraft.

Dieselbe Strafe trifft denjenigen, welcher eine öffentliche Sammlung zur Bezahlung der Kosten, Entschädigungen oder Geldstrafen für Verurteilte oder zu deren Unterstützung einleitet.

Art. 329 Jegliche Veröffentlichung, Vervielfältigung oder Verbreitung von falschen Nachrichten, von erfundenen, gefälschten oder zu Unrecht anderen zugeschriebenen Dokumenten, begründet, wenn derartige Nachrichten und Handlungen geeignet sind, die öffentliche Ruhe zu stören, die Straftat der Verbreitung falscher Nachrichten und wird mit Gefängnis von 1 bis zu 5 Jahren bestraft.

Art. 330 Wenn Gruppen oder Versammlungen, sei es, daß sie irgendeiner Vereinigung angehören oder nicht, Gewaltakte gegen Personen oder Gegenstände begehen, um dadurch Haß oder Feindseligkeit gegen eine Nationalität oder Konfession zu bekunden, begehen sie das Vergehen der Gewalttätigkeit gegen die demokratische Ordnung; die Anstifter und Rädelsführer werden mit Gefängnis von 1 Jahr bis zu 2 Jahren, die anderen Teilnehmer mit Gefängnis von 6 Monaten bis zu 1 Jahr bestraft, sofern sie sich nicht einer schwereren Straftat schuldig gemacht haben.

Art. 331 Wenn die Teilnehmer von Versammlungen oder Gruppen, die die öffentliche Ruhe stören, nach dreimaliger Aufforderung durch die zuständige behördliche Stelle nicht auseinander gehen, und sie an Ort und Stelle ergriffen werden, begehen sie das Vergehen des Widerstandes gegen die Obrigkeit und werden mit einfacher Haft von 1 Monat bis zu 1 Jahr, die Anstifter und Rädelsführer mit einfacher Haft von 6 Monaten bis zu 2 Jahren bestraft.

Die Teilnehmer, die Waffen tragen, werden mit einfacher Haft von 1 Jahr bis zu 2 Jahren bestraft. Wenn gelegentlich einer Menschenansammlung, die die öffentliche Ruhe stört, unter dem Einfluß der aufgeregten Menge Verbrechen oder Vergehen begangen wurden, werden die Täter, Anstifter und Gehilfen, die erkannt wurden, gemäß der für diese Straftat geltenden Bestimmungen bestraft.

Diejenigen, welche zu der aufgeregten Menge gehört haben, und die am Tatort oder in dessen unmittelbarer Nähe ergriffen wurden, sind, wenn die für die betreffende Straftat vom Gesetz vorgesehene Strafe nicht geringer ist, im Falle eines Verbrechens mit Gefängnis von 3 Monaten bis zu 1 Jahr, und im Falle eines Vergehens, mit Gefängnis von 1 Monat bis zu 3 Monaten zu bestrafen.

Art. 332 Wenn eine Gruppe von Menschen auf der Straße, auf einem Platz oder einem sonstigen allgemein zugänglichen Ort Gewalttaten gegen Personen oder Sachen verübt, wird jede Einzelperson der Gruppe mit Gefängnis von 6 Monaten bis zu 2 Jahren bestraft, sofern nicht Straftaten, die vom Gesetz mit höheren Strafen belegt worden, begangen wurden.

Art. 333 aufgehoben.

Art. 334 aufgehoben.

Art. 335 Wer heimlich Waffen, Munition jeglicher Art, Höllenmaschinen, tödliche oder feuergefährliche Explosivstoffe erzeugt, sammelt, befördert oder verwahrt, um sie selbst zu verwenden oder um sie anderen Tätern zur Verübung von Verbrechen oder Vergehen zur Verfügung zu stellen, begeht das Vergehen der Vorschubleistung zur Verübung von Straftaten gegen die öffentliche Ruhe und wird mit Gefängnis von 1 Jahr bis zu 5 Jahren bestraft, sofern nicht Straftaten, die vom Gesetz mit höheren Strafen belegt werden, begangen wurden.

Art. 336 Wenn die in diesem Kapitel vorgesehenen Straftaten von einem öffentlichen Beamten verübt werden, sind die vom Gesetz für diese Straftaten vorgesehenen Strafen mit einer Erhöhung bis um weitere 2 Jahre zu verhängen.

4. Kapitel
Gemeinsame Bestimmungen zu den Kapiteln I, II und III des vorliegenden Teiles

Art. 337 Wer von einer der in Art. 315, 316, 317, 318, 319, 326 und 335 vorgesehenen Straftaten Kenntnis hat und es unterläßt, dies vor ihrer Entdeckung oder vor Beginn ihrer Ausführung anzuzeigen, wird mit Gefängnis von 2 Monaten bis zu 1 Jahr bestraft.

Nicht bestraft werden diejenigen, welche noch vor irgendeiner Verfolgung die zuständigen Behörden von der Straftat in Kenntnis gesetzt, oder welche, selbst nach Entdeckung der Schuldigen oder nach Einleitung der Ermittlungen, die Verhaftung der Schuldigen erleichtert haben.

5. Kapitel
Straftaten durch soziales Parasitentum

Art. 338 Wer, obwohl er arbeitsfähig ist, gewohnheitsmäßig das öffentliche Mitleid anruft und materielle Unterstützungen fordert, begeht das Vergehen der Bettelei und wird mit Gefängnis von 6 Monaten bis zu 4 Jahren bestraft.

Art. 339 Wer keinen ständigen Wohnsitz hat und auch nicht die Mittel zu seinem Lebensunterhalt besitzt und, obgleich arbeitsfähig, nicht in üblicher Weise ein Handwerk oder einen Beruf ausübt oder sich in keiner Weise um Arbeit zur Beschaffung der Mittel für den Unterhalt bemüht, begeht das Vergehen der Landstreicherei und wird mit Gefängnis von 6 Monaten bis zu 4 Jahren bestraft.

Art. 340 Die Anstiftung, Beihilfe oder Förderung bei Verübung der in diesem Kapitel vorgesehenen Straftaten, wird wie die Tat selbst bestraft.

Art. 341 Im Falle der Zubilligung von Milderungsumständen kann das Gericht für die in Art. 338, 339 und 340 vorgesehenen Straftaten Gefängnis unter dem im einzelnen vorgesehenen Mindestmaß, jedoch nicht unter 3 Monaten und für Minderjährige nicht unter 1 Monat, verhängen.

Art. 342 aufgehoben.

Art. 343 aufgehoben.

Art. 344 aufgehoben.
Art. 345 aufgehoben.
Art. 346 aufgehoben.
Art. 347 aufgehoben.
Art. 348 aufgehoben.

6. Kapitel

Durch Religionsdiener begangene Vergehen gegen die öffentliche Ruhe

Art. 349 Ein Priester, Mönch oder Prediger eines Glaubensbekenntnisses, der in Versammlungen der Gläubigen oder beim Gottesdienst durch eine Ansprache den Gläubigen seelische Strafen androht, wenn sie sich der Obrigkeit und den Gesetzen unterwerfen, oder ihnen geistliche Vergünstigungen gewährt oder verspricht, wenn sie sich nicht unterwerfen, oder welcher die Gemeindemitglieder durch einen einzeln oder in Gruppen abgenommenen Eid verpflichtet, einer politischen Richtung zu folgen, begeht das Vergehen des Mißbrauchs der geistlichen Gewalt und wird, wenn die Verleitung ohne Erfolg war, mit Gefängnis von 6 Monaten bis zu 2 Jahren, wenn aber die Verleitung zum Widerstand geführt hat, mit Gefängnis von 1 Jahr bis zu 2 Jahren bestraft.

Wenn dieser Widerstand zu einem Aufruhr geführt hat, der gegen einen oder mehrere der Schuldigen die Anwendung einer strengeren Strafe rechtfertigt, wird der Religionsdiener mit eben dieser Strafe bestraft.

Art. 350 Die in Art. 349 vorgesehene Strafe trifft den Religionsdiener auch, wenn das oben angeführte Vergehen schriftlich, in Form von Hirtenbriefen oder durch Verbreitung von Rundschreiben verübt wurde.

Art. 351 Der Religionsdiener, der auf die im vorangehenden Artikel angegebene Weise wirbt, um den Haß einer vom Staat anerkannten Nationalität oder Konfession gegen eine andere hervorzurufen, begeht das Vergehen der konfessionellen Verhetzung und wird mit Gefängnis von 6 Monaten bis zu 2 Jahren bestraft.

VII. Teil

Verbrechen und Vergehen gegen die öffentliche Sicherheit

1. Kapitel

Gemeingefährliche Verbrechen und Vergehen durch Verwendung von Explosivstoffen und durch Zerstörung

Art. 352 Wer, um eine öffentliche Gefahr hervorzurufen, Bomben wirft oder Explosivstoffe, ätzende, Erstickungs- oder Entzündungsgase oder -flüssigkeiten gebraucht, begeht das Vergehen des Herbeiführens einer öffentlichen Gefahr und wird mit Gefängnis von 3 bis zu 7 Jahren und teilweisem Verlust der bürgerlichen Rechte von 2 bis zu 5 Jahren bestraft.

Es begeht das gleiche Vergehen und wird in gleicher Weise bestraft, wer, um eine öffentliche Gefahr hervorzurufen, Gebäude, Häuser oder irgendwelche andere Baulichkeiten ganz oder zum Teil zerstört oder vernichtet.

Wenn die Tat an einem öffentlichen oder dem öffentlichen Gebrauch dienenden Gebäude, an einem Denkmal, einem öffentlichen Standbild, einem Friedhof, einer Werkstätte, einem Schiff oder einem Flugzeug begangen wurde, ist die Strafe Gefängnis von 5 bis zu 10 Jahren und teilweiser Verlust der bürgerl. Rechte von 3 bis zu 5 Jahren.

Die Straftat wird als Verbrechen des Herbeiführens einer öffentlichen Gefahr bestraft:

1. mit lebenslänglicher Zwangsarbeit, wenn der Tod eines Menschen verursacht wurde,
2. mit schwerem Kerker von 5 bis zu 10 Jahren und Verlust der bürgerl. Rechte von 3 bis zu 5 Jahren, wenn eine schwere Schädigung der Gesundheit oder der körperlichen Unversehrtheit eines Menschen verursacht wurde.

2. Kapitel
Brandstiftung

Art. 353 Es begeht das Vergehen der Brandstiftung und wird mit Gefängnis von 2 bis zu 8 Jahren und teilweisem Verlust der bürgerl. Rechte von 2 bis zu 5 Jahren bestraft, wer ein Haus, einen Bau, eine Werkstatt, eine Fabrik, eine Mühle, einen Wald, einen öffentlichen Garten, ein Gebäude, einen Flughafen, ein Lager, eine Brücke, eine Parkanlage, ein Warenlager oder eine Niederlage, geerntete oder ungeerntete Bodenerzeugnisse, geschnittene oder ungeschnittene Holzvorräte in Stapeln oder Niederlagen oder sonstige Gegenstände in Brand setzt.

Wenn die Brandstiftung eine öffentliche Gefahr hervorruft, wird eine Strafe von 3 bis zu 12 Jahren und teilweiser Verlust der bürgerl. Rechte von 2 bis zu 6 Jahren verhängt.

Die obigen Bestimmungen sind auch dann anzuwenden, wenn die in Brand gesetzten Sachen im Eigentum des Brandstifters stehen, sofern der Brand eine öffentliche Gefahr hervorruft.

Art. 354 Eine Strafe von 4 bis zu 10 Jahren Gefängnis und teilweiser Verlust der bürgerl. Rechte von 2 bis zu 6 Jahren ist zu verhängen:

1. wenn der Brand an Häusern oder Gebäuden, die Wohnzwecken dienen, gelegt wird,

2. wenn der Brand an ein Museum, ein öffentliches oder für den öffentlichen Gebrauch bestimmtes Gebäude, an eine Kirche, an öffentliche Archive, an Speicher oder Fabriken oder an eine Niederlage von feuergefährlichen Stoffen oder Sprengstoffen gelegt wird.

Eine Strafe von 5 bis zu 12 Jahren Gefängnis und teilweiser Verlust der bürgerl. Rechte von 2 bis zu 6 Jahren ist zu verhängen, wenn der Brand an den im vorangehenden Absatz vorgesehenen Gebäuden zu einer Zeit gelegt wird, da sich in demselben eine oder mehrere Personen aufhielten.

Art. 355 Die Brandstiftung begründet ein Verbrechen und wird mit Zwangsarbeit von 10 bis zu 15 Jahren und Verlust der bürgerl. Rechte von 5 bis zu 10 Jahren bestraft:

1. wenn infolge des Brandes eine Person, die sich zur Zeit der Brandstiftung in der in Brand gesetzten Räumlichkeit oder in einer Räumlichkeit, auf die sich der Brand ausgedehnt hat, aufgehalten hat, ums Leben gekommen ist, und wenn der Brandstifter voraussehen konnte, daß sich jemand dort aufhält,
2. wenn die gleiche Person zu gleicher Zeit oder kurz aufeinanderfolgend mehrere Brandstiftungen begangen hat oder wenn die Brandstiftung im Einvernehmen mit mehreren Personen begangen wird.

Art. 356 Die Strafe besteht in Zwangsarbeit von 15 bis zu 25 Jahren und Verlust der bürgerl. Rechte von 5 bis zu 10 Jahren, wenn der Brandstifter wußte, daß an dem in Brand gesetzten Ort sich die Person, die ums Leben kam, aufhielt, sofern die Tat nicht eine schwerere Straftat darstellt.

Art. 357 Wer aus Unvorsichtigkeit oder Nachlässigkeit eine der in den Art. 353 und 354 genannten Sachen, die anderen gehören, in Brand setzt, begeht das Vergehen der unbeabsichtigten Brandstiftung und wird mit Gefängnis von 1 Monat bis zu 3 Monaten, wenn aber dadurch eine Schädigung der Gesundheit oder körperlichen Unversehrtheit oder der Tod eines Menschen erfolgt ist, bei einer Schädigung der Gesundheit oder der körperlichen Unversehrtheit mit Gefängnis von 3 Monaten bis zu 1 Jahr und, wenn der Tod eines Menschen verursacht wurde, mit Gefängnis von 1 Jahr bis zu 3 Jahren bestraft.

Art. 358 Der Versuch der in diesem Kapitel erwähnten Vergehen, mit Ausnahme der im vorangehenden Artikel vorgesehenen, wird bestraft.

Wenn die Tat nur in der Vorbereitung zur Brandstiftung besteht, durch Anlegen von feuergefährlichen oder solchen Stoffen, die geeignet sind, einen Brand zu verursachen oder weiterzuleiten, an einem Ort, an welchem der Brand ausbrechen sollte, oder im Umkreis des in Brand zu setzenden Gegenstandes, ist eine Strafe von 1 Monat bis zu 6 Monaten Gefängnis zu verhängen.

3. Kapitel
Verbrechen und Vergehen gegen die Sicherheit der Beförderungs- und Nachrichtenmittel

Art. 359 aufgehoben.
Art. 360 aufgehoben.
Art. 361 aufgehoben.
Art. 362 aufgehoben.
Art. 363 aufgehoben.
Art. 364 aufgehoben.

Art. 365 Wer eine staatliche oder private Telegraphen-, Telephon- oder Radioanlage ganz oder teilweise beschädigt oder vernichtet, begeht, wenn dies eine öffentliche Gefahr verursachen kann, das Vergehen der öffentlichen Gefährdung durch Beschädigung von Nachrichtenmitteln und wird mit Gefängnis von 1 Jahr bis zu 5 Jahren und teilweisem Verlust der bürgerl. Rechte von 1 Jahr bis zu 2 Jahren bestraft.

Desselben Vergehens macht sich auch schuldig, wer falsche Gefahrensendungen oder -anrufe in Umlauf setzt oder den Betrieb der oben angeführten Anlagen behindert, wenn dies eine öffentliche Gefahr herbeiführen kann. Der Versuch wird bestraft.

Art. 366 Wenn die in Art. 365 vorgesehenen Taten Unheil oder eine Katastrophe für die Öffentlichkeit verursachen, wird das Vergehen der öffentlichen Gefährdung durch Beschädigung von Nachrichtenmitteln begründet, welches mit Gefängnis von 5 bis zu 10 Jahren und teilweisem Verlust der bürgerlichen Rechte von 3 bis zu 5 Jahren, wenn aber eine der in Art. 472, 473, 474 und 475 vorgesehenen Folgen eingetreten ist, mit Gefängnis von 7 bis zu 10 Jahren und teilweisem Verlust der bürgerl. Rechte von 3 bis zu 5 Jahren zu bestrafen ist.

Art. 367 Wenn die in den Artikeln 365 und 366 vorgesehenen Taten ohne Absicht verübt wurden, besteht die Strafe im Falle des Art. 365 in Gefängnis von 1 Monat bis zu 3 Monaten, im Falle des Art. 366 in Gefängnis von 3 Monaten bis zu 1 Jahr, wenn aber eine der in Art. 472, 473 und 475 vorgesehenen Folgen eingetreten ist, in Gefängnis von 1 Jahr bis zu 3 Jahren.

Art. 368 Wenn die in Art. 365, 366 und 367 vorgesehenen Taten von einem Beamten oder einem Angehörigen des Telegraphen-, Telephon- oder Radiopersonals begangen wurde, ist die Strafe die in den obenerwähnten Artikeln vorgesehene, nach den dort aufgezeigten Unterscheidungen, mit einer Erhöhung bis um ein weiteres Jahr.

3. Kapitel bis

Vergehen gegen den Arbeitsschutz

Art. 368¹ Die Nichtbefolgung der gesetzlichen Vorschriften zum Schutze der Arbeit und technischen Sicherheit, wird mit Gefängnis von 1 Monat bis zu 6 Monaten oder mit einer Geldstrafe von 100 bis 500 Lei bestraft.

Wenn die im vorangehenden Absatz vorgesehene Tat in gleicher Weise und gleichzeitig gegen eine Gruppe von mindestens 3 Arbeitern, auf die sich die Tat gleichermaßen ausgewirkt hat, begangen wurde, ist die Strafe Gefängnis von 3 Monaten bis zu 1 Jahr.

Wer einem Arbeiter durch Nichtbefolgung der gesetzlichen Vorschriften zum Schutze der Arbeit und der technischen Sicherheit solche Arbeitsbedingungen schafft, daß dieser die Arbeitsfähigkeit verliert oder verlieren könnte, wird mit Gefängnis von 6 Monaten bis zu 2 Jahren oder mit einer Geldstrafe von 100 bis 500 Lei bestraft.

Art. 368² Die Nichtbefolgung der die technische Sicherheit betreffenden gesetzlichen Vorschriften an besonders gefährlichen Arbeitsplätzen, wird mit Gefängnis von 6 Monaten bis zu 2 Jahren bestraft.

Wenn durch die Verübung der im vorangehenden Absatz vorgesehenen Tat eine Explosion erfolgte, ein Brand hervorgerufen oder eine ähnliche Lage geschaffen wurde, die schwere Folgen hatte oder hätte haben können, ist die Strafe Gefängnis von 2 bis zu 7 Jahren.

Art. 368³ Die ungerechtfertigte Weigerung, die von den zuständigen Stellen zugewiesenen Personen zur Arbeit einzustellen, wird mit Gefängnis von 1 Monat bis zu 6 Monaten oder mit Geldstrafe von 50 bis 300 Lei bestraft.

Art. 368⁴ Die Herabsetzung der Löhne für Frauen wegen Schwangerschaft oder Mutterschaft oder die Weigerung, sie aus demselben Grunde zur Arbeit einzustellen, wird mit Gefängnis von 3 Monaten bis zu 1 Jahr oder Geldstrafe von 100 bis 500 Lei bestraft.

4. Kapitel

Andere Vergehen gegen die öffentliche Sicherheit

Art. 369 Wer eine elektrische Leitung oder Gasleitung, gleichgültig ob sie staatlich oder privat ist, die der Beleuchtung, Beheizung oder industriellen Zwecken dient, ganz oder teilweise beschädigt oder vernichtet, begeht, wenn dies eine öffentliche Gefährdung hervorrufen kann, das Vergehen der öffentlichen Gefährdung durch Beschädigung von Kraftanlagen und wird mit Gefängnis von 1 Jahr bis zu 5 Jahren und teilweisem Verlust der bürgerl. Rechte von 1 Jahr bis zu 2 Jahren bestraft.

Die Bestimmungen der Art. 366, 367 und 368 finden auch auf die im vorstehenden Artikel vorgesehenen Straftaten Anwendung.

Art. 369bis Wer aus mangelnder Voraussicht, Unachtsamkeit oder Nichtbeachtung der Gesetze oder Verordnungen ganz oder zum Teil die Vernichtung von Bergwerksanlagen, von Erdöl- oder Gasleitungen oder von anderen ähnlichen Anlagen verursacht, wird mit Gefängnis von 1 Monat bis zu 3 Monaten bestraft; wenn dadurch eine Schädigung der Gesundheit oder körperlichen Unversehrtheit oder der Tod eines Menschen verursacht wurde, ist die Strafe Gefängnis von 1 Jahr bis zu 3 Jahren.

Art. 370 Wer einen Deich, ein Wehr, einen Damm, einen Kanal oder andere, als Schutz gegen Wasser, Lawinen, Überflutungen oder Erdrutsche bestimmte Anlagen ganz oder teilweise beschädigt, öffnet oder zerstört, begeht, wenn dadurch die Gefahr einer Überschwemmung, eines Erdrutsches oder eine andere Gefahr herbeigeführt werden kann, das Vergehen der öffentlichen Gefährdung durch Überschwemmung oder Erdrutsch und wird mit Gefängnis von 1 Jahr bis zu 5 Jahren und teilweisem Verlust der bürgerlichen Rechte von 1 bis zu 2 Jahren bestraft.

Die Bestimmungen der Art. 366, 367 und 368 werden auch auf die im vorliegenden Artikel vorgesehenen Taten angewendet.

Der Versuch wird bestraft.

Art. 371 Wer gelegentlich einer Feuersbrunst oder eines Schiffbruchs, einer Überschwemmung, eines Verkehrsunfalls oder eines anderen öffentlichen Unglücksfalls oder einer Katastrophe die Materialien, Apparate oder Abwehr-, Hilfs- und Rettungsmittel entzieht, verbirgt oder unbrauchbar macht oder solche Vorkehrungen verhindert oder vereitelt, begeht das Vergehen der Verhinderung der Rettung in Unglücksfällen und wird mit Gefängnis von 3 bis zu 8 Jahren und teilweisem Verlust der bürgerl. Rechte von 1 Jahr bis zu 5 Jahren bestraft.

Der Versuch ist strafbar.

Art. 372 Wer eine Wasserstelle, eine Quelle, eine Wasserleitung, einen Brunnen, eine Trinkwasserzuleitung oder einen Trinkwasserbehälter vergiftet, begeht das Vergehen der Vergiftung von Wasser und wird mit Gefängnis von 5 bis zu 10 Jahren und teilweisem Verlust der bürgerl. Rechte von 3 bis zu 5 Jahren bestraft.

Wer Wasser, das für Menschen nicht trinkbar ist, aber als Tränke für Tiere dient, vergiftet, wird mit Gefängnis von 1 Jahr bis zu 2 Jahren bestraft.

Wenn infolge der oben angeführten Taten der Tod eines oder mehrerer Menschen eingetreten ist, ist die in Art. 463 oder in Art. 464 Punkt 8 vorgesehene Strafe zu verhängen, wenn aber die Verendung eines Tieres verursacht wurde, ist Gefängnis von 1 Jahr bis zu 3 Jahren zu verhängen[40]).

Der Versuch ist strafbar.

Art. 372[1] Wer ohne gesetzliche Berechtigung Neuanlagen von äußeren oder inneren Einrichtungen zum Gebrauch natürlicher Heizgase, elektrischer Energie oder Wärmeenergie (Zentralheizungen) oder Änderungen oder Erweiterungen bestehender Anlagen ausführt, wird mit Gefängnis von 1 Monat bis zu 2 Jahren bestraft.

Dieselbe Strafe wird auch gegen diejenigen verhängt, die als Leiter oder Angestellte einer Anstalt, Organisation oder eines staatlichen Unternehmens oder einer Genossenschaft ohne gesetzliche Genehmigung die Ausführung der oben erwähnten Arbeiten oder die Ausführung derselben durch hierzu nicht befähigte Personen oder Unternehmungen verfügt.

Die Bestimmungen des Art. 536[3] sind anwendbar, jedoch darf die vom Gesetz vorgesehene Strafe nicht geringer als die im 1. Absatz vorgesehene Strafe sein.

Wer verlangt, daß ihm solche Arbeiten ohne Vorliegen einer gesetzlichen Genehmigung ausgeführt werden, wird mit Geldstrafe von 100 bis zu 1000 Lei bestraft.

5. Kapitel

Gemeinsame Bestimmungen zu den Kapiteln 1, 2, 3 und 4

Art. 373 Wenn eine in den vorangehenden Kapiteln vorgesehene Straftat zu dem in Art. 209 erwähnten Zweck verübt wird, ist das Höchstmaß der für diese Straftat vorgesehenen Strafe zu verhängen.

VIII. Teil

Vergehen gegen das öffentliche Gesundheitswesen

1. Kapitel

Verbreitung von Epidemien und anderen ansteckenden Krankheiten

Art. 374 Wer keimträgerhaltige Kulturen oder Erzeugnisse verwahrt, bereitet oder verbreitet, um bei Menschen oder Tieren Krankheiten zu verursachen, begeht das Vergehen der Verursachung von Epidemien und wird mit Gefängnis von 5 bis zu 10 Jahren und teilweisem Verlust der bürgerl. Rechte von 2 bis zu 6 Jahren bestraft.

Wenn infolge dieser Tat der Tod eines oder mehrerer Menschen eingetreten ist, ist die Strafe lebenslängliche Zwangsarbeit.

---

[40]) „. . . ist die in Art. 463 oder in Art. 464 Punkt 8 vorgesehene Strafe zu verhängen . . .“ Punkt 8 des Art. 464 ist in der Fassung des StGB von 1961 nicht mehr enthalten.

Art. 375 Wer den von den Behörden verfügten Maßnahmen zur Verhütung oder Eindämmung ansteckender Krankheiten zuwiderhandelt, begeht das Vergehen der Verbreitung ansteckender Krankheiten und wird mit Gefängnis von 2 bis zu 6 Monaten bestraft.

Wenn infolge dieser Tat ein Mensch erkrankt ist, ist die Strafe Gefängnis von 6 Monaten bis zu 2 Jahren;

wenn jedoch der Tod eines oder mehrerer Menschen erfolgte, ist die Strafe Gefängnis von 3 bis zu 5 Jahren.

Art. 376 Die Übertragung einer Geschlechtskrankheit durch eine Person, die weiß, daß sie an dieser Krankheit leidet, auf eine andere Person durch Geschlechtsverkehr oder auf irgendeine andere Weise, begründet das Vergehen der Übertragung einer Geschlechtskrankheit und wird mit Gefängnis von 1 Jahr bis zu 3 Jahren bestraft.

Wer in Kenntnis des Umstandes, daß er an einer Geschlechtskrankheit leidet, durch Geschlechtsverkehr eine andere Person der Gefahr aussetzt, mit dieser Krankheit angesteckt zu werden, wird mit Gefängnis von 3 Monaten bis zu 1 Jahr bestraft.

Art. 377 Mit Gefängnis von 3 Monaten bis zu 1 Jahr wird bestraft, wer an einer Geschlechtskrankheit leidet und

a) sich weigert, den zuständigen Stellen die Person bekanntzugeben, bei der er sich angesteckt hat,
b) sich weigert, den zuständigen Stellen die Personen seines Familienkreises oder andere Personen zu nennen, die er hätte anstecken können,
c) ungenaue Angaben bezüglich der unter a) und b) angeführten Personen macht.

Art. 377[1] Mit Gefängnis von 6 Monaten bis zu 2 Jahren wird bestraft:

a) die Nichtbefolgung der gesetzlichen Vorschriften zur Meldung der klinischen Arten der Geschlechtskrankheiten,
b) wer an einer Geschlechtskrankheit leidet und sich nicht vom Zeitpunkt, da er von seiner Erkrankung Kenntnis erhält, bis zur vollkommenen Ausheilung einer regelmäßigen ärztlichen Behandlung unterzieht,
c) die Behandlung von Geschlechtskranken, für die das Gesetz eine Zwangsinternierung vorsieht, außerhalb von Krankenhäusern sowie das Umgehen der Zwangseinweisung ins Krankenhaus.

Art. 378 Wer den von den Behörden zur Verhütung oder Eindämmung ansteckender Krankheiten bei Tieren oder Pflanzen oder zur Bekämpfung von Schmarotzern oder pflanzlichen oder tierischen Schädlingen der Saaten, Pflanzungen, Weingärten oder Wälder vorgeschriebenen Maßnahmen zuwiderhandelt, begeht das Vergehen der Verursachung von ansteckenden Krankheiten bei Tieren und Pflanzen und wird mit Gefängnis von 1 Monat bis zu 3 Monaten bestraft.

Wenn dadurch ein Tier erkrankt ist oder die Saat, die Pflanzung, der Weingarten oder der Wald eines anderen angesteckt wurde, besteht die Strafe in Gefängnis von 3 Monaten bis zu 6 Monaten.

2. Kapitel
Das Verändern oder Fälschen von Lebens- und Heilmitteln. Handel mit Rauschgiften

Art. 379 Wer in Nahrungsmittel oder Getränke, die zum öffentlichen Verbrauch bestimmt sind, gesundheitsschädliche Stoffe mischt oder mischen läßt, oder sie in irgendeiner Weise fälscht und sie auf diese Weise gesundheitsgefährdend macht, ebenso wer in seinem Laden oder irgendeiner anderen Verkaufsstelle oder Niederlage solche verfälschte oder gefälschte Lebensmittel oder Getränke aufbewahrt, begeht das Vergehen der Verfälschung oder Fälschung von Nahrungsmitteln und wird mit Gefängnis von 6 Monaten bis zu 3 Jahren und teilweisem Verlust der bürgerlichen Rechte von 1 Jahr bis zu 2 Jahren bestraft.

Wenn diese Tat an anderen zum Handel bestimmten Sachen oder Stoffen begangen wird und gesundheitsgefährdend ist, ist die Strafe Gefängnis von 6 Monaten bis zu 2 Jahren und teilweiser Verlust der bürgerlichen Rechte von 1 Jahr bis zu 2 Jahren. Der Zusatz von oder der Ersatz durch fremde Stoffe bei Heilmitteln, wird nach den in Abs. 1 vorgesehenen Bestimmungen bestraft.

Art. 380 Wer Lebensmittel, Getränke, Substanzen und andere Gegenstände von der in Art. 379 beschriebenen Beschaffenheit dem Verbrauch zuführt, begeht das Vergehen des Verkaufs von gefälschten oder verfälschten Stoffen und wird mit Gefängnis von 6 Monaten bis zu 2 Jahren und teilweisem Verlust der bürgerlichen Rechte von 1 Jahr bis zu 2 Jahren bestraft.

Art. 381 Wer mit oder ohne Genehmigung Handel mit medizinischen Stoffen oder Drogen betreibt, die nach Beschaffenheit oder Menge nicht den ärztlichen Vorschriften entsprechen oder anders sind als erfordert oder vereinbart, begeht, wenn dadurch eine Gefahr für die Gesundheit hätte verursacht werden können, das Vergehen des Verkaufs von gesundheitsgefährdenden Heilmitteln und wird mit Gefängnis von 2 Monaten bis zu einem Jahr bestraft.

Art. 382 Die unberechtigte Herstellung, Bestellung, der unberechtigte Besitz und Verkauf von Rauschgift- oder Gifterzeugnissen oder Giftstoffen, ebenso das Züchten zu Industriezwecken von Pflanzen, die derartige Stoffe enthalten, wird mit Gefängnis von 1 Jahr bis zu 5 Jahren bestraft.

Mit derselben Strafe wird eine ohne begründete Notwendigkeit erfolgte ärztliche Verordnung von rauschgifthaltigen Erzeugnissen oder Stoffen, sowie die Beschaffung oder die Duldung des Genusses solcher Erzeugnisse oder Stoffe bestraft.

Art. 382[1] Die Nichtbeachtung der gesetzlichen Vorschriften bezüglich der Eintragung, Verwahrung, Handhabung oder des Umlaufs von rauschgifthaltigen oder giftigen Erzeugnissen oder Stoffen, wird mit Gefängnis von 3 Monaten bis zu 3 Jahren bestraft.

Art. 382[2] Welche Erzeugnisse oder Stoffe als rauschgifthaltig oder giftig anzusehen sind, wird vom Gesundheitsministerium festgestellt.

3. Kapitel

Gemeinsame Bestimmungen zu den Kapiteln I und II

Art. 383 Wenn die in den Art. 379, 380, 381 und 382 vorgesehenen Straftaten eine schwere Schädigung der Gesundheit oder der körperlichen Unversehrtheit eines Menschen herbeiführen, ist die Strafe Gefängnis von 3 bis zu 5 Jahren und teilweiser Verlust der bürgerlichen Rechte von 1 Jahr bis zu 3 Jahren, wenn sie jedoch den Tod verursacht haben, ist die Strafe Gefängnis von 5 bis zu 10 Jahren und teilweiser Verlust der bürgerlichen Rechte von 3 bis zu 5 Jahren.

Art. 384 Wenn die in den Artikeln 374, 375, 379, 380, 381 und 382, 4. Absatz vorgesehenen Taten ohne Absicht begangen wurden, ist die Strafe Gefängnis von 1 Monat bis zu 3 Monaten, wenn jedoch eine der in den Artikeln 472 und 473 vorgesehenen Schädigungen verursacht wurde, ist die Strafe Gefängnis von 3 Monaten bis zu 1 Jahr, falls jedoch der Tod eingetreten ist, wird die in Art. 467 vorgesehene Strafe verhängt.

IX. Teil

Verbrechen und Vergehen gegen die öffentlichen Interessen

1. Kapitel

Fälschung von Münzen, öffentlichen Krediturkunden, Marken, Stempelmarken, Stempelpapieren, Siegeln oder Stempeln zur Beglaubigung, Bescheinigung oder Anerkennung

1. Abschnitt

Münzfälschung

Art. 385 Die Fälschung, die Verbringung in das Staatsgebiet und die Annahme von gefälschten Münzen, vom Staate ausgegebenen Noten der Bank der Rumänischen Volksrepublik, der Staatsbank, Schatzscheinen, Wertpapieren oder Wertgegenständen, um diese in Verkehr zu bringen oder der Umsatz derselben, wird mit Zwangsarbeit von 5 bis zu 25 Jahren und totaler oder teilweiser Vermögenseinziehung bestraft.

Wenn diese Taten eine bedeutende Schädigung der Finanzplanung verursacht haben oder hätten verursachen können, werden sie mit dem Tode und der totalen Vermögenseinziehung bestraft.

Die Herstellung oder der Besitz von Werkzeugen oder Material zur Fälschung von Münzen, der vom Staate ausgegebenen Noten der Bank der Rumänischen Volksrepublik, der Staatsbank, von Schatzscheinen, Wertpapieren oder Wertgegenständen, wird mit den in den vorangehenden Absätzen vorgesehenen Strafen und den dortigen Unterscheidungen bestraft.

Art. 386 aufgehoben.

Art. 387 aufgehoben.

Art. 388 aufgehoben.

Art. 389 Wer Falschgeld im Glauben, daß es echt ist, entgegennimmt und nach erkannter Unechtheit in Umlauf setzt, begeht das Vergehen des Gebrauchs von Falschgeld und wird mit Geldstrafe von 5 bis zu 500 Lei bestraft.

Art. 390 Unter „Münze" versteht man Hartgeld oder Papiergeld in- oder ausländischer Herkunft sowie in- und ausländische Bankwertpapiere, die gesetzlichen Kurs oder Handelskurs im In- und Ausland haben.

2. Abschnitt

Fälschung von öffentlichen Krediturkunden, Marken, Stempelmarken und Stempelpapieren

Art. 391 Bei der Anwendung des Strafgesetzes werden dem Geld die vom Staat, Bezirk[41]) oder von der Gemeinde und von den vom Staat überwachten Kreditanstalten ausgegebenen in- oder ausländischen Wertpapiere gleichgestellt.

Art. 392 Die in den Artikeln 385, 386, 387, 388 und 389 vorgesehenen Bestimmungen finden auch Anwendung, wenn die in diesen Artikeln aufgeführten Taten in bezug auf in- oder ausländische Briefmarken, Post- oder Fiskalstempel und Stempelpapiere, sowie in bezug auf Marken oder Stempel, die aufgrund eines Sondergesetzes von privatrechtlichen juristischen Personen zur Befriedigung eines allgemeinen Interesses ausgegeben sind, begangen worden sind[42]).

3. Abschnitt

Fälschen von Siegeln oder Stempeln zur Beglaubigung, Bescheinigung oder Anerkennung

Art. 393 Wer das Staatssiegel fälscht oder ein solches gefälschtes Siegel benützt, begeht das Vergehen der Fälschung des Staatssiegels

---

[41]) Siehe Anmerkung 25.

[42]) Die Artikel 386, 387 und 388 sind seit Mai 1953 aufgehoben. In der Ausgabe des StGB von 1961 auch als aufgehoben angegeben.

und wird mit Gefängnis von 3 bis zu 5 Jahren und teilweisem Verlust der bürgerlichen Rechte von 1 Jahr bis zu 3 Jahren bestraft.

Art. 394 Wer das Siegel einer Behörde oder eines öffentlichen Amtes fälscht oder ein solches gefälschtes Siegel benützt, begeht das Vergehen der Fälschung eines öffentlichen Siegels und wird mit Gefängnis von 1 Jahr bis zu 3 Jahren und teilweisem Verlust der bürgerlichen Rechte von 1 Jahr bis zu 2 Jahren bestraft.

Art. 395 Wer das Siegel, den Stempel oder die Marke eines privaten Unternehmens oder einer privaten Anstalt fälscht oder solche benützt, begeht das Vergehen der Fälschung von Privatsiegeln und wird mit Gefängnis von 1 Jahr bis zu 2 Jahren und teilweisem Verlust der bürgerlichen Rechte von 1 Jahr bis zu 2 Jahren bestraft.

Art. 396 Wer Geräte, die der öffentlichen Beurkundung und Bescheinigung von Edelmetallen dienen, oder Apparate zum Messen, Wiegen oder Schätzen von Waren oder Erzeugnissen, die der öffentlichen Beurkundung oder Bescheinigung unterliegen, fälscht, begeht das Vergehen der Fälschung von Geräten zur öffentlichen Kennzeichnung und wird mit Gefängnis von 1 Jahr bis zu 3 Jahren und teilweisem Verlust der bürgerlichen Rechte von 1 Jahr bis zu 2 Jahren bestraft.

Art. 397 Wer den Abdruck oder das Zeichen eines Siegels oder eines Gerätes zur Kennzeichnung durch andere Mittel als durch die Verwendung oder den Gebrauch eines gefälschten Siegels oder Kennzeichnungsgeräts fälscht, begeht das Vergehen der Fälschung des Abdrucks von Siegeln oder Kennzeichnungsgeräten und wird mit Gefängnis von 6 Monaten bis zu 2 Jahren und teilweisem Verlust der bürgerlichen Rechte von 1 Jahr bis zu 2 Jahren bestraft.

Art. 398 Wer unbefugt das echte Siegel oder das echte Kennzeichnungsgerät zu seinem eigenen Vorteil oder zum Nachteil eines anderen benützt, begeht das Vergehen des Mißbrauchs von Siegeln oder Kennzeichnungsgeräten und wird mit Gefängnis von 6 Monaten bis zu 1 Jahr und teilweisem Verlust der bürgerlichen Rechte von 1 Jahr bis zu 2 Jahren bestraft.

4. Abschnitt

Gemeinsame Bestimmungen

Art. 399 Wer Geräte oder Materialien, die besonders zur Fälschung oder Verfälschung von Münzen, Wertpapieren, Siegeln, Geräten, wie sie in den Artikeln 385, 391, 393, 394, 395, 396 und 397 zum Zwecke der Fälschung herstellt oder aufbewahrt, wird mit Gefängnis von 3 Monaten bis zu 1 Jahr bestraft.

Art. 400 Die Bestimmungen des Artikels 231 werden auch auf die in diesem Kapitel vorgesehenen Straftaten angewendet.

1. Kapitel bis

Mißbräuchliche Verwendung von Geldstücken

Art. 400[1] Das Einschmelzen von staatlichen im Umlauf befindlichen Geldstücken jeder Art und die Verwendung dieser Geldstücke zur Herstellung irgendwelcher Gegenstände, wird mit Gefängnis von 6 Monaten bis zu 2 Jahren bestraft. Der Versuch wird wie die vollendete Straftat bestraft.

Die Anstifter, Gehilfen, Hehler und Begünstiger werden wie die Täter bestraft.

2. Kapitel

Urkundenfälschung

1. Abschnitt

Fälschung von öffentlichen und privaten Urkunden

Art. 401 Wer eine öffentliche Urkunde fälscht, sei es, daß er die Schrift oder Unterschrift nachmacht oder daß er eine echte Urkunde verfälscht oder auf irgendeine Weise verfaßt, begeht das Vergehen der Fälschung von öffentlichen Urkunden und wird mit Gefängnis von 1 Jahr bis zu 3 Jahren und teilweisem Verlust der bürgerlichen Rechte von 1 Jahr bis zu 2 Jahren bestraft.

Die Strafe besteht in Gefängnis von 2 bis zu 5 Jahren und teilweisem Verlust der bürgerlichen Rechte von 2 bis zu 5 Jahren, wenn die Tat begangen wird:

1. von einem öffentlichen Beamten in Ausübung seines Amtes;
2. zu dem Zweck, um sich oder einem anderen einen materiellen Vorteil zu verschaffen oder einem anderen einen materiellen Schaden zuzufügen;
3. an einer Urkunde, die zum Nachweis des Personenstandes, zur Legitimierung oder Identifizierung dient.

Art. 402 Der öffentliche Beamte, der in Ausübung seines Amtes bei der Abfassung oder nach Entgegennahme einer Urkunde fälschlicherweise bezeugt, daß eine Tatsache durch ihn oder in seiner Gegenwart vollzogen wurde, oder welcher bezeugt, daß vor ihm Erklärungen abgegeben wurden, die tatsächlich nicht abgegeben wurden, oder welcher Erklärungen, die vor ihm abgegeben worden sind, unterdrückt oder fälscht, oder welcher fälschliche Tatsachen bezeugt, über welche die Urkunde einen Beweis zu erbringen bestimmt ist, begeht das Vergehen der Fälschung öffentlicher Urkunden und wird nach Art. 401, Abs. 2, bestraft.

Art. 403 Der öffentliche Beamte, der in Ausübung seines Amtes in Zeugnissen oder Genehmigungsscheinen der Verwaltungsbehörde fälschlich etwas bescheinigt, worüber die betreffende Urkunde den Beweis zu erbringen bestimmt ist, ebenso wenn er von einer öffentlichen oder privaten Urkunde eine beglaubigte gefälschte Abschrift ausfertigt oder die Abschrift einer Urkunde bescheinigt, die in Wirklichkeit nicht vorhanden ist, begeht das Vergehen der Ausstellung gefälschter Urkunden und wird mit Gefängnis von 2 bis zu 5 Jahren und teilweisem Verlust der bürgerlichen Rechte von 1 Jahr bis zu 2 Jahren bestraft.

Die in Art. 401 Absatz 2 vorgesehene Strafe wird dann verhängt, wenn die Tat zu dem in Ziffer 2 dieses Absatzes aufgezeigten Zweck verübt wurde.

Art. 404 Wer vor einem öffentlichen Beamten bei der Abfassung einer öffentlichen Urkunde falsche Angaben bezüglich des Personenstandes oder der Feststellung der Identität einer Person oder bezüglich der Rechtsverhältnisse zwischen anderen Personen macht, begeht das Vergehen der Abgabe falscher Erklärungen und wird mit Gefängnis von 3 Monaten bis zu 1 Jahr und teilweisem Verlust der bürgerlichen Rechte von 1 Jahr bis zu 2 Jahren bestraft.

Art. 405 Wer, außer dem in Art. 404 aufgezeigten Fall, bei einer Einvernahme über die Identität, Stellung oder andere Eigenschaften bezüglich seiner Person oder der Person eines anderen falsche Angaben vor einem öffentlichen Beamten in Ausübung seines Amtes macht, begeht das Vergehen der Abgabe falscher Erklärungen und wird nach den Bestimmungen des Art. 404 bestraft.

Die gleiche Strafe trifft auch denjenigen, der falsche Erklärungen abgibt, um die öffentliche Behörde bezüglich der Identität, der Personalien oder anderer Eigenschaften seiner eigenen Person oder der Person anderer irre zu führen, selbst wenn sich dies vor einer Privatperson zugetragen hat, die mit der Aufnahme der Personalien beauftragt ist.

Art. 406 Wer eine Privaturkunde unter den in Art. 401 vorgesehenen Umständen fälscht und von ihr Gebrauch macht oder sie einem anderen anvertraut, um das Bestehen, das Aufhören oder die Änderung eines Rechtes oder einer Verpflichtung zu beweisen, begeht das Vergehen der Fälschung von Privaturkunden und wird mit Gefängnis von 6 Monaten bis zu 2 Jahren und teilweisem Verlust der bürgerlichen Rechte von 1 Jahr bis zu 2 Jahren bestraft.

Die Strafe ist Gefängnis von 2 bis zu 5 Jahren und teilweiser Verlust der bürgerlichen Rechte von 1 Jahr bis zu 3 Jahren, wenn die Tat sich auf folgende Urkunden bezieht:

1. die gesetzlich geforderten Handelsbücher, Wechsel, Schecks oder jeden auf den Namen des Besitzers oder Überbringers lautenden Kreditschein, Bank- und Sparkasseneinlagebücher oder jedweden Empfangsschein einer Erlagskasse;

2. einen Lagerschein, Frachtbrief oder jeden im öffentlichen Verkehr stehenden Verpflichtungsschein, ausgenommen Geld;
3. nichtbeglaubigte Testamente.

Art. 407 Wer ein Papier, auf dem sich die Unterschrift einer Person befindet, ohne deren Zustimmung oder nicht vereinbarungsgemäß ausfüllt oder ergänzt und dieses zu dem in Art. 406 aufgezeigten Zwecke benützt oder einem anderen zur Benützung überläßt, begeht das Vergehen der Fälschung durch Mißbrauch einer Blankounterschrift und wird mit Gefängnis von 6 Monaten bis zu 2 Jahren und teilweisem Verlust der bürgerlichen Rechte von 1 Jahr bis zu 2 Jahren bestraft.

Wenn die Tat unter den in Art. 401 Absatz 2, Ziffer 1 und 2 vorgesehenen Bedingungen verübt wird, wird die in diesem Absatz vorgesehene Strafe verhängt.

Art. 408 Den öffentlichen oder privaten Urkunden sind gleichgestellt: Scheine, Karten sowie andere, wie immer geartete, rechtsbegründende Drucksachen, wie sie von Behörden oder öffentlichen Dienststellen oder von Privatpersonen oder Privatunternehmen ausgegeben werden.

2. Abschnitt

Fälschung von Pässen, Fahrscheinen, Bestätigungen, Übersetzungen, Gutachten und Reiseverzeichnissen

Art. 409 Wenn eines der in den Artikeln 401, 402, 403, 404, 405, 412 und 414 vorgesehenen Vergehen sich auf einen einzelnen Schein, Fahrschein, ein Leumunds-, Vermögens- oder Armutszeugnis bezieht, ist die Strafe Gefängnis von 1 Monat bis zu 6 Monaten.

Wenn die im vorangegangenen Absatz vorgesehene Fälschung durch Herstellung mehrerer Exemplare oder in Serien erfolgte, wird die in Art. 401 vorgesehene Strafe verhängt.

Art. 410 Der Arzt, der ein unwahres Attest über den Gesundheitszustand einer Person ausstellt, begeht das Vergehen der Ausstellung eines falschen Attestes und wird mit Gefängnis von 1 Jahr bis zu 5 Jahren bestraft.

Art. 411 Der öffentliche Beamte oder jede andere Person, die von einer Behörde als Übersetzer oder Dolmetscher eingesetzt wurde, die bei der Übersetzung den Inhalt der Urkunde oder die Erklärung der Partei dem Sinne nach derart entstellt, daß einer Person zu Unrecht ein Schaden oder Nutzen entstehen könnte, begeht das Vergehen der Fälschung von Übersetzungen und wird mit Gefängnis von 1 Jahr bis zu 3 Jahren und teilweisem Verlust der bürgerlichen Rechte von 1 Jahr bis zu 2 Jahren bestraft.

Mit der gleichen Strafe wird auch der von einer Behörde eingesetzte Sachverständige bestraft, wenn er falsche Gutachten abgibt oder es geflissentlich unterläßt, sich über einen wesentlichen Punkt zu äußern.

3. Abschnitt

Benützung von Fälschungen

Art. 412 Wer von einer gefälschten Urkunde Gebrauch macht, begeht das Vergehen des Gebrauchs gefälschter Urkunden und wird mit der in den vorangehenden Artikeln für die betreffende Fälschung vorgesehenen Strafe bestraft.

Die Verwendung einer gefälschten Privaturkunde begründet nur dann das im vorangehenden Absatz vorgesehene Vergehen, wenn diese Urkunde zu dem in Art. 406 aufgezeigten Zweck verwendet wurde.

Art. 413 Wer, um eine Behörde oder Versicherungsgesellschaft über seinen Gesundheitszustand oder den Gesundheitszustand einer anderen Person zu täuschen, ein gefälschtes ärztliches Attest verwendet, begeht das Vergehen der Benützung eines falschen ärztlichen Attestes und wird mit Gefängnis von 1 Monat bis zu 1 Jahr bestraft.

3. Kapitel

Fälschung durch Vorschieben von anderen Personen und Anmaßung von Titeln oder Ehrungen

Art. 414 Wer eine Behörde oder eine Privatperson dadurch, daß er sich rechtswidrig als eine andere Person ausgibt oder sich oder einem anderen einen falschen Namen oder einen falschen Familienstand zulegt, irreführt oder im Irrtum beläßt, begeht das Vergehen der Vorschiebung von Personen und wird mit Gefängnis von 1 Jahr bis zu 3 Jahren und teilweisem Verlust der bürgerlichen Rechte von 1 Jahr bis zu 2 Jahren bestraft.

Die gleiche Strafe trifft auch denjenigen, der in diese Vorschiebung einwilligt.

Art. 415 Wer unbefugt in der Öffentlichkeit Uniformen, Orden, Abzeichen einer Behörde oder öffentlichen Dienststelle oder eines dazu berechtigten Berufes trägt, ebenso wer sich in der Öffentlichkeit eine Bezeichnung oder einen akademischen Grad oder Titel oder eine Eigenschaft zulegt oder gebraucht, die er nicht besitzt, begeht das Vergehen der Anmaßung von Titeln und Ehrungen und wird mit Gefängnis von 1 Monat bis zu 3 Monaten bestraft.

3. Kapitel bis

Widerrechtliche Aneignung von Zeichen des Roten Kreuzes

Art. 415[1] Die unberechtigte Verwendung des Zeichens oder der Bezeichnung „Rotes Kreuz" oder gleichgestellter Institutionen oder die Benutzung irgendeines Zeichens oder einer Bezeichnung, die eine Nachahmung dieses Zeichens oder dieser Bezeichnung darstellt, wird mit Gefängnis von 3 Monaten bis zu 1 Jahr oder mit einer Geldstrafe von 500 bis 2000 Lei bestraft.

Wenn die Tat in Kriegszeiten begangen wird, ist die Strafe Gefängnis von 3 bis zu 5 Jahren und teilweiser Verlust der bürgerl. Rechte von 1 Jahr bis zu 3 Jahren.

4. Kapitel

Gemeinsame Bestimmungen

Art. 416 Der Versuch der im vorangehenden Teil vorgesehenen Straftaten wird bestraft.

X. Teil

Vergehen gegen den Staats- und Privatkredit

Art. 417 Es begeht das Vergehen der Erschütterung des Kredites und wird mit Gefängnis von 6 Monaten bis zu 2 Jahren bestraft, wer durch Veröffentlichung von unwahren, übertriebenen oder entstellten Nachrichten oder Tatsachen oder durch verschiedene Machenschaften das Zurückziehen von Einlagen aus Kredit- und Sparinstituten herbeiführt oder wer zu Spekulationszwecken das Sinken der an der Börse zugelassenen oder auf dem öffentlichen Markt handelsfähigen Werte oder Wertpapiere oder das Sinken oder Steigen von Preisen für Gegenstände oder Waren von vordringlichster oder allgemeiner Notwendigkeit oder die Enthaltung vom Kauf oder von der Zeichnung von Handels- oder Wertpapieren bewirkt.

Eine Strafe von Gefängnis von 2 bis zu 5 Jahren und teilweiser Verlust der bürgerl. Rechte von 2 bis zu 3 Jahren wird verhängt:

1. wenn die Tat eine Entwertung der nationalen Währung oder der Staatspapiere hervorgerufen hat,
2. wenn die Tat zwecks Begünstigung fremdländischer Interessen begangen wurde.

Der Versuch ist strafbar.

Die Strafverfolgung kann nur aufgrund der Anordnung des Generalstaatsanwaltes der Rumänischen Volksrepublik eingeleitet werden.

Art. 418 Wer, um den finanziellen Kredit eines Handels- oder Industrieunternehmens zu erschüttern oder herabzusetzen, in der Öffentlichkeit unwahre, übertriebene oder entstellte Nachrichten oder Tatsachen in bezug auf deren Tätigkeit, Geschäfte, Kredit, Waren oder Erzeugnisse verbreitet, begeht das Vergehen der Gefährdung des privaten Kredites und wird mit Gefängnis von 2 Monaten bis zu 1 Jahr bestraft.

XI. Teil

Straftaten wider das Schamgefühl und gegen die Sittlichkeit

1. Kapitel

Straftaten gegen das Schamgefühl

Art. 419 Es begeht das Vergehen der Notzucht und wird mit Gefängnis von 2 bis zu 5 Jahren und teilweisem Verlust der bürgerl. Rechte von 3 bis zu 5 Jahren bestraft:

1. Der Mann, der durch Gewaltanwendung oder Drohung eine andere Person, gleich welchen Geschlechts, zum Geschlechtsverkehr zwingt.
2. Der Mann, welcher mit einer anderen Person, gleich welchen Geschlechts, unter Ausnutzung ihrer Bewußtlosigkeit oder ihrer Unfähigkeit, ihren Willen kundzutun oder sich zu wehren, außerehelich geschlechtlich verkehrt, gleichgültig, ob er oder ein anderer diesen Zustand bewirkt hat.

In beiden Fällen ist eine Gefängnisstrafe von 5 bis zu 10 Jahren und teilweiser Verlust der bürgerl. Rechte von 3 bis zu 5 Jahren zu verhängen, wenn das Opfer jünger als 14 Jahre ist oder geschwängert oder mit einer Geschlechtskrankheit angesteckt wurde.

Art. 420 Wer durch Gewaltanwendung oder Drohung oder unter Ausnützung eines in Ziffer 2 des vorangehenden Artikels aufgezeigten Zustandes an einer anderen Person einen widernatürlichen Geschlechtsakt verübt, begeht das Vergehen der Gewalttätigkeit gegen das Schamgefühl und wird mit Gefängnis von 2 bis zu 5 Jahren und teilweisem Verlust der bürgerl. Rechte von 1 Jahr bis zu 3 Jahren bestraft, wenn nicht eine schwerere Straftat begründet erscheint.

Dieselbe Strafe trifft auch denjenigen, welcher einen widernatürlichen Geschlechtsakt an einer Person unter 18 Jahren verübt, selbst wenn dies mit dem Einverständnis des Opfers erfolgt ist.

Art. 421 Der Mann, der mit einem Mädchen unter 14 Jahren geschlechtlich verkehrt, begeht das Vergehen des Angriffs gegen das Schamgefühl ohne Gewalttätigkeit und wird mit Gefängnis von 1 Jahr bis zu 3 Jahren bestraft.

Wenn das Opfer geschwängert oder vom Täter mit einer Geschlechtskrankheit angesteckt wurde, ist Gefängnis von 3 bis zu 5 Jahren und teilweiser Verlust der bürgerl. Rechte von 1 Jahr bis zu 5 Jahren zu verhängen.

Art. 422 Für das in Art. 419 Absatz 1 vorgesehene Vergehen ist Gefängnisstrafe von 4 bis zu 8 Jahren und teilweiser Verlust der bürgerl. Rechte von 3 bis zu 5 Jahren, für die in den Art. 420 und 421 vorgesehenen Vergehen aber eine Gefängnisstrafe von 3 bis zu 7 Jahren und teilweiser Verlust der bürgerl. Rechte von 1 Jahr bis zu 3 Jahren zu verhängen, wenn die Tat:

1. von einem Verwandten in auf- oder absteigender Linie,
2. von einem Vormund, Kurator, Lehrer, Erzieher, Aufseher oder Pfleger, vom behandelnden Arzt, vom Dienstherrn oder Seelsorger,
3. von mehreren Personen an dem gleichen Opfer oder mit Hilfe einer oder mehrerer Personen verübt wurde.

Art. 423 Wer sich für einen anderen ausgibt und in Ausnützung des Irrtums, in dem sich eine Frauensperson befindet, mit dieser geschlechtlich verkehrt, begeht das Vergehen des betrügerischen Angriffs auf das Schamgefühl und wird mit Gefängnis von 3 Monaten bis zu 1 Jahr bestraft.

Art. 424 Wer durch ein förmliches Eheversprechen eine Frauensperson unter 18 Jahren bestimmt, mit ihm geschlechtlich zu verkehren, begeht das Vergehen der Verführung und wird mit Gefängnis von 1 Jahr bis zu 3 Jahren bestraft.

Art. 425 Der öffentliche Beamte, der mit einer verhafteten oder in Gewahrsam gehaltenen oder kraft seines Amtes unter seiner Aufsicht befindlichen oder ihm zur Durchführung einer Maßnahme von der zuständigen Behörde anvertrauten Person geschlechtlich verkehrt oder einen widernatürlichen Geschlechtsakt verübt, begeht das Vergehen des Angriffs auf das Schamgefühl durch Mißbrauch der Amtsgewalt und wird mit Gefängnis von 1 Jahr bis zu 3 Jahren und teilweisem Verlust der bürgerl. Rechte von 1 Jahr bis zu 2 Jahren bestraft, wenn die Tat nicht eine schwerere Straftat darstellt.

Art. 426 Wenn durch die in Art. 419 und 420 vorgesehene Tat der Tod des Opfers eintritt, ist auf lebenslängliche Zwangsarbeit zu erkennen.

Art. 427 Die Vergehen der Notzucht, der Gewaltakte gegen das Schamgefühl, des Angriffs gegen das Schamgefühl ohne Gewaltanwendung und der Verführung werden nicht bestraft, wenn der Täter und das Opfer vor Eintritt der Rechtskraft des strafgerichtlichen Urteils geheiratet haben.

Art. 428 Der Versuch der in den Art. 419, 420 und 425 vorgesehenen Straftaten ist strafbar.

2. Kapitel
Straftaten gegen die Sittlichkeit

Art. 429 Wer sich öffentlich zu Handlungen, Gebärden oder mündlichen Kundgebungen unzüchtiger Art hergibt, begeht das Vergehen der

Verletzung der Sittlichkeit und wird mit Gefängnis von 1 Monat bis zu 6 Monaten bestraft.

Wenn das Vergehen einem Minderjährigen, gleich welchen Geschlechts, gegenüber begangen worden ist, ist auf eine Gefängnisstrafe von 3 Monaten bis zu 1 Jahr zu erkennen.

Art. 430 Es begeht das Vergehen des Handels mit unzüchtigen Veröffentlichungen und wird mit Gefängnis von 3 Monaten bis zu 1 Jahr bestraft:

1. wer zu Handelszwecken Schriften, Zeichnungen, Gravierungen, Fotografien, Filme, Schallplatten, Bücher, jede Art von Drucksachen, Zeichen oder andere wie immer geartete Gegenstände unzüchtiger Art ausstellt, beschafft, in Umlauf setzt, importiert, exportiert oder befördert,
2. wer mit den oben erwähnten Gegenständen, wenn auch heimlich, Handel treibt oder sie in der Öffentlichkeit verteilt oder ausstellt.

Wenn der Verkauf, das Verteilen oder Ausstellen gegenüber einer Person, gleich welchen Geschlechts, erfolgt, die das 18. Lebensjahr nicht vollendet hat, ist die Strafe Gefängnis von 6 Monaten bis zu 2 Jahren.

Art. 431 Widernatürliche Geschlechtsakte zwischen Männern oder zwischen Frauen begründen das Vergehen der Unzucht wider die Natur und werden mit Gefängnis von 3 bis zu 10 Jahren bestraft.

Art. 432 Geschlechtsakte zwischen Menschen und Tieren begründen das Vergehen der Unzucht mit Tieren und werden mit Gefängnis von 6 Monaten bis zu 5 Jahren bestraft.

Art. 433 Die Straftat der Ausübung des Prostitutionsgewerbes wird begründet und mit Gefängnis von 6 Monaten bis zu 4 Jahren bestraft, wenn eine Frauensperson, um sich den Lebensunterhalt oder andere materielle Vorteile zu beschaffen, gewohnheitsmäßig mit verschiedenen Männern den Geschlechtsverkehr ausübt.

Art. 434 Die Anstiftung, Beihilfe, Begünstigung, der Anreiz, die Anlockung, der Zwang oder die Erleichterung der Möglichkeiten zur Ausübung des Prostitutionsgewerbes, wird wie die Tat selbst bestraft.

Art. 435 Im Falle der Zubilligung von Milderungsumständen bei den in den Art. 433 und 434 erwähnten Straftaten, kann das Gericht auf eine Gefängnisstrafe unter dem im einzelnen vorgesehenen Mindestmaß, jedoch nicht unter 3 Monaten und unter 1 Monat bei Minderjährigen erkennen.

Art. 436 Jedwede Ausnützung der Ausübung der Prostitution sowie die Vermittlung von Frauenspersonen zur Ausübung der Prostitution begründet das Vergehen der Kuppelei und wird mit Gefängnis von 1 Jahr bis zu 5 Jahren und teilweisem Verlust der bürgerl. Rechte von 1 Jahr bis zu 3 Jahren bestraft.

Wenn die Tat eine schwere Straftat darstellt, ist die Strafe schwere Haft von 5 bis zu 12 Jahren und Verlust der bürgerl. Rechte von 3 bis zu 6 Jahren.

Art. 437 Die totale oder teilweise Mietung oder Vermietung eines Hauses oder Raumes zur Ausübung der Prostitution, die Finanzierung oder ein Beitrag zur Finanzierung eines Hauses zur Ausübung der Prostitution, begründet ein Vergehen und wird mit Gefängnis von 1 Jahr bis zu 3 Jahren und teilweisem Verlust der bürgerl. Rechte von 1 Jahr bis zu 2 Jahren bestraft.

Art. 438 aufgehoben.

Art. 439 Wer eine Frauensperson zur Ausübung des Prostitutionsgewerbes ins Ausland schickt oder bringt, begeht das Vergehen des Frauenhandels und wird mit Gefängnis von 2 bis zu 8 Jahren und teilweisem Verlust der bürgerl. Rechte von 2 bis zu 5 Jahren bestraft.

Auf eine Gefängnisstrafe von 3 bis zu 10 Jahren und teilweisen Verlust der bürgerl. Rechte von 3 bis zu 5 Jahren ist zu erkennen, wenn die Tat:

1. an einer Frauensperson, die das 18. Lebensjahr noch nicht vollendet hat oder sich in einem in Art. 419 Ziffer 2 aufgeführten Zustand befindet,
2. durch Anwendung von Gewalt, Drohung, Betrug oder Rauschgift,
3. an einer verheirateten Frau

begangen wird.

Art. 440 Der Versuch der in Art. 436 aufgeführten Straftat ist strafbar.

Wie der Versuch werden auch folgende mit dem Vergehen des Frauenhandels zusammenhängende Handlungen bestraft:

1. die auf Auswanderung von Personen weiblichen Geschlechts abzielende Werbetätigkeit,
2. die Handlungen der Frauenhändler und deren Vermittler, um Frauen und Mädchen ausfindig zu machen oder zu verpflichten,
3. das Aufbringen von Geldmitteln, um die Beförderung ans Ziel zu ermöglichen,
4. das Begleiten der Frauen während der ganzen oder eines Teiles der Fahrt,
5. das Ankaufen von Kleidern, Wäsche und Bekleidungsgegenständen im Hinblick auf die Reise,
6. das Bezahlen der Hotelrechnungen und das Aufkommen für den Lebensunterhalt während der Fahrt,
7. alle zur Erlangung der Reisepässe und Erleichterung der Abfahrt getroffenen Maßnahmen.

3. Kapitel
Gemeinsame Bestimmungen

Art. 441 Das Strafverfahren wegen der in den Art. 419, 420, 421, 422, 423, 433 und 436 vorgesehenen Straftaten wird nur auf Antrag des Opfers, wenn aber das Opfer weniger als volle 18 Jahre alt ist, auf Antrag eines der Elternteile oder des Vormundes, wenn aber der Vater oder der Vormund selbst die Täter sind, auf den Antrag des Opfers selbst oder eines Verwandten in aufsteigender Linie oder eines Verwandten ersten Grades in der Seitenlinien eingeleitet.

Wenn das Opfer minderjährig oder handlungsunfähig ist wird das Strafverfahren von Amts wegen eingeleitet.

Die Rücknahme des Antrags hindert den weiteren Lauf des Strafverfahrens nicht.

In den Fällen der Art. 425 und 426 wird das Strafverfahren von Amts wegen eingeleitet.

Art. 442 Wenn der Vater, die Mutter oder der Vormund die Täter sind, gehen sie des Eltern- oder Vormundschaftrechts verlustig.

XII. Teil
Vergehen gegen die Familie

1. Kapitel
Bigamie, Blutschande und Ehebruch

Art. 443 Wer gesetzlich verheiratet ist und, bevor seine Ehe gesetzmäßig aufgelöst worden ist, eine neue gültige Ehe schließt, begeht das Vergehen der Bigamie und wird mit Gefängnis von 1 Jahr bis zu 3 Jahren bestraft.

Dieselbe Strafe wird auch gegen denjenigen verhängt, der selbst unverheiratet eine gültige Ehe mit einer Person schließt, von der er weiß, daß sie verheiratet ist.

Die Strafverfolgung wird selbst gegen den Mitschuldigen eingestellt, wenn die erste Ehe für ungültig erklärt wird, oder wenn die zweite Ehe aus einem anderen Grunde als dem der Bigamie für ungültig erklärt wird.

Art. 444 Der Standesbeamte[43]), welcher in Kenntnis des Umstandes, daß eine Person verheiratet ist, eine neue Eheschließung derselben Person amtlich vollzieht, wird mit Gefängnis von 1 Jahr bis zu 3 Jahren und teilweisem Verlust der bürgerl. Rechte von 1 Jahr bis zu 3 Jahren bestraft.

---

[43]) Gemäß Gesetz Nr. 4/1953 (Familiengesetzbuch), veröffentl. im Amtsbl. Nr. 1 vom 4. 1. 1954, wurde der Ausdruck „Standesbeamter" durch den Ausdruck „Beauftragter des Standesamtes" ersetzt.

Mit der gleichen Strafe wird auch der Priester bestraft, der in Kenntnis dieser Umstände eine Trauung vollzieht.

Art. 445 Jeder Ehegatte, der außerhalb der Ehe geschlechtliche Beziehungen unterhält, begeht das Vergehen des Ehebruchs und wird mit Gefängnis von 1 Monat bis zu 6 Monaten bestraft.

Dieselbe Strafe wird auch gegen den Mitschuldigen verhängt.

Das Strafverfahren wird nur auf Antrag des unschuldigen Ehegatten eingeleitet.

Der unschuldige Ehegatte kann jederzeit während des Prozesses die Einstellung der Strafverfolgung und nach erfolgtem rechtskräftigem Urteilsspruch die Tilgung der Strafe verlangen.

Das Erlöschen der öffentlichen Klage und der Strafe schützt auch den Mitschuldigen vor Strafe.

Beweismittel, die zum Nachweis des Ehebruchs erbracht werden können, sind nur das Ertappen auf frischer Tat und solche Beweise, die sich aus Briefen oder anderen vom verfolgten Ehegatten herrührenden Schriftstücken ergeben.

Die Strafverfolgung wird im Falle des Todes des Ehegatten, der den Antrag auf Verfolgung gestellt hat, und im Falle, daß die Ehe des schuldigen Ehegatten für ungültig erklärt wird, eingestellt.

Eine Strafverfolgung kann nicht eingeleitet werden, wenn die Tat auf Veranlassung oder Ermutigung des anderen Ehegatten erfolgt ist, oder wenn das Eheleben tatsächlich unterbrochen war und die Ehegatten getrennt gelebt haben.

Art. 446 Das Zusammenleben von Minderjährigen im Konkubinat, und zwar von Mädchen unter 15 Jahren und Jünglingen unter 18 Jahren, begründet das Vergehen der Entartung der Rasse.

Die Eltern oder deren gesetzliche Vertreter, welche solche Verbindungen erleichtern oder billigen, werden mit Gefängnis von 1 Monat bis zu 1 Jahr bestraft, die dieser Tat schuldigen Kinder oder Heranwachsenden jedoch sind in einer Zwangserziehungsanstalt für die Dauer von 1 Jahr bis zu 3 Jahren unterzubringen.

Art. 447 Der Geschlechtsverkehr oder Geschlechtsakte wider die Natur unter Verwandten in gerader Linie, ebenso zwischen Bruder und Schwester, begründet das Vergehen der Blutschande und wird mit Gefängnis von 1 Jahr bis zu 3 Jahren bestraft.

Ein Minderjähriger unter 15 Jahren, der von einem Volljährigen verführt wurde, wird nicht bestraft.

Die Strafverfolgung wird nur auf Antrag eines Verwandten in aufsteigender Linie oder eines solchen ersten Grades der Seitenlinie, mangels solcher aber, von Amts wegen eingeleitet.

Wenn die Tat von einem Verwandten aufsteigender Linie begangen wurde, kann die Strafverfolgung von Amts wegen eingeleitet werden.

Die gegen den Vater oder gegen die Mutter ergangene Strafe, zieht den Verlust der elterlichen Gewalt nach sich.

2. Kapitel

Vergehen gegen den Familienstand, das böswillige Verlassen der Familie und Mißbrauch des Züchtigungsrechtes

Art. 448 Der Standesbeamte[44]), der die Personenstandsakten nicht in die dafür bestimmten Register einträgt, begeht das Vergehen der ordnungswidrigen Behandlung von Personenstandsakten und wird mit Gefängnis von 1 Monat bis zu 6 Monaten bestraft.

Art. 449 Der Standesbeamte[45]) [46]), der eine amtliche Eheschließung vornimmt, ohne sich vergewissert zu haben, daß die Eheschließenden das gesetzliche Alter haben und die Einwilligung des Vaters, der Mutter oder anderer Personen, die zur Gültigkeit der Ehe nach den Gesetzen ihre Zustimmung geben müssen, vorliegt, begeht das Vergehen der vorschriftswidrigen Vornahme der amtlichen Eheschließung und wird mit Gefängnis von 1 Monat bis zu 6 Monaten bestraft.

Art. 450 Der Priester eines vom Staate anerkannten Religionsbekenntnisses, der eine Taufe oder Trauung kirchlich vornimmt, noch bevor die von den Zivilgesetzen vorgeschriebenen Amtshandlungen und Förmlichkeiten vorgenommen wurden, begeht das Vergehen der vorschriftswidrigen Vornahme einer kirchlichen Taufe oder Trauung und wird mit Gefängnis von 1 Monat bis zu 6 Monaten bestraft.

Wenn die Taufe wegen des Gesundheitszustandes des Neugeborenen ohne Vorweisung des Scheines über die Anzeige der Geburt des Kindes beim Standesamt oder noch vor dieser Anzeige beim Standesamt vorgenommen werden mußte, bleibt der Priester, der die Amtshandlung vollzogen hat, straffrei, wenn er innerhalb von 3 Tagen vom Tage des Vollzugs der Handlung dem Gemeindeamt[47]) des Ortes davon Mitteilung macht.

Art. 451 Wer veranlaßt, daß in die Akten des Familienstandes eine nicht erfolgte Geburt eingetragen wird, begeht das Vergehen der Unterschiebung des Familienstandes und wird mit Gefängnis von 1 bis zu 3 Jahren bestraft.

---

[44]) Siehe Anmerkung 43.

[45]) Siehe Anmerkung 43.

[46]) Siehe auch die Bestimmungen des Art. 16 des Familiengesetzbuches.

[47]) Siehe Anmerkung 12.

Art. 452 Wer durch irgendein Mittel den Personenstand eines Kindes unterdrückt oder ändert, begeht das Vergehen der Unterdrückung des Familienstandes und wird mit Gefängnis von 2 bis zu 5 Jahren bestraft.

Art. 453 Wer bei der Geburt eines Kindes Beistand leistet und es unterläßt, die im Bürgerlichen Gesetzbuch[48]) vorgeschriebene Anmeldung in der dort vorgesehenen Frist und Form zu machen, begeht das Vergehen der Nichtanmeldung einer Geburt und wird mit Geldstrafe von 100 bis zu 500 Lei bestraft.

Die gleiche Strafe trifft denjenigen, der ein neugeborenes Kind vorfindet und dieses nicht der Ortspolizei vorweist, selbst wenn er das Kind in Pflege und Erziehung nehmen will.

Art. 454 Wer sich böswillig von dem Wohnsitz der Familie entfernt und diejenigen, denen gegenüber er aufgrund der elterlichen Gewalt, der gesetzlichen Vormundschaft, der ehelichen Gewalt[49]) oder seiner Eigenschaft als Ehegatte die Verpflichtung zur moralischen und materiellen Hilfe hatte, verläßt und sie dadurch körperlicher oder geistiger Not aussetzt, begeht das Vergehen des böswilligen Verlassens der Familie und wird mit Gefängnis von 3 Monaten bis zu 1 Jahr bestraft.

Dieselbe Strafe trifft denjenigen, der sich 3 Monate der Erfüllung seiner durch gerichtliches Urteil festgestellten Verpflichtungen zum Lebensunterhalt böswillig entzieht, ebenso denjenigen, der sich aus seiner Einstellung gegen die Ordnung und Moral des Familienlebens heraus den sich aus der väterlichen Gewalt oder der Eigenschaft als Ehegatte ergebenden Verpflichtungen zu Beistand entzieht und den Minderjährigen in absteigender Linie oder dem Ehegatten die Mittel zum Unterhalt verweigert.

In den in Absatz 1 und 2 vorgesehenen Fällen erlischt die Strafverfolgung durch Vergleich der Parteien.

Art. 455 Wer sich in Ausübung des Erziehungs- und Züchtigungsrechtes gegenüber einer Person unter 15 Jahren, die seiner Gewalt untersteht oder ihm zur Erziehung, Ausbildung oder Aufsicht anvertraut ist, solcher Mittel bedient und in solcher Art Gebrauch macht, daß diese da-

---

[48]) Gegenwärtig wird die Geburtserklärung gem. den im Familiengesetzbuch (Gesetz Nr. 4/1953), veröffentl. im Amtsbl. Nr. 1 vom 4. 1. 1954, und in der Verordnung Nr. 272 vom 30. 12. 1950 betreffend die Standesamtsurkunden mit den in den nachfolgenden Änderungen enthaltenen Bestimmungen gemacht. Es wird besonders darauf hingewiesen, daß die Verordnung 272 von 1950 aufgehoben und durch Verordnung 278 betreffend die Standesamtsurkunden, veröffentlicht im Amtsbl. Nr. 13 vom 28. 7. 1960, ersetzt wurde, welche am 31. 1. 1961 in Kraft trat.

Gem. Art. 15 der Verordnung 278/1960 wird die Erklärung der Eintragung der Geburt innerhalb 15 Tagen vom Tage der Geburt an gemacht.

[49]) Siehe Anmerkung 4.

durch einer schweren Gefährdung der Gesundheit oder der geistigen Entwicklung ausgesetzt wird, begeht das Vergehen des Mißbrauchs der Erziehungsgewalt und wird mit Gefängnis von 1 Monat bis zu 6 Monaten bestraft.

Wenn das Opfer Qualen oder Grausamkeiten zu erdulden hatte, besteht die Strafe in Gefängnis von 1 Jahr bis zu 2 Jahren.

Schläge (Art. 470), die in Ausübung des Erziehungsrechtes erteilt werden, werden nicht bestraft.

Jede andere Verletzung der körperlichen Unversehrtheit oder der Gesundheit wird nach den in den Art. 471, 472, 473, 474 und 475 vorgesehenen Unterschieden bestraft.

3. Kapitel
Menschenraub

Art. 456 Wer durch Betrug, Drohung oder Gewalt eine Person unter 15 Jahren entführt, festhält oder ihrer Freiheit beraubt, die sich unter der Fürsorge der Eltern, eines Vormundes oder solcher Personen befindet, denen sie anvertraut worden war, begeht das Vergehen der Entführung von Minderjährigen und wird mit Gefängnis von 3 bis zu 5 Jahren bestraft.

Wenn die obenerwähnte Tat mit dem Willen des Opfers, aber ohne Wissen der Eltern oder des Vormundes begangen wird, ist die Strafe Gefängnis von 6 Monaten bis zu 2 Jahren.

Wenn die Tat zu dem Zwecke begangen wird, den Minderjährigen zur Unzucht, zur Bettelei oder zur Erlangung eines anderen materiellen Vorteils zu gebrauchen oder wenn als Entgelt für die Freilassung ein Geldbetrag verlangt wird, ist im ersten Falle eine Gefängnisstrafe von 5 bis zu 8 Jahren, im zweiten Falle dagegen Gefängnisstrafe von 1 Jahr bis zu 3 Jahren zu verhängen.

Art. 457 Wenn das entführte, festgehaltene oder seiner Freiheit beraubte Kind körperlichen Mißhandlungen ausgesetzt war oder ihm eine Schädigung der Gesundheit oder der körperlichen Unversehrtheit zugefügt wurde oder eine der in Art. 493 vorgesehenen Folgen eingetreten ist, ist eine Gefängnisstrafe von 5 bis zu 12 Jahren, wenn aber Gebrechen der in Art. 473 vorgesehenen Art verursacht wurden oder wenn ein Angriff gegen das Schamgefühl oder Notzucht erfolgte, ist eine Gefängnisstrafe von 7 bis zu 12 Jahren und teilweiser Verlust der bürgerlichen Rechte von 2 bis zu 5 Jahren zu verhängen.

Art. 458 Wer durch Drohung oder Gewaltanwendung oder unter dem Vorwand einer Heirat, eine Person weiblichen Geschlechts über 15 Jahre entführt, festhält oder der Freiheit beraubt, begeht das Vergehen des Frauenraubes und wird mit Gefängnis von 6 Monaten bis zu 2 Jahren bestraft.

Wer eine Frauensperson, die an einer Geisteskrankheit leidet, oder im Zeitpunkt einer Bewußtlosigkeit oder einer Unfähigkeit sich zu wehren, in Kenntnis ihres Zustandes zu dem Zwecke entführt, festhält oder ihrer Freiheit beraubt, um an ihr Handlungen gegen das Schamgefühl zu verüben, wird mit Gefängnis von einem Jahr bis zu 3 Jahren bestraft.

Die Bestimmungen des Art. 457 sind auch auf die in diesem Artikel vorgesehenen Fälle anzuwenden.

Art. 459 Der Elternteil, der sein minderjähriges Kind aus der Gewalt des anderen Elternteiles, dem es durch gerichtliches Urteil zuerkannt worden ist, entführt, festhält oder seiner Freiheit beraubt, begeht das Vergehen der Entführung des eigenen Kindes und wird mit Gefängnis von 1 Monat bis zu 3 Monaten bestraft.

Dieselbe Strafe trifft auch denjenigen Elternteil, der das Kind aufgrund eines gerichtlichen Urteils unter seiner Obhut mit der Verpflichtung hat, dasselbe unter bestimmten Bedingungen auch dem anderen Elternteil zu überlassen, und dieser Verpflichtung nicht nachkommt.

Art. 460 Die Strafverfolgung kann in den Fällen der Art. 456, 1. und 2. Absatz, 458 und 459 nur auf Antrag des Verletzten oder dessen gesetzlichen Vertreters eingeleitet werden.

Art. 461 Wenn der Entführer das entführte, festgehaltene oder seiner Freiheit beraubte Mädchen heiratet, wird er nur dann bestraft, wenn die Ehe für ungültig erklärt wurde, jedoch kann auch in diesem Falle die Strafverfolgung nur auf Antrag derjenigen, die die Ungültigkeitserklärung der Ehe verlangt hatten, eingeleitet werden.

Art. 462 Der Versuch der in Art. 456 vorgesehenen Vergehen ist strafbar.

XIII. Teil

Verbrechen und Vergehen gegen Personen

1. Kapitel

Verbrechen und Vergehen gegen das Leben und die körperliche Unversehrtheit

1. Abschnitt

Tötung

Art. 463 Wer einen Menschen tötet, begeht das Verbrechen der Tötung und wird mit Zwangsarbeit von 10 bis zu 25 Jahren und Verlust der bürgerlichen Rechte von 3 bis zu 8 Jahren bestraft.

Art. 464 Das Verbrechen der Tötung wird mit lebenslänglicher Zwangsarbeit bestraft, wenn es unter nachstehenden Umständen begangen wurde:

1. mit Vorbedacht (Mord);
2. um ein vorher verübtes Verbrechen oder Vergehen zu verbergen oder sich oder einen anderen der Verfolgung und Verhaftung zu entziehen;
3. an einem Verwandten in auf- oder absteigender Linie, ehelicher oder unehelicher Abstammung oder aus dem Adoptivverhältnis;
4. an dem Bruder oder der Schwester;
5. an dem Ehegatten.

Art. 464[1] Die Tötung mit Vorbedacht, wenn sich die Tat infolgedessen als besonders schwer darstellt, sowie die Tötung unter Verübung von Grausamkeiten oder Quälerei, wird mit dem Tode bestraft.

Mit derselben Strafe wird auch die gleichzeitige oder durch selbständige Handlungen verübte Tötung an zwei oder mehreren Personen bestraft.

Art. 465 Die Mutter, die ihr uneheliches Kind noch vor Ablauf der für die Anmeldung beim Standesamt[50]) vorgesehenen Frist tötet, begeht das Verbrechen der Kindestötung und wird mit schwerem Kerker von 3 bis zu 5 Jahren bestraft.

Art. 466 Wer sich in gewinnsüchtiger Absicht jemandem zur Ausführung einer Tötung anbietet, wird mit Gefängnis von 3 Monaten bis zu 1 Jahr bestraft.

Art. 467 Wer aus Ungeschicklichkeit, Unbesonnenheit, Unachtsamkeit oder infolge der Nichtbeachtung der Gesetze und Verordnungen jemanden ohne Absicht tötet, wird mit Gefängnis von 1 Jahr bis zu 3 Jahren bestraft.

Wenn die unbeabsichtigte Tötung von einem Kraftfahrer oder einem anderen Lenker eines Kraftwagens oder eines Fahrzeugs mit mechanischem Antrieb begangen wurde, ist die Strafe Gefängnis von 3 bis zu 6 Jahren.

Wenn erwiesen ist, daß der Fahrer oder Lenker des Kraftwagens oder des Fahrzeugs mit mechanischem Antrieb sich im Augenblick der unbeabsichtigten Tötung im Zustand der selbstverschuldeten Trunkenheit befunden hat, ist die Strafe Gefängnis von 5 bis zu 12 Jahren.

In diesem Falle wird das Gericht neben der Strafe auch die in Art. 78 des Strafgesetzes vorgesehene Sicherheitsmaßnahme, unter den dort aufgezeigten Bedingungen verhängen, ohne ein Sachverständigengutachten einzuholen.

---

[50]) Gemäß Gesetz Nr. 259, veröffentl. im Amtsbl. Nr. 122 vom 28. 12. 1950, wurde der Ausdruck „Standesamt" durch den Ausdruck „Standesamtsdienststelle" ersetzt. Dieser Ausdruck wird auch im Familiengesetzbuch verwendet.

Art. 468 Wer einen Menschen auf dessen eindringliche und wiederholte Bitte tötet, wird mit schwerem Kerker von 3 bis zu 8 Jahren bestraft.

Dieselbe Strafe trifft auch denjenigen, der einen anderen zum Selbstmord bestimmt oder ihn in seinem Beschluß, Selbstmord zu begehen, bestärkt oder ihm die Ausführung auf irgendeine Weise erleichtert, wenn der Selbstmord tatsächlich erfolgt ist.

Eine Gefängnisstrafe von 1 Jahr bis zu 5 Jahren ist zu verhängen, wenn die unter den im vorangehenden Artikel vorgesehenen Bedingungen begangene Tat aus Mitleid verübt wurde, um die körperlichen Schmerzen einer an einer unheilbaren Krankheit leidenden Person, deren Tod aus diesem Grunde unvermeidlich war, abzukürzen.

Art. 469 Wenn 2 Personen vereinbart haben, durch das Los zu bestimmen, welche von ihnen Selbstmord begehen soll und wenn die Ausführung stattgefunden hat, ohne daß jedoch der Tod dieser Person erfolgt oder irgendeine Schädigung der Gesundheit oder der körperlichen Unversehrtheit eingetreten ist, werden beide wegen des Vergehens des Selbstmordes durch das Los mit Gefängnis von 3 bis zu 6 Monaten bestraft.

Falls eine der in den Art. 471, 472 und 473 vorgesehenen Folgen eingetreten ist, wird die in diesem Artikel vorgesehene Strafe, um ein Drittel herabgesetzt, verhängt, ohne daß unter 3 Monate heruntergegangen werden darf, wenn aber der Selbstmörder gestorben ist, wird der am Leben Gebliebene mit Gefängnis von 2 bis zu 6 Jahren bestraft. Der Versuch ist strafbar.

2. Abschnitt

Mißhandlung und Verletzung der körperlichen Unversehrtheit oder der Gesundheit

Art. 470 Wer eine Person mißhandelt, ohne ihr eine der in Art. 471 und in den folgenden Artikeln beschriebenen Verletzungen zuzufügen, begeht das Vergehen der Mißhandlung und wird mit Gefängnis von 1 Monat bis zu 2 Monaten bestraft.

Wenn die Mißhandlung sichtbare Zeichen hinterlassen hat, ist die Strafe Gefängnis von 1 Monat bis zu 3 Monaten.

Art. 471 Wer, außer in den oben erwähnten Fällen, auf irgendeine Weise die körperliche Unversehrtheit oder die Gesundheit einer Person schädigt, begeht das Vergehen der Verletzung der körperlichen Unversehrtheit oder der Gesundheit und wird mit Gefängnis von 2 Monaten bis zu 1 Jahr bestraft.

Art. 472 Wenn die Verletzung der körperlichen Unversehrtheit oder der Gesundheit zur Heilung eine Pflege von wenigstens 10 Tagen und höchstens 2 Monaten erfordert, wird der Tatbestand des Vergehens der schweren Verletzung der körperlichen Unversehrtheit oder der Gesundheit begründet und mit Gefängnis von 6 Monaten bis zu 2 Jahren bestraft.

Art. 473 Wenn die Verletzung der körperlichen Unversehrtheit oder der Gesundheit dem Opfer eine länger als 2 Monate dauernde Krankheit oder eine unheilbare Krankheit, den Verlust eines Sinnes- oder Körperorgans oder dessen Gebrauchsfähigkeit, den Verlust oder die Minderung der Zeugungsfähigkeit, eine Verstümmelung, Entstellung, Verunstaltung, Mißbildung, Fehlgeburt, Krankheit oder irgendein dauerndes körperliches oder seelisches Gebrechen verursacht hat, wird der Tatbestand des Vergehens der besonders schweren Verletzung der körperlichen Unversehrtheit oder der Gesundheit begründet und mit Gefängnis von 2 bis zu 6 Jahren bestraft.

Art. 474 Eine Gefängnisstrafe von 3 bis zu 10 Jahren ist zu verhängen, wenn der Täter die Absicht hatte, dem Opfer eine der im vorangehenden Artikel aufgeführten Verletzungen zuzufügen und dies auch tatsächlich erfolgt ist.

Art. 475 Wenn eine der in diesem Abschnitt aufgeführten Taten den Tod des Opfers verursacht hat, ist Gefängnis von 3 bis zu 10 Jahren zu verhängen.

Art. 476 Wenn eine der in den Artikeln 470, 471, 472, 473, 474 und 475 vorgesehenen Straftaten gegen einen Verwandten in direkter aufsteigender Linie oder gegen eine Person unter 15 Jahren begangen wurde, ist diejenige Strafe, die für diese Straftaten vorgesehen ist in den Fällen der Art. 470, 471, 472 mit einer Erhöhung bis um ein weiteres Jahr und in den Fällen des Art. 473 bis um weitere 2 Jahre zu verhängen, während in den Fällen der Art. 474 und 475 das vorgesehene Mindestmaß auf 4 Jahre zu erhöhen ist.

Art. 477 Wenn die in den Art. 470, 471, 472, 473, 474 und 475 vorgesehenen Straftaten mit Vorbedacht begangen wurden, sind die Strafen in der in Art. 476 vorgesehenen Art, zu erhöhen.

Art. 478 Wer ohne absichtliches Verschulden eine der in den Art. 471, 472 und 473 vorgesehenen Straftaten verübt, begeht das Vergehen der fahrlässigen Verletzung der körperlichen Unversehrtheit oder der Gesundheit und wird mit Gefängnis von 1 Monat bis zu 3 Monaten im Falle der Art. 471 und 472 und Gefängnis von 3 Monaten bis zu einem Jahr im Falle des Art. 473 bestraft.

Art. 479 aufgehoben.

Art. 480 Wer sich durch Verunstaltung oder Verstümmelung oder andere von ihm selbst oder mit seinem Einverständnis von einem anderen angewandte Mittel für den Militärdienst untauglich macht, begeht das Vergehen der Selbstverstümmelung und wird mit Gefängnis von 3 Monaten bis zu 1 Jahr bestraft.

Dieselbe Strafe trifft auch denjenigen, der eine Person auf deren Veranlassung in einen Zustand der Militärdienstuntauglichkeit versetzt.

Art. 481 In den Fällen der in den Artikeln 470, 471 und 472 vorgesehenen Straftaten, sowie im Falle, daß diese Straftaten unter den in den Art. 476 und 478 vorgesehenen Bedingungen verübt wurden, kann die Strafverfolgung nur auf Antrag der verletzten Partei eingeleitet werden.

Wenn das Opfer handlungsunfähig ist, kann die Strafverfolgung, wenn die Eltern oder ein Vormund nicht vorhanden sind, von Amts wegen eingeleitet werden.

Durch den Vergleich der Parteien erlischt in diesen Fällen die Verfolgung.

3. Abschnitt
Abtreibung der Leibesfrucht

Art. 482 Die Unterbrechung des normalen Verlaufs einer Schwangerschaft, die durch irgendeine Person außerhalb eines ärztlich geleiteten Krankenhauses oder in einem solchen durch eine Person ohne fachärztliche Ausbildung hervorgerufen wird, wird mit Gefängnis von einem Jahr bis zu 2 Jahren bestraft.

Art. 483 Der Versuch der in Art. 482 vorgesehenen Straftat ist strafbar.

Art. 484 Wenn die Schwangerschaftsunterbrechung von einem Arzt aus medizinischen Gründen außerhalb eines Krankenhauses in Fällen äußerster Dringlichkeit vorgenommen wurde, weil die Unterbrechung sofort vorgenommen werden mußte, und dies einem ärztlich geleiteten Krankenhaus innerhalb von 24 Stunden zur Kenntnis gebracht und von dort aus festgestellt wurde, daß die Unterbrechung der Schwangerschaft notwendig war, wird die vorgenommene Schwangerschaftsunterbrechung nicht als Straftat gewertet.

Art. 485 aufgehoben.

4. Abschnitt
Andere Vergehen gegen das Leben und die körperliche Unversehrtheit

Art. 486 Wer eine seiner Aufsicht oder Pflege anvertraute Person, welche infolge ihres Alters oder eines körperlichen oder geistigen Gebrechens nicht in der Lage ist, sich selbst zu beschützen oder zu pflegen, von sich weist, verläßt oder in solcher Art oder an einem solchen Ort aussetzt, daß er dadurch ihr Leben, ihre körperliche Unversehrtheit oder ihre Gesundheit unmittelbar gefährdet, wird mit Gefängnis von 5 Monaten bis zu 2 Jahren bestraft.

Wenn die obenerwähnte Straftat gegenüber einer der in den Ziffern 4, 5 und 6 des Art. 464 genannten Personen verübt wurde, wird die Tat mit Gefängnis von 2 bis zu 5 Jahren bestraft; wenn die Tat von der Mutter an ihrem unehelichen Kind vor Ablauf des Termins zur Geburtenanzeige beim Standesamt[51]) verübt wurde, ist eine Gefängnisstrafe von 6 Monaten bis zu einem Jahr zu verhängen.

Die Mutter, die nach dem böswilligen Verlassen ihres Kindes ihre Mutterpflichten freiwillig wieder aufnimmt und erfüllt, wird nicht bestraft.

Art. 487 Wenn die ausgesetzte oder verlassene Person eine Verletzung der körperlichen Unversehrtheit oder der Gesundheit der in den Art. 471, 472 und 473 aufgeführten Art erlitten hat, ist die in Art. 486 vorgeschriebene Strafe mit einer weiteren Erhöhung bis um 3 Jahre nach den dort erwähnten Unterscheidungen, wenn aber der Tod erfolgt ist, die in Art. 475 vorgesehene Strafe zu verhängen.

In den in Art. 486 Absatz 2, letzter Teil aufgeführten Fällen erhöht sich die Strafe bis um ein weiteres Jahr, wenn eine der in Art. 471, 472 und 473 erwähnten Schädigungen der körperlichen Unversehrtheit oder der Gesundheit verursacht wurden, wenn aber der Tod eingetreten ist, bis um weitere 2 Jahre.

Art. 488 aufgehoben.

Art. 489 Wer eine der in Art. 486 erwähnten Personen verlassen oder verirrt auffindet und es unterläßt, die Behörde davon sofort zu verständigen, begeht das Vergehen der Unterlassung der Hilfeleistung und wird mit Gefängnis von 1 Monat bis zu 3 Monaten bestraft[52]).

Die gleiche Strafe trifft auch den Fahrer eines Fahrzeugs, der, nachdem er einen Unfall hervorgerufen hat, nicht anhält.

Dieselbe Strafe trifft denjenigen, der eine schwerverwundete oder in Lebensgefahr befindliche Person sieht und es, ohne daß für ihn oder einen anderen begründete Gefahr besteht, unterläßt, ihr Hilfe zu leisten oder die Behörden sofort zu verständigen.

5. Abschnitt

Vergehen gegen das Leben, die körperliche Unversehrtheit und die Gesundheit, begangen von einer Menschenmenge und im Raufhandel

Art. 490 Wenn von einer Menschenmenge ein Verbrechen oder ein Vergehen gegen Personen verübt wird, werden die Vorschriften des Art. 331 angewendet.

---

[51]) Siehe Anmerkung 50.

[52]) Siehe auch Verordnung Nr. 218, Art. 28, Amtsbl. Nr. 36 vom 15. 10 1958 über den Verkehr auf öffentlichen Straßen, in der Anlage zur Ausgabe von 1961 wiedergegeben.

Wenn eine Verletzung der körperlichen Unversehrtheit oder der Gesundheit gelegentlich eines Raufhandels zwischen mehreren Personen stattfindet, ohne daß die Handlung eines jeden einzelnen festgestellt werden kann, werden alle Teilnehmer an dem Raufhandel in den in den Art. 471, 472 und 473 vorgesehenen Fällen mit Gefängnis von einem Monat bis zu 2 Jahren, in den im Art. 475 vorgesehenen Falle mit Gefängnis von 1 Jahr bis zu 3 Jahren bestraft.

2. Kapitel
Vergehen gegen die persönliche Freiheit
1. Abschnitt
Sklaverei und Freiheitsberaubung

Art. 491 Wer eine Person in Sklaverei oder einen ähnlichen Zustand versetzt oder hält, oder sich am Handel oder Transport von Sklaven beteiligt, begeht das Vergehen der Versklavung und wird mit Gefängnis von 1 Jahr bis zu 5 Jahren bestraft.

Art. 492 Wer eine Person ohne gesetzlichen Grund zurückhält, festhält, in Zwangsverwahrung hält oder in anderer Weise ihrer Freiheit beraubt, begeht das Vergehen der Freiheitsberaubung und wird mit Gefängnis von 3 bis zu 6 Monaten bestraft.

Dieselbe Strafe trifft auch denjenigen, der eine Person unberechtigterweise festhält und dies nicht sofort der zuständigen Behörde zur Kenntnis bringt.

Art. 493 Das im vorangehenden Artikel vorgesehene Vergehen wird mit Gefängnis von 5 bis zu 10 Jahren bestraft, wenn:

1. dem Opfer durch die Freiheitsberaubung oder durch die ihm während der Freiheitsberaubung zuteilgewordene Behandlung eine schwere Schädigung der körperlichen Unversehrtheit oder der Gesundheit zugefügt worden ist, oder gegen das Opfer Gewalthandlungen oder Quälereien angewendet wurden;
2. die Freiheitsberaubung länger als einen Monat gedauert hat;
3. die Tat gegen einen ehelichen oder unehelichen Verwandten in auf- oder absteigender Linie, Ehegatten, Bruder oder eine Schwester begangen wurde;
4. die Freiheitsberaubung durch eine Person erfolgt ist, die auf irgendeine Weise eine amtliche Eigenschaft vorgespiegelt hat oder einen gefälschten Auftrag einer öffentlichen Behörde benutzt hat;
5. die der Freiheit beraubte Person über die Landesgrenzen gebracht wurde;
6. die Freiheitsberaubung durch Anwendung von Waffengewalt erfolgt ist.

2. Abschnitt

Drohung und Erpressung

Art. 494 Wer eine Person in furchterregender Weise mit der Verübung einer Straftat oder der Zufügung eines Nachteils bedroht, begeht — wenn nicht eine schwerere Straftat begründet erscheint — das Vergehen der Bedrohung und wird auf Antrag der Betroffenen mit Gefängnis von 1 Monat bis zu 6 Monaten bestraft.

Gefängnisstrafe von 1 Jahr bis zu 3 Jahren ist in nachstehenden Fällen zu verhängen:

1. wenn die Drohung mit der Aufforderung zur Erlegung eines Geldbetrages oder anderer Werte an einen bestimmten Ort oder zu einer bestimmten Zeit verbunden ist;
2. wenn ihr symbolische Zeichen oder andere Mittel beigefügt sind, um glaubhaft zu machen, daß die Drohung von einer mächtigen, geheimen, tatsächlich bestehenden oder erdichteten Vereinigung ausgeht;
3. wenn mit dem Tod, einer Schädigung der körperlichen Unversehrtheit oder der Gesundheit oder einer Brandlegung gedroht wird;
4. wenn der Täter auf irgendeine Weise eine amtliche Eigenschaft vorgespiegelt oder einen gefälschten Auftrag einer öffentlichen Behörde benutzt hat;
5. wenn die Drohung von einer verkleideten oder maskierten Person ausgegangen ist;
6. wenn die Drohung unter Benutzung einer Waffe erfolgte.

In den in Absatz 2 Ziffer 1, 2, 4, 5 und 6 vorgesehenen Fällen erlischt die Strafverfolgung nicht durch Vergleich der Parteien.

Art. 495 Wer, um sich oder einem anderen widerrechtlich einen materiellen Vorteil zu verschaffen, eine Person durch Gewalt oder Drohung nötigt, etwas zu tun oder zu unterlassen oder zu dulden, begeht — sofern die Tat nicht eine schwerere Straftat darstellt — das Vergehen der Erpressung und wird mit Gefängnis von 6 Monaten bis zu 2 Jahren bestraft.

Eine Gefängnisstrafe von 1 Jahr bis zu 3 Jahren ist zu verhängen, wenn die Drohung darin besteht, daß bestehende oder nichtbestehende Tatsachen veröffentlicht werden würden, wodurch die bedrohte Person, eine ihrer Verwandten oder eine mit ihr durch tiefe Zuneigung verbundene Person bloßgestellt werden würde.

Der Versuch ist strafbar.

3. Abschnitt

Hausfriedensbruch

Art. 496 Wer durch Anwendung von Gewalt, Drohung, Einbruch, Einsteigen, Verwendung von Nachschlüsseln, List oder heimlich in die

Wohnung oder die Geschäftsräume oder deren Nebenräume oder in das umfriedete Besitztum einer Person ohne Einwilligung des Bewohners oder des Verfügungsberechtigten eindringt, begeht — sofern die Tat nicht eine schwerere Straftat darstellt — das Vergehen des Hausfriedensbruchs und wird mit Gefängnis von 2 Monaten bis zu 1 Jahr bestraft.

Der Versuch ist strafbar.

Art. 497 Der Hausfriedensbruch wird mit Gefängnis von 6 Monaten bis zu 2 Jahren bestraft, wenn das Vergehen unter nachstehenden Voraussetzungen erfolgte:

1. von einer Bande;
2. während der Nacht;
3. wenn der Täter bewaffnet war;
4. wenn der Täter auf irgendeine Weise eine amtliche Eigenschaft vorgespiegelt hat oder einen gefälschten Behördenauftrag benutzt hat.

Art. 498 Desgleichen begeht das Vergehen des Hausfriedensbruchs und wird mit Gefängnis von 2 bis zu 6 Monaten bestraft, wer sich an den in Art. 496 aufgezeigten Orten befindet und diese auf ausdrückliche Aufforderung des Berechtigten nicht verläßt, sondern durch List oder heimlich dort verbleibt.

Art. 499 Der öffentliche Beamte, der unter Überschreitung seiner Befugnisse oder unter Mißbrauch der Amtsgewalt oder unter Nichtbeachtung der gesetzlich vorgeschriebenen Formalitäten einen der in Art. 496 aufgezeigten Orte gegen den Willen des Bewohners oder des Verfügungsberechtigten betritt oder dort verbleibt, begeht das Vergehen des Hausfriedensbruchs und wird mit Gefängnis von 6 Monaten bis zu 2 Jahren bestraft.

Wenn bei dieser Gelegenheit auch eine Haussuchung oder eine andere willkürliche Handlung begangen wird, ist Gefängnisstrafe von 1 Jahr bis zu 3 Jahren zu verhängen.

Der Versuch ist strafbar.

Art. 500 Die Strafverfolgung der in den Artikeln des vorliegenden Abschnittes vorgesehenen Fälle, wird nur auf Antrag des Verletzten eingeleitet.

4. Abschnitt

Geheimnisverletzung

Art. 501 Wer unrechtmäßig verschlossene Briefe oder andere verschlossene Schriftstücke, die nicht an ihn gerichtet sind, öffnet, um deren Inhalt zu erfahren oder um sich den Inhalt durch Abschrift anzueignen, begeht das Vergehen der Verletzung des Briefgeheimnisses und wird mit Gefängnis von 1 Monat bis zu 6 Monaten bestraft.

Dieselbe Strafe trifft auch denjenigen, der bestimmte Tatsachen aus dem Inhalt eines offenen Briefes, der nicht an ihn gerichtet ist oder ihm nicht anvertraut war, zur Kenntnis nimmt und diese bekanntmacht, um sich einen materiellen Vorteil zu verschaffen oder einem anderen einen materiellen oder moralischen Nachteil zuzufügen.

Wenn die Bekanntgabe unter den Voraussetzungen des Absatzes 2 mit Bezug auf eine im Absatz 1 dieses Artikels erwähnte, jedoch verschlossene Korrespondenz erfolgt ist, ist eine Gefängnisstrafe von 3 Monaten bis zu 1 Jahr zu verhängen.

Art. 502 Wer eine der in Art. 501 erwähnten verschlossenen oder offenen Korrespondenzen unterschlägt oder beseitigt, begeht das Vergehen der Unterschlagung von Briefschaften und wird mit Gefängnis von 1 Monat bis zu 1 Jahr bestraft; wenn er aber den Inhalt des Schreibens unter den in Art. 501 Absatz 2, erwähnten Voraussetzungen bekannt gibt, ist eine Gefängnisstrafe von 1 Jahr bis zu 3 Jahren zu verhängen.

Art. 503 Wer auf betrügerische Art eine telegraphische Mitteilung oder ein Telefongespräch übernimmt oder abfängt, begeht das Vergehen des betrügerischen Abfangens von Mitteilungen und wird mit Gefängnis von 1 Monat bis zu 6 Monaten bestraft.

Wenn der Täter die telegraphische Mitteilung oder das Telefongespräch bekannt gibt, um sich einen materiellen Vorteil zu verschaffen oder einem anderen einen moralischen oder materiellen Schaden zuzufügen, ist eine Gefängnisstrafe von 6 Monaten bis zu 2 Jahren zu verhängen.

Art. 504 Wenn die in den Artikeln 501, 502 und 503 vorgesehenen Vergehen von einem öffentlichen Beamten begangen werden, ist die in diesen Artikeln vorgesehene Strafe mit den dort aufgezeigten Unterscheidungen mit einer Erhöhung bis um weitere 2 Jahre zu verhängen.

Art. 505 Wer vermöge seines Amtes, seines Berufes oder Gewerbes von einem Geheimnis, zu dessen Wahrung er verpflichtet ist, Kenntnis hat und dieses verrät oder bekannt gibt — mit Ausnahme der Fälle, in denen das Gesetz zu einer solchen Enthüllung ermächtigt — und wenn diese Tat einer Person oder einer Familie einen moralischen oder materiellen Nachteil verursachen kann, begeht das Vergehen der Bekanntgabe eines Berufsgeheimnisses und wird mit Gefängnis von 6 Monaten bis zu 2 Jahren bestraft.

Art. 506 Das Behalten von Urkunden, die als Staatsgeheimnisse anzusehen sind, außerhalb der Dienstpflichten, sowie die Bekanntgabe von Staatsgeheimnissen durch diejenigen, denen sie anvertraut sind, oder welche sie in ihrer Amtseigenschaft kennen, wird mit Zwangsarbeit von 5 bis zu 15 Jahren bestraft.

Das Behalten von Urkunden, die als Staatsgeheimnisse anzusehen sind, sowie die Bekanntgabe von Staatsgeheimnissen durch Privatpersonen wird mit Gefängnis von 3 bis zu 10 Jahren bestraft.

Die Bekanntgabe von Entdeckungen, Erfindungen oder Verbesserungen technischer Natur, welche Staatsgeheimnisse darstellen, wird mit Zwangsarbeit von 10 bis zu 20 Jahren bestraft.

Wenn die in den vorangehenden Absätzen aufgeführten Bekanntgaben Informationen betreffen, die zwar nicht als Staatsgeheimnis anzusehen sind, jedoch nicht für die Öffentlichkeit bestimmt sind, ist Gefängnisstrafe von 2 bis zu 7 Jahren zu verhängen.

Die obenerwähnten Straftaten werden nur dann nach den Bestimmungen dieses Artikels bestraft, wenn sie nicht den Tatbestand des Vaterlandverrats oder der Spionage erfüllen.

Art. 506¹ Wer aus Nachlässigkeit die Vernichtung, den Verlust oder die Entwendung von Urkunden, die Staatsgeheimnisse bilden, oder das Bekanntwerden solcher Geheimnisse ermöglicht hat, wird mit Gefängnis von 2 bis zu 7 Jahren bestraft.

Wenn die im vorangehenden Absatz aufgezeigte Tat schwere Folgen verursacht hat, ist auf Zwangsarbeit von 5 bis zu 15 Jahren zu erkennen.

Art. 506² Urkunden und Unterlagen, die Staatsgeheimnisse bilden, sind solche, die durch Beschluß des Ministerrats, der zur allgemeinen Kenntnisnahme veröffentlicht wurde, festgesetzt wurden.

Urkunden und Unterlagen, die zwar keine Staatsgeheimnisse, jedoch nicht für die Öffentlichkeit bestimmt sind, sind diejenigen, die durch Gesetz, Beschüsse des Ministerrats oder Verordnungen der zentralen oder lokalen Organe der Staatsverwaltung und der anderen gemeinnützigen Einheiten und Organisationen ausdrücklich als solche erklärt wurden.

3. Kapitel

Vergehen gegen die Ehre

1. Abschnitt

Verleumdung und Diffamierung

Art. 507 Wer öffentlich auf irgendeine Weise in bezug auf eine Person bestimmte Tatsachen aus ihrem öffentlichen oder beruflichen Leben und Wirken behauptet oder unterstellt, die, wenn sie wahr sein würden, diese Person der straf- oder disziplinarrechtlichen Verfolgung oder der öffentlichen Verachtung aussetzen würden, begeht das Vergehen der Verleumdung bezüglich des öffentlichen oder beruflichen Lebens und wird mit Gefängnis von 3 Monaten bis zu 1 Jahr bestraft.

Art. 508 Wer öffentlich auf irgendeine Weise von einer Person bestimmte Tatsachen, die ihr Privatleben oder ihren persönlichen Ruf betreffen, behauptet oder ihr unterstellt, die, wenn sie wahr wären, diese Person einer straf- oder disziplinarrechtlichen Verfolgung oder der öffentlichen Verachtung aussetzen würden, begeht das Vergehen der Verleumdung des Privatlebens und wird mit Gefängnis von 6 Monaten bis zu 2 Jahren bestraft.

Art. 509 In dem in Art. 507 vorgesehenen Falle, wird die Verleumdung mit Gefängnis von 6 Monaten bis zu 1 Jahr bestraft, wenn das Vergehen verübt wird:

1. gegen eine staatliche Körperschaft oder öffentliche Verwaltungsstelle, oder gegen eine Verwaltungsstelle oder ein Unternehmen, an welchem öffentliche Interessen beteiligt sind, gegen eines ihrer Mitglieder oder gegen einen öffentlichen Beamten;
2. durch die Presse, durch irgendeine Art der Nachrichtenübermittlung oder in öffentlichen Versammlungen.

Wenn die in Art. 508 erwähnten Taten unter den in Abs. 2 vorgesehenen Voraussetzungen begangen wurden, ist eine Gefängnisstrafe von 1 Jahr bis zu 2 Jahren zu verhängen.

Art. 510 Wenn wahre oder lügenhafte Tatsachen behauptet, bekanntgemacht oder unterstellt wurden, für welche die Bestimmungen der Art. 514, 515 und 516 den Wahrheitsbeweis nicht zulassen, so wird der Tatbestand des Vergehens der Diffamierung begründet, das mit einer Gefängnisstrafe von 2 bis zu 6 Monaten bestraft wird.

Art. 511 Wer auf irgendeine Weise das Andenken eines Verstorbenen beleidigt, begeht das Vergehen der Verunglimpfung des Andenkens eines Verstorbenen und wird mit Gefängnis von 1 Monat bis zu 3 Monaten bestraft.

2. Abschnitt

Beleidigung

Art. 512 Wer auf irgendeine Weise einen Angriff auf die Ehre oder das Ansehen einer Person unternimmt oder sie dem Spott aussetzt, begeht, wenn nicht einer der in Art. 507, 508 und 510 vorgesehenen Fälle vorliegt, das Vergehen der Beleidigung und wird mit Gefängnis bis zu 2 Monaten oder mit Geldstrafe von 100 bis zu 150 Lei bestraft.

Eine Beleidigung ist auch in dem Falle gegeben, wenn ein Mangel, Krankheiten oder Gebrechen jemandem vorgeworfen oder vorgehalten werden, die, selbst wenn sie wirklich bestehen würden, aus Menschlichkeitserwägungen Mitleid erregen.

Art. 513 Die Beleidigung ist mit Gefängnis von 2 bis zu 4 Monaten zu bestrafen, wenn sie unter den in Art. 509 vorgesehenen Voraussetzungen oder in Gegenwart mehrerer Personen erfolgt ist.

3. Abschnitt

Gemeinsame Bestimmungen

Art. 514 Im Falle der Verleumdung oder der Beleidigung kann der Beweis der Wahrheit der Unterstellung oder Behauptung in nachstehenden Fällen erbracht werden:

1. wenn die Unterstellung oder Behauptung zum Schutz oder zur Wahrung eines öffentlichen Interesses oder eines wichtigen und begründeten Privatinteresses vorgebracht wurde. Unter öffentlichem Interesse ist zu verstehen:
   a) die Sicherung einer möglichst guten Auswahl von Personen zur Besetzung der öffentlichen Ämter und Dienststellen,
   b) die Befolgung der Gesetze, Verordnungen und Verfügungen,
   c) die Vorbeugung von Mißbrauch in der öffentlichen Verwaltung,
   d) die Wahrung der Interessen der arbeitenden Klasse;
2. wenn die Unterstellung oder Behauptung Gegenstand eines anhängigen Straf- oder Disziplinarverfahrens ist;
3. wenn die Unterstellung oder Behauptung durch Urteil in einem Gerichts- oder Disziplinarverfahren als wahr festgestellt wurde;
4. wenn der Verleumdete oder Beleidigte die Erbringung des Wahrheitsbeweises ausdrücklich verlangt;
5. wenn sich die Unterstellung oder Behauptung auf das öffentliche Leben eines Beamten oder einer Privatperson bezieht.

Art. 515 Der Wahrheitsbeweis ist in jedem Falle, selbst in den in Art. 514 vorgesehenen Fällen, unzulässig:

1. aufgehoben
2. wenn die Unterstellung oder Behauptung eine Tatsache betrifft, wegen welcher eine Gerichts- oder Disziplinarinstanz einen Freispruch verkündet, die Rehabilitierung ausgesprochen oder die Einstellung des Verfahrens verfügt hat.

Art. 516 Der Wahrheitsbeweis ist in nachstehenden Fällen nur unter der Voraussetzung zulässig, daß die Unterstellung, Behauptung, sowie auch die Art, in welcher sie vorgebracht wurde, zum Schutz oder zur Wahrung eines öffentlichen Interesses notwendig war:

1. wenn die Unterstellung oder Behauptung das engere Leben einer Person oder einer Familie, oder die Ehre einer Frauensperson betrifft, sofern nicht eine Straftat, die von Amts wegen verfolgt werden kann, vorliegt;
2. wenn die Unterstellung oder Behauptung sich auf eine Straftat bezieht, die nur auf Antrag der verletzten Person verfolgt werden kann, ein solcher Antrag nicht gestellt wurde und der Beschuldigte zur Zeit der Verübung der Straftat von diesem Umstand Kenntnis hatte.

Art. 517 Wer den Wahrheitsbeweis für seine Unterstellung oder Behauptung erbracht hat, hat sich keines Vergehens der Verleumdung oder Verunglimpfung schuldig gemacht.

Art. 518 Die Strafverfolgung wegen Verleumdung, Verunglimpfung und Beleidigung kann nur auf Antrag der verletzten Partei eingeleitet werden.

Wenn die Person, gegen deren Ehre eine Straftat verübt worden ist, noch vor Einleitung des Strafverfahrens aus dem Leben geschieden ist, geht das Recht zur Antragstellung auf Einleitung des Strafverfahrens, sofern die in Art. 161 vorgesehene Frist von 3 Monaten noch nicht abgelaufen ist, auf den Ehegatten, die Verwandten in auf- oder absteigender Linie, auf die Brüder und Schwestern und in Ermangelung derselben, auf die Enkel in direkter Linie über; diese können den Antrag innerhalb der Frist von 6 Monaten nach dem Tode des Beleidigten stellen, ohne jedoch auf irgendwelche Geldentschädigungen Anspruch zu haben.

Wegen Verunglimpfung des Andenkens eines Verstorbenen wird die Strafverfolgung auf Grund eines Antrags der im vorangehenden Absatz genannten Personen eingeleitet, die ebenfalls keinen Anspruch auf irgendwelche Geldentschädigungen haben.

Im Falle gegenseitiger Verleumdung, Beleidigung oder Verunglimpfung, ist auch der Täter, wenn diese unter dieselben gesetzlichen Bestimmungen fallen, berechtigt, bis zum Schluß des Verfahrens in erster Instanz einen Antrag auf Strafverfolgung des Klägers zu stellen, selbst wenn die in Art. 161 vorgesehene Frist von 3 Monaten abgelaufen ist.

Durch Vergleich der Parteien erlischt die Strafverfolgung.

Art. 519 Nicht als Verleumdung, Verunglimpfung oder Beleidigung sind Unterstellungen und Behauptungen anzusehen, die von den Parteien oder deren Vertreter im Verlauf von Verhandlungen vor Behörden oder einer Gerichts- oder Disziplinarinstanz mündlich oder schriftlich erhoben wurden, sofern sie im Zusammenhang mit dem Gegenstand der Verhandlung stehen und sachlich notwendig waren.

Art. 520 Nicht als Beleidigung ist der Verweis anzusehen, den eine Person einer anderen in Ausübung des ihr zustehenden Erziehungs- und Zuchtrechts erteilt.

Art. 521 Wenn die Beleidigung infolge des herausfordernden Verhaltens oder Benehmens des Beleidigten erfolgt ist, kann das Gericht auf Freispruch erkennen.

Art. 522 Im Falle gegenseitiger, sofort erwiderter Verleumdung, Verunglimpfung oder Beleidigung, kann das Gericht beide Beschuldigten oder auch nur einen derselben freisprechen.

4. Kapitel

Vergehen gegen die persönliche Ruhe

Art. 523 Der Eigentümer oder Leiter eines Unternehmens, welcher durch Nichtbefolgung oder Umgehung der für den Betrieb vorgesehenen Vorschriften oder aus Unachtsamkeit oder Nachlässigkeit oder aus Böswilligkeit duldet, daß auf irgendeine Weise Lärm gemacht wird, der die zur Erholung oder zur Ausübung gewohnter Beschäftigung notwendige Ruhe einer Person stört, begeht das Vergehen der persönlichen Ruhestörung und wird mit Gefängnis von 1 Monat bis zu 3 Monaten bestraft.

Dieselbe Strafe trifft auch den Eigentümer, Mieter oder Inhaber, der im Gebäude oder in der Wohnung, die er inne hat, auf irgendeine Weise einen übermäßigen Lärm macht oder duldet, der nicht dem Zufall allein zuzuschreiben ist und geeignet ist, die Ruhe seiner Nachbarn zu stören.

Ebenso werden diejenigen bestraft, die aus Mutwillen die Ruhe der in einem Gebäude wohnenden Personen durch Klopfen an das Fenster, Drücken des Klingelknopfes, durch das Telefon oder auf sonstige Weise stören.

XIV. Teil

Verbrechen und Vergehen gegen das Eigentum

1. Kapitel

Diebstahl

Art. 524 Wer einen beweglichen Gegenstand, der ihm nicht gehört, einem anderen, der ihn besitzt oder inne hat, ohne dessen Zustimmung entwendet, um ihn sich rechtswidrig anzueignen, begeht das Vergehen des Diebstahls.

Als bewegliche Sache wird auch jede Energie, die einen Wirtschaftswert hat, angesehen.

Als dem Täter nicht gehörende Sache ist auch jene anzusehen, an der ihm ein Miteigentumsrecht zusteht, oder die sich aus einem gesetzlichen Grunde im Besitz eines anderen befindet.

Der Diebstahl wird mit Gefängnis von 3 Monaten bis zu 2 Jahren und teilweisem Verlust der bürgerl. Rechte von 1 Jahr bis zu 2 Jahren bestraft.

Art. 525 Der Diebstahl ist in den nachstehenden Fällen als schwerer Diebstahl gekennzeichnet:

1. wenn er begangen wird:
   a) in einem der vom Staate anerkannten Glaubensgemeinschaft gewidmeten Raum, an einem dem Gottesdienst geweihten oder einem frommen oder wohltätigen Zweck gewidmetem Gegenstand,
   b) in einem Friedhof, an einem der Verehrung der Toten gewidmeten oder einem bei einem Leichnam gefundenen Gegenstand,
   c) auf dem Felde, im Wasser, in einer Parkanlage oder im Walde, an Vögeln, Tieren, an der Ernte, an gesammelten, geschnittenen oder nichtgeschnittenen Feldfrüchten oder an Geräten,
   d) an einem öffentlichen Ort, wo gewohnheitsgemäß oder bestimmungsgemäß Gegenstände im Vertrauen auf die allgemeine Rechtlichkeit des Publikums abgestellt werden,
   e) an Gegenständen, die sich auf öffentlichen Plätzen befinden,
   f) an Orten, an welchen Gedränge herrscht, wie in allgemeinen Verkehrsmitteln und an Haltestellen derselben, an Plätzen, in Lagerräumen und an anderen ähnlichen Orten, in bezug auf die Gegenstände, welche die an diesem Ort sich aufhaltenden Personen bei sich führen,
   g) an Urkunden, die zum Nachweis des Familienstandes, zur Legitimierung oder Identifizierung dienen,
2. wenn er verübt wird:
   a) zur Zeit und gelegentlich einer Feuersbrunst, eines Schiffbruchs, eines Eisenbahnunfalls, einer Explosion, einer Überschwemmung oder eines anderen öffentlichen Notstandes, oder in der Nähe des Ortes, wo dies stattgefunden hat,
   b) zur Nachtzeit in einem bewohnten oder als Wohnung genutzten Hause, in einem öffentlichen Gebäude, in einem der Berufsausbildung dienenden Raum oder in einem von deren Nebenräumen,
3. wenn er verübt wurde durch:
   a) Übersteigen von Mauern oder Umzäunungen,
   b) Aufbrechen von Schlössern, Türangeln oder jeder anderen Absperrvorrichtung,
   c) Nachschlüssel oder Schlüssel, die sich aus irgendeinem Grunde im Besitz des Täters befinden, ohne daß er das Recht zur Benutzung derselben hat,
4. wenn er begangen wurde:
   a) durch Vortäuschung einer amtlichen Eigenschaft, des Auftrags einer Behörde oder öffentlichen Dienststelle,
   b) durch Maskierung, Vermummung oder Verkleidung des Täters,
   c) von 2 oder mehreren Personen,
   d) von einem Täter, der Waffen oder Betäubungsmittel bei sich hatte, ohne von denselben Gebrauch gemacht zu haben,

5. wenn er begangen wurde:
   a) von einem öffentlichen Beamten, unter Mißbrauch seiner Amtseigenschaft,
   b) von einem Hotelbesitzer, einem Gastwirt, einem Schankwirt, einem Transportunternehmer oder einem Inhaber oder Unternehmer eines allgemein zugänglichen Lokals oder von dessen Personal, an den üblicherweise in einem Lokal oder Fahrzeug in Verwahrung belassenen oder zurückgelassenen Gegenständen, sowie von Reisenden oder Gästen an den im Hotel, in Gast- oder Schankwirtschaft befindlichen Gegenständen,
   c) aufgehoben,
   d) von einem Mitbewohner des Bestohlenen,
   e) an einer Person, die unfähig ist, ihren Willen kundzutun oder sich zu wehren.

In den oben angeführten Fällen ist eine Gefängnisstrafe von 1 Jahr bis zu 5 Jahren und teilweiser Verlust der bürgerl. Rechte von 1 Jahr bis zu 3 Jahren, dagegen in den unter Ziffer 1 Buchstabe g) und unter Ziffer 4 Buchstabe c) und d) vorgesehenen Fällen, eine Gefängnisstrafe von 2 bis zu 7 Jahren und teilweiser Verlust der bürgerl. Rechte von 2 bis zu 5 Jahren zu verhängen.

Art. 526 Der Diebstahl unter Verwandten oder durch einen Minderjährigen oder durch eine unter Kuratel gestellte Person zum Nachteil des Vormundes oder Kurators, kann nur auf Antrag des Geschädigten verfolgt werden.

Die obigen Bestimmungen finden auch auf den in Art. 525 Ziffer 5 Buchstabe d) vorgesehenen Fall Anwendung.

Der Geschädigte kann seinen Antrag auf Strafverfolgung zurückziehen.

Durch die Rücknahme des Strafantrags erlischt die Strafverfolgung der obenerwähnten Personen.

Die Anstifter, Mittäter und Gehilfen, die nicht in dem obenerwähnten Verwandtschaftsgrad stehen, werden in allen Fällen bestraft und können von Amts wegen verfolgt werden.

Art. 527 Der von einem Miteigentümer oder Eigentümer unter den in Art. 524 3. Absatz vorgesehenen Voraussetzungen begangene Diebstahl wird im Falle des einfachen Diebstahls mit Gefängnis von 1 Monat bis zu 1 Jahr, im Falle des schwereren Diebstahls mit Gefängnis von 6 Monaten bis zu 3 Jahren und teilweisem Verlust der bürgerl. Rechte von 1 Jahr bis zu 2 Jahren bestraft.

Art. 528 Der Versuch des in diesem Kapitel vorgesehenen Vergehens ist strafbar.

2. Kapitel
Raub und Seeräuberei
1. Abschnitt
Raub

Art. 529 Wer einen beweglichen Gegenstand, der ihm nicht gehört, einem anderen, der ihn besitzt oder inne hat, mit Gewalt oder durch Drohung entwendet, um ihn sich rechtswidrig anzueignen, begeht das Vergehen des Raubes und wird mit Gefängnis von 3 bis zu 8 Jahren und teilweisem Verlust der bürgerl. Rechte von 2 bis zu 5 Jahren bestraft.

Art. 530 Desgleichen begeht das Vergehen des Raubes und wird gemäß den Bestimmungen des vorangehenden Artikels bestraft:

1. wer bei einem Diebstahl angetroffen, Gewalt oder Drohung anwendet, um den gestohlenen Gegenstand zu behalten oder die Spuren des Vergehens zu verwischen oder um sich selbst oder seinen Mitbeteiligten das Entkommen zu sichern,
2. wer einen Gegenstand, der einer Person gehört, welche er zu diesem Zwecke durch Betäubungsmittel oder irgendwelche anderen Mittel in den Zustand der Bewußtlosigkeit oder der Wehrlosigkeit versetzt hat, an sich bringt,
3. wer durch Gewalt oder Drohung eine Unterschrift oder die Übergabe einer Urkunde, eines Wertpapiers oder irgendeines anderen Schriftstückes, welches eine rechtliche Bedeutung haben kann, erwirkt.

Art. 531 Der Raub wird mit Gefängnis von 5 bis zu 12 Jahren und teilweisem Verlust der bürgerl. Rechte von 3 bis zu 5 Jahren bestraft, wenn er unter nachstehenden Umständen begangen wurde:

1. zur Nachtzeit,
2. auf öffentlichen Wegen oder Plätzen,
3. von 2 oder mehreren Personen,
4. von einer oder mehreren maskierten, vermummten oder verkleideten Personen,
5. von einer oder mehreren Personen, die alle oder teilweise Waffen oder Betäubungsmittel bei sich hatten,
6. durch Schläge oder Mißhandlungen, welche dem Opfer keine schwere Schädigung der Gesundheit oder der körperlichen Unversehrtheit zugefügt haben.

Art. 532 Der Raub wird als Verbrechen mit Zwangsarbeit von 10 bis zu 15 Jahren und Verlust der bürgerl. Rechte von 5 bis zu 8 Jahren in nachstehenden Fällen bestraft:

1. wenn Quälereien begangen wurden,
2. wenn eine der in Art. 473 vorgesehenen Schädigungen der Gesundheit oder der körperlichen Unversehrtheit verursacht oder ein Mordversuch unternommen wurde.

Art. 533 Das Verbrechen des Raubes wird mit lebenslänglicher Zwangsarbeit bestraft, wenn der Tod des Opfers verursacht wurde.

Wenn der Tod des Opfers unter den in Art. 464[1] vorgesehenen Umständen herbeigeführt wurde, ist die Todesstrafe zu verhängen.

Art. 534 Der Versuch der in diesem Abschnitt vorgesehenen Vergehen ist strafbar.

2. Abschnitt

Seeraub

Art. 535 Wer als Besatzungsmitglied eines Schiffes auf offenem Meere und auf eigene Verantwortung durch Gewaltanwendung oder Drohung Kaperhandlungen zu dem Zwecke begeht, ein anderes Schiff oder auf ihm befindliche Güter zu rauben, begeht das Verbrechen des Seeraubes und wird mit Gefängnis von 7 bis zu 10 Jahren und teilweisem Verlust der bürgerl. Rechte von 3 bis zu 6 Jahren bestraft.

Wenn die Tat mit Mißhandlungen der Schiffsbesatzung oder der Reisenden verbunden ist, oder bei diesen eine Schädigung der Gesundheit oder der körperlichen Unversehrtheit verursacht hat, ist auf Zwangsarbeit von 7 bis zu 12 Jahren und Verlust der bürgerl. Rechte von 5 bis zu 8 Jahren, wenn hingegen eine Tötung begangen wurde oder das Schiff geraubt oder vernichtet wurde, auf lebenslängliche Zwangsarbeit zu erkennen.

Als Seeraub wird mit der gleichen Strafe und nach den obigen Merkmalen bestraft:

1. wenn zu dem oben erwähnten Zweck die Tat von der Schiffsbesatzung oder den auf dem Schiff befindlichen Personen auf dem Schiff begangen wurde,
2. wenn Handlungen zu dem Zweck, auf irgendeine Weise einen Schiffbruch oder das Scheitern des Schiffes hervorzurufen, unternommen wurden, um sich die Schiffsladung anzueignen oder die Reisenden zu berauben.

Art. 536 Die Vorschriften des vorangehenden Artikels sind auch auf den Fall anzuwenden, wenn das Verbrechen oder Vergehen des Seeraubes unter Flugzeugen oder unter Flugzeugen und Schiffen begangen wurde.

3. Kapitel

Einige Straftaten gegen das Gemeinschaftsvermögen

Art. 536[1] Der Diebstahl, der Raub, die Vernichtung oder Entwertung, der Betrug oder Mißbrauch des Vertrauens zum Nachteil des öffentlichen Eigentums wird nach den im Art. 236 vorgesehenen Unterscheidungen bestraft.

Entgegen den Bestimmungen des vorangehenden Absatzes sind für den Diebstahl und Raub von Getreide, das öffentliches Eigentum darstellt, bei einem Wert des verursachten Verlustes bis zu 10000 Lei einschließlich die im Art. 236 Buchstabe b) vorgesehene Strafe, bei einem größeren Verlust dagegen, die unter Buchstaben c)—f) einschließlich vorgesehenen Strafen entsprechend zu verhängen.

Ebenso ist, entgegen den Bestimmungen des Absatzes 1, für die Vernichtung, Entwertung oder den Mißbrauch des Vertrauens zum Nachteil des öffentlichen Eigentums, wenn der Wert des verursachten Schadens 100000 Lei übersteigt, die in Art. 235 unter Buchstabe e) vorgesehene Strafe zu verhängen.

Wenn der Raub unter den in Art. 531 bis einschließlich 533 vorgesehenen Voraussetzungen begangen wurde und wenn die in Art. 236 vorgesehene Haupt- und Nebenstrafe leichter ist als die in diesen Artikeln vorgesehene, ist für die in Art. 531 bis einschließlich 533 vorgesehenen Straftaten je nach Fall, und zwar in den im Art. 531 vorgesehenen Fällen teilweise Vermögenseinziehung und in den in Art. 532 und 533 vorgesehenen Fällen völlige Vermögenseinziehung zu verhängen.

Wenn der Diebstahl unter den in Art. 525 aufgezeigten Bestimmungen begangen wurde und wenn die von diesem Artikel vorgesehene Strafe schwerer ist als die in Art. 236 je nach dem Wert des verursachten Schadens vorgesehene, ist die in Art. 525 festgesetzte Strafe zu verhängen.

Die Bestimmungen des Art. 236 betreffend den Versuch, die Anstifter, Gehilfen, Hehler und Begünstiger sind auf alle in dem vorliegenden Artikel vorgesehenen Fälle anzuwenden.

Art. 536² Wer von der Verübung einer der in den Art. 236 und 536¹ vorgesehenen Straftaten Kenntnis hat und die Anzeige darüber unterläßt, begeht das Vergehen der Unterlassung der Anzeige dieser Straftat und wird mit Gefängnis von 1 Jahr bis zu 5 Jahren und teilweisem Verlust der bürgerlichen Rechte von 1 Jahr bis zu 3 Jahren bestraft, ohne daß die Strafe höher als die vom Gesetz für den Täter vorgesehene sein darf.

Die im vorangehenden Absatz erwähnten Personen werden nicht bestraft, wenn sie nach Beginn der Strafverfolgung die Entdeckung der Schuldigen oder deren Verhaftung erleichtern.

Art. 536³ Wenn durch Verübung einer anderen Straftat als der in den Art. 236, 242, 245 und 536¹ vorgesehenen Straftaten, eine Schädigung des öffentlichen Eigentums verursacht wird, wird die Strafe je nach dem, ob die Straftat beabsichtigt oder unbeabsichtigt begangen wurde, entsprechend den Art. 236 oder 242 bemessen. Die Strafe darf nicht höher sein als die im Art. 236 unter Buchstabe e) vorgesehene.

Wenn jedoch die Straftat zu den im II. Buch, I. Teil — Verbrechen und Vergehen gegen den Staat — vorgesehenen Straftaten gehört, ist die Strafe, die nach den im Text aufgezeigten Tatbestandsmerkmalen für die Straftat vorgesehen ist, zu verhängen, jedoch erhöht sich das Mindest- und Höchstmaß derselben bis zu den entsprechenden, in den Bestimmungen des Art. 236 vorgesehenen Grenzen, wenn nach diesen Bestimmungen unter Berücksichtigung des Wertes des verursachten Schadens eine der betreffenden Strafgrenzen höher ist.

Die Bestimmungen der vorstehenden Absätze sind auch in dem Falle anzuwenden, wenn die Straftat in einem Sondergesetz vorgesehen und unter Strafe gestellt ist.

Die Bestimmungen des Art. 236, betreffend den Versuch, die Anstifter, Gehilfen, Hehler und Begünstiger, sind auf alle im vorliegenden Artikel vorgesehenen Fälle anzuwenden.

Art. 536^4 Im Falle des Zusammentreffens von vorsätzlichen Straftaten, die eine Schädigung des öffentlichen Eigentums verursacht haben, ist, wenn nach Maßgabe des durch jede einzelne Straftat verursachten Schadens im Einzelfalle die Strafe der Vermögenseinziehung nicht anwendbar ist und wenn der Gesamtwert der durch alle Straftaten verursachten Schädigungen den Betrag von 50000 Lei übersteigt, die Strafe der teilweisen oder der völligen Vermögenseinziehung zu verhängen.

Art. 536^5 aufgehoben.

Art. 536^{5a} aufgehoben.

Art. 536^6 aufgehoben.

4. Kapitel

Vergehen gegen das Vermögen durch Vertrauensmißbrauch

1. Abschnitt

Vertrauensmißbrauch

Art. 537 Wer aus irgendeinem Rechtsgrund einen fremden, beweglichen Gegenstand besitzt oder innehat und sich diesen rechtswidrig aneignet oder über denselben verfügt oder dessen Rückgabe verweigert, begeht das Vergehen des Vertrauensmißbrauchs und wird mit Gefängnis von 6 Monaten bis zu 3 Jahren und teilweisem Verlust der bürgerlichen Rechte von 6 Monaten bis zu 1 Jahr, bestraft.

Die Strafverfolgung wird nur auf Antrag des Verletzten eingeleitet und erlischt durch Vergleich der Parteien.

Art. 538 Mit einer Gefängnisstrafe von 1 Jahr bis zu 5 Jahren und teilweisem Verlust der bürgerlichen Rechte von 1 Jahr bis zu 3 Jahren wird bestraft, wenn der Vertrauensmißbrauch begangen wurde:

1. durch eine Vertrauensperson des Verletzten, mit Ausnahme der Verwandten;
2. durch eine Person, welcher wegen ihres Berufes oder ihrer dauernden oder zeitweisen Beschäftigung vom Publikum Gegenstände anvertraut werden;
3. in bezug auf Gegenstände, die unter den in Art. 525 Ziffer 2 Buchstabe a) und Ziffer 5 Buchstabe b) aufgeführten Verhältnissen anvertraut wurden.

2. Abschnitt

Betrügerische Geschäftsführung

Art. 539 Wer mit der Verwaltung, Versorgung oder Überwachung fremden Vermögens betraut ist und in dieser Eigenschaft böswillig materielle Schäden demjenigen zufügt, dessen Interesse zu wahren er verpflichtet ist, begeht das Vergehen der betrügerischen Geschäftsführung und wird mit Gefängnis von 6 Monaten bis zu 3 Jahren und teilweisem Verlust der bürgerlichen Rechte von 1 Jahr bis zu 2 Jahren bestraft.

Eine Gefängnisstrafe von 1 Jahr bis zu 5 Jahren und teilweiser Verlust der bürgerlichen Rechte von 2 bis zu 5 Jahren ist zu verhängen, wenn der Täter die betrügerische Geschäftsführung begeht, um sich einen materiellen Vorteil zu verschaffen.

Art. 540 Desgleichen wird als Vergehen der betrügerischen Geschäftsführung mit Gefängnis von 2 bis zu 10 Jahren und teilweisem Verlust der bürgerlichen Rechte von 2 bis zu 5 Jahren die Tat eines Verwalters oder Direktors einer Gesellschaft bestraft:

1. der eine falsche Bilanz aufstellt und aufgrund derselben in irgendeiner Form Dividenden und Teilhabergutscheine für nichtvorhandene Gewinne einkassiert oder ausbezahlt hat;
2. der an der Börse oder durch Verbreitung falscher Nachrichten das Sinken oder Ansteigen des Wertes der Gesellschaftsforderungen hervorgerufen hat, um sich Vorteile zu verschaffen;
3. der außerhalb der Statuten des Gesellschaftsvertrages und ohne Ermächtigung der Generalversammlung aus den Geldbeständen der Gesellschaft Geldentnahmen für den eigenen Gebrauch oder für den Interessen der Gesellschaft fremde Zwecke bewirkt oder den Kredit der Gesellschaft für solche Zwecke mißbraucht;
4. der auf Rechnung der Gesellschaft Aktien einer anderen Gesellschaft zu einem verlustbringenden Preis kauft oder verkauft, um sich oder einem anderen einen materiellen Vorteil zu verschaffen;
5. der sich bei der Konstituierung der Versammlung nichtuntergebrachter Aktien bedient oder die gesetzlichen Bestimmungen für die Ungültig-

keit nichteingezahlter Aktien nicht beachtet, oder Aktien einer Gesellschaft auf Rechnung der eigenen Gesellschaft ohne Ermächtigung oder um einen Betrag, der nicht aus dem ordnungsmäßig festgestellten Gewinn übernommen wurde, erwirbt, oder der Verpflichtungsscheine ohne Ermächtigung oder Aktien zu einem Preis unter dem Nominalwert oder neue Aktien ausgibt, bevor die ausgegebenen Aktien vollständig bezahlt worden sind.

Art. 541 Die Strafverfolgung in den Fällen des Art. 539 und 540 kann nur auf Antrag des Geschädigten eingeleitet werden; wenn jedoch das Vergehen der betrügerischen Geschäftsführung in Ausübung eines behördlichen Auftrags als Vormund, Kurator, Rechtsberater[53]), Bewachungsorgan, Zwangsverwalter, Konkursrichter oder von irgendeinem Verwalter von Stiftungen, deren Haushaltspläne der staatlichen Genehmigung bedürfen, von irgendeinem Testamentsvollstrecker oder von irgendeinem Mitglied des Verwaltungsrates oder der Direktion oder von einem Verwalter oder Prüfer einer Aktiengesellschaft oder Wirtschaftsgenossenschaft oder im allgemeinen von einer Person verübt worden ist, die von einer öffentlichen Behörde den Auftrag oder die Ermächtigung zur Verwaltung fremden Vermögens hat, erfolgt die Strafverfolgung von Amts wegen.

3. Abschnitt

Ausbeutung der Schwächen handlungsunfähiger Personen

Art. 542 Wer, um sich oder einem anderen irgendeinen materiellen Vorteil zu verschaffen, unter Mißbrauch der Notlage, Leidenschaften, Laster oder Unerfahrenheit eines Minderjährigen oder der psychischen Minderwertigkeit oder Unzulänglichkeit einer Person diese veranlaßt, eine Handlung auszuführen, die für sie oder einen anderen eine schädigende Rechtswirkung herbeizuführen geeignet ist, begeht das Vergehen der Ausbeutung von Schwächen oder Lastern und wird mit Gefängnis von 1 Jahr bis zu 4 Jahren und teilweisem Verlust der bürgerlichen Rechte von 1 Jahr bis zu 3 Jahren bestraft.

4. Abschnitt

Fundunterschlagung und rechtswidrige Vorenthaltung

Art. 543 Wer einen Gegenstand findet und ihn nicht innerhalb 8 Tagen den Behörden oder dem Verlierer übergibt, begeht das Vergehen der Fundunterschlagung und wird mit Gefängnis von 1 Monat bis zu 6 Monaten bestraft.

---

[53]) Siehe Anmerkung 8.

Die Strafe beträgt Gefängnis von 3 Monaten bis zu 1 Jahr, wenn der Gegenstand in einem Haus, Hof, Garten oder anderen Raum gefunden wurde und dem Eigentümer oder Mieter nicht gezeigt wurde.

Die gleiche Strafe trifft auch den Kutscher, Fahrer, Hotelbesitzer, Gastwirt oder andere ähnliche Personen, die einen von einem Gast oder Reisenden vergessenen Gegenstand nicht der Polizei übergeben.

Wenn die oben angeführten Taten von Verwandten begangen wurden, erfolgt die Strafverfolgung nur auf Antrag des Geschädigten.

Art. 543[1] Wer eine gefundene Urkunde, die zum Nachweis des Familienstandes, zur Legitimierung oder Identifizierung dient, nicht innerhalb von 48 Stunden der Polizei oder dem Verlustträger übergibt, wird mit Gefängnis von 6 Monaten bis zu 3 Jahren bestraft.

Art. 544 Es begeht das Vergehen der rechtswidrigen Vorenthaltung und wird mit Gefängnis von 2 bis zu 6 Monaten bestraft:

1. wer, wenn er einen Schatz findet, denselben vorenthält und den Fund nicht innerhalb von 8 Tagen der Behörde meldet;
2. wer, irrtümlich in den Besitz eines Gegenstandes, der einem anderen gehört, gelangt, dies den zuständigen Stellen nicht meldet und sich diesen rechtswidrig aneignet.

5. Abschnitt

Mißbrauch des beruflichen Vertrauens

Art. 545[54]) Der Rechtsanwalt, der Geschenke oder Versprechungen der gegnerischen Seite annimmt und durch Handlungen oder Unterlassungen der Sache seines Klienten schadet, begeht das Vergehen des Mißbrauchs des Berufsvertrauens und wird mit Gefängnis von einem Jahr bis zu 5 Jahren und teilweisem Verlust der bürgerlichen Rechte von 1 Jahr bis zu 2 Jahren bestraft.

Die Strafe besteht in Gefängnis von 2 bis zu 7 Jahren und teilweisem Verlust der bürgerlichen Rechte von 2 bis zu 5 Jahren, wenn die obengenannte Handlung sich auf die Interessen eines Strafverfolgten bezieht.

Die im vorangehenden Absatz vorgesehene Strafe wird auch über den Rechtsanwalt verhängt, der, um ein höheres Honorar zu erzielen, angibt, daß er die Gunst eines Richters oder eines öffentlichen Beamten kaufen muß.

---

[54]) Im Zusammenhang mit Art. 545 und 546 siehe auch Verordnung Nr. 281 vom 21. 7. 1954 betreffend die Einrichtung und Ausübung des Rechtsanwaltsberufes in der RVR, wiedergegeben mit den Änderungen durch Verordnung Nr. 102/1958 im Amtsbl. Nr. 11 vom 6. 3. 1958 (Art. 28, 29, 39, 40).

Art. 546[55]) Wenn ein Rechtsanwalt durch Handlungen oder Unterlassungen die Interessen eines Beschuldigten schädigt, wird er wie folgt bestraft:

1. im Falle eines Verbrechens mit Gefängnis von 1 Jahr bis zu 5 Jahren und teilweisem Verlust der bürgerlichen Rechte von 1 Jahr bis zu 2 Jahren;
2. im Falle eines Vergehens mit Gefängnis von 3 Monaten bis zu 1 Jahr und teilweisem Verlust der bürgerlichen Rechte von 6 Monaten bis zu 1 Jahr;
3.[56]) im Falle einer Übertretung mit Gefängnis von 1 Monat bis zu 6 Monaten.

Art. 547 Ein Transportunternehmer oder dessen Beauftragter, der die ihm zur Beförderung anvertrauten Gegenstände oder Waren, nach Art oder Qualität ganz oder zum Teil vertauscht, begeht das Vergehen des Beförderungsbetrugs und wird mit Gefängnis von 2 Monaten bis zu 1 Jahr bestraft.

Wenn das Vertauschen durch Beimengung schädlicher Stoffe bewirkt wurde, ist Gefängnisstrafe von 3 Monaten bis zu 2 Jahren zu verhängen, sofern die Tat nicht eine schwerere Straftat darstellt.

6. Abschnitt

Betrügerische Schädigung von Gläubigern

Art. 548 Wer, um einen Gläubiger zu benachteiligen, Teile seines Vermögens verbirgt, übereignet, verschlechtert, vergeudet oder vernichtet oder zum Nachteil seiner Gläubiger Schulden oder andere rechtserhebliche Tatsachen vortäuscht, begeht das Vergehen der Benachteiligung von Gläubigern und wird mit Gefängnis von 6 Monaten bis zu 2 Jahren und teilweisem Verlust der bürgerlichen Rechte von 1 Jahr bis zu 2 Jahren bestraft.

Die Strafverfolgung wird nur auf Antrag des Geschädigten eingeleitet.

7. Abschnitt

Betrug

Art. 549 Wer, um für sich oder für einen anderen einen rechtswidrigen materiellen Vorteil zu erlangen, bewirkt, daß unwahre Tatsachen für wahr gehalten werden, oder wahre Tatsachen als unwahr darstellt und dadurch einen Vermögensschaden einer Person verursacht, begeht das Vergehen des Betrugs und wird mit Gefängnis von 3 Monaten

---

[55]) Siehe Anmerkung 54.

[56]) Gem. den Bestimmungen der Verordnung 184, veröffentl. im Amtsbl. Nr. 25 vom 21. 5. 1954, werden Übertretungen nicht mehr als Straftaten angesehen.

bis zu 2 Jahren und teilweisem Verlust der bürgerlichen Rechte von 1 Jahr bis zu 2 Jahren bestraft.

Mit der gleichen Strafe wird auch derjenige bestraft, der, um sich oder einem anderen einen materiellen Vorteil zu verschaffen, gewohnheitsmäßig Wahrsagerei, Chiromantie, Voraussagen der Zukunft oder Zauberei betreibt.

Wenn der Täter bei Begehung der im ersten Absatz des vorliegenden Artikels vorgesehenen Tat sich eines falschen Namens, erdichteter Eigenschaften oder anderer betrügerischer Mittel bedient, ist die Strafe Gefängnis von 1 Jahr bis zu 3 Jahren und teilweiser Verlust der bürgerlichen Rechte von 1 Jahr bis zu 3 Jahren.

Art. 550 Die im Art. 549 aufgeführten Strafen, jedoch bis um weitere 2 Jahre erhöht, werden verhängt, wenn die Taten begangen wurden:

1. von einem Staatsangestellten, Rechtsanwalt, Beauftragten oder Privatangestellten in Ausübung seines Amtes oder seines Auftrages;
2. von einer Person, die die Eigenschaft eines öffentlichen Beamten vorgetäuscht hat.

Art. 551 Es begeht das Vergehen des Betrugs bei Verträgen und wird nach den im Art. 549 aufgezeigten Unterscheidungen bestraft, wer gelegentlich des Abschlusses oder der Erfüllung eines Vertrags die Gegenseite auf eine solche Weise in Irrtum bringt oder beläßt, daß diese ohne diesen Irrtum den Vertrag unter den vereinbarten Bedingungen nicht abgeschlossen oder erfüllt hätte.

Art. 552 Wer zu dem in Art. 549 angeführten Zweck eine Person über die Lebens- und Arbeitsbedingungen in einem Auswanderungsland oder über die Vorteile, welche dieses Land den Eingewanderten bietet, in Irrtum bringt oder beläßt und sie zur Auswanderung bestimmt oder wer die Person in ein anderes Land als das, in welches sie gehen wollte, verbringt, wodurch ihr oder einem anderen ein materieller Schaden zugefügt worden ist, begeht das Vergehen des Auswanderungsbetrugs und wird mit Gefängnis von 3 Monaten bis zu 2 Jahren bestraft.

Mit den gleichen Strafen wird die Werbetätigkeit zur Auswanderung unter den im vorigen Absatz beschriebenen Bedingungen bestraft.

Art. 553 Wer zu dem in Art. 549 erwähnten Zweck einen Scheck auf eine Bank oder eine Person ausstellt, im Bewußtsein, daß sie nicht die notwendigen oder hinreichenden Zahlungsmittel oder Deckung hat, ebenso wer zu demselben Zweck nach der Ausstellung die Zahlungsmittel ganz oder zum Teil zurückzieht oder dem Bezogenen untersagt, vor Ablauf der Präsentationsfrist Zahlung zu leisten und dadurch dem Besitzer des Schecks einen Schaden verursacht, begeht das Vergehen des Scheckbetrugs und wird mit Gefängnis von 2 bis zu 5 Jahren bestraft.

Art. 554 Wer, um für sich oder einen anderen die Entschädigung aus einem Versicherungsvertrag oder einen anderen unrechtmäßigen Vorteil zu erlangen, ihm oder einem anderen gehörige Sachen ganz oder zum Teile auf irgendeine Art vernichtet, verschleudert oder beschädigt oder sich selbst oder einem anderen Verletzungen oder Gebrechen beibringt, begeht das Vergehen des Betrugs gegen den Versicherer und wird mit Gefängnis von 6 Monaten bis zu 2 Jahren, wenn aber die Vernichtung der eigenen Sache, die versichert war, durch Brandstiftung erfolgt ist, mit Gefängnis von 1 Jahr bis zu 5 Jahren bestraft.

Art. 555 Der Versuch der in diesem Kapitel aufgeführten Vergehen wird bestraft.

Art. 555[1] Die Nichtbeachtung der Urheberrechte an schriftstellerischen, wissenschaftlichen oder künstlerischen Werken oder an irgendwelchen anderen Schöpfungen der gleichen Art oder an technisch-wissenschaftlichen Werken durch unrechtmäßige Nutzung derselben, wird mit Gefängnis von 3 Monaten bis zu 3 Jahren oder mit einer Geldstrafe von 300 bis zu 1000 Lei bestraft.

Die Strafverfolgung wird nur auf Antrag des Geschädigten eingeleitet.

5. Kapitel

Verrückung der Grenzen, Vernichtung der Grenzzeichen, Beschädigungen oder andere Störungen des Eigentums

Art. 556 Wer, um sich ein im Besitz eines anderen befindliches Grundstück rechtswidrig anzueignen, die Grenzzeichen verschiebt oder verschieben läßt, begeht das Vergehen der Verrückung der Grenzen und wird mit Gefängnis von 1 Monat bis zu 1 Jahr bestraft.

Art. 557 Wer irgendein Zeichen oder irgendeinen Gegenstand, die als Grenzbezeichnung zwischen verschiedenen Besitzungen dienen, beseitigt, begeht das Vergehen der Beseitigung von Grenzzeichen und wird mit Gefängnis von 1 Monat bis zu 6 Monaten bestraft.

Art. 558 Wer durch Gewalt oder Drohung einen im Besitz eines anderen befindlichen unbeweglichen Vermögenswert rechtswidrig in Besitz nimmt, begeht das Vergehen der Besitzstörung und wird mit Gefängnis von 2 bis zu 6 Monaten bestraft.

Art. 559 Wer einen beweglichen oder unbeweglichen Vermögenswert, der ganz oder teilweise einem anderen gehört, beschädigt, begeht das Vergehen der Sachbeschädigung fremden Eigentums und wird mit Gefängnis von 1 Monat bis zu 1 Jahr bestraft.

Die gleiche Strafe trifft auch denjenigen, der ohne Grund Tiere, die einem anderen gehören, umbringt oder sie auf irgendeine Weise für die Nutzung unbrauchbar macht.

Art. 560 Eine Gefängnisstrafe von 6 Monaten bis zu 2 Jahren wird verhängt, wenn das in Art. 559 vorgesehene Vergehen begangen wurde:

1. an einem öffentlichen oder für den öffentlichen Gebrauch bestimmten Gebäude, einem Flughafen, an einem Denkmal oder einer öffentlichen Anlage, an einer dem öffentlichen Nutzen dienenden Pflanzung, an einem Friedhof, an einer Werkhalle, an einem Flugzeug oder Schiff, sofern nicht die im Art. 352 aufgeführte Straftat vorliegt,
2. an einer Bibliothek, einem Archiv, einer öffentlichen Sammlung oder an einem dortselbst zu wissenschaftlichen, künstlerischen, dokumentarischen oder industriellen Zwecken aufbewahrten Gegenstand, sowie an einem Register, einer Urkunde oder an einem Schriftstück, welches einer öffentlichen Dienststelle angehört oder dort aufbewahrt wird,
3. an einem öffentlichen oder privaten Kreditpapier oder an einem Handelsbuch, das zum Teil oder ganz einem anderen gehört,
4. an Gegenständen von Zeugen, Sachverständigen oder öffentlichen Beamten, aus Rache für von ihnen abgegebene Zeugenaussagen oder Gutachten oder für Arbeiten, die sie in Ausübung ihres Amtes geleistet haben,
5. durch Anwendung von Gewalt oder Drohung,
6. aufgehoben,
7. von einem öffentlichen Beamten an einem ihm anvertrauten Gegenstand oder einer Urkunde,
8. von einer Menschenmenge.

Art. 561 Wer als Eigentümer, Pächter oder in einer anderen Eigenschaft eine Mühle, ein Stampfwerk, ein Sägewerk oder andere ähnliche Anlagen hat und absichtlich den Wasserzufluß durch einen Staudamm über den zulässigen Stand erhöht und auf diese Weise eine Überschwemmung auf dem Eigentum eines anderen oder auf Wegen verursacht, begeht das Vergehen der Beschädigung durch Überschwemmung und wird mit Gefängnis von 1 Monat bis zu 3 Monaten bestraft.

Art. 562 Wer, um einem anderen einen Schaden zuzufügen, eine beglaubigte oder von einer Privatperson unterschriebene Urkunde, die nicht ihm oder nicht ausschließlich ihm gehört, unbrauchbar macht oder vernichtet oder eine nicht ihm gehörende Urkunde verbirgt, begeht das Vergehen der Vernichtung von Urkunden und wird mit Gefängnis von 3 Monaten bis zu 2 Jahren bestraft.

Art. 563 Die Strafverfolgung für die in den Art. 556, 557, 558 und 559 vorgesehenen Vergehen wird auf Antrag des Geschädigten eingeleitet.

6. Kapitel

Glücksspiel, Lotterie und Geschäfte gegen die öffentliche Wirtschaftsordnung

Art. 564 Wer ohne gesetzliche Genehmigung irgendein öffentliches Glücksspiel veranstaltet oder unterhält, ebenso wer dazu Vorschub leistet, begeht das Vergehen der Veranstaltung von Glücksspielen und wird mit Gefängnis von 3 Monaten bis zu 1 Jahr bestraft.

Die Strafe ist Gefängnis von 6 Monaten bis zu 2 Jahren:

1. wenn der Täter die Tat gewohnheitsmäßig oder gewerbsmäßig begeht,
2. wenn er für den öffentlichen Betrieb von Glücksspielen ein Gebäude eröffnet oder unterhält,
3. wenn zum Spielen Personen unter 18 Jahren zugelassen werden.

Art. 565 Es begeht das Vergehen des Glücksspiels und wird mit einer Geldstrafe von 200 bis 3000 Lei bestraft, wer an einem öffentlichen oder der Öffentlichkeit zugänglichen Ort an einem unerlaubten Glücksspiel teilnimmt.

Art. 566 Mit Gefängnis von 3 Monaten bis zu 2 Jahren wird derjenige bestraft, der, wenn auch ermächtigt, ein öffentliches Glücksspiel zu veranstalten oder zu diesem Zwecke ein eigenes Gebäude zu unterhalten, zum Spiel Personen unter 18 Jahren zuläßt.

Art. 567 In den Fällen des Art. 564 kann das Gericht auf eine Kaution für gute Führung erkennen.

Art. 568 Wer ein öffentliches oder der Öffentlichkeit zugängliches Lokal unterhält und in diesem Glücksspiele zuläßt oder duldet, begeht das Vergehen der Duldung von Glücksspielen und wird mit Gefängnis von 1 Monat bis zu 3 Monaten bestraft.

Im Falle des Rückfalls kann auch die in Art. 84 vorgesehene Sicherheitsmaßnahme der Schließung des Lokals ausgesprochen werden.

Art. 569 Als Glücksspiel wird ein Spiel angesehen, bei dem der Gewinn oder der Verlust ganz oder zum Großteil vom Zufall abhängt.

Art. 570 Wer ohne gesetzliche Zulassung durch irgendein Mittel eine Lotterie, gleich welcher Art, eröffnet, veranstaltet oder vermittelt, begeht das Vergehen des Glücksspiels durch Lotterie und wird mit Gefängnis von 1 Monat bis zu 3 Monaten bestraft.

Art. 571 Es begeht das Vergehen des Spielens an der Börse und wird mit Gefängnis von 1 Monat bis zu 3 Monaten bestraft, wer auf einen Wertunterschied rechnet, um damit zu bezahlen, oder wer Verträge über den Verkauf oder die Übergabe von Wertpapieren, Aktien oder anderen an der Börse notierten Kreditpapieren abschließt, wenn er als Verkäufer im Zeitpunkt der Übergabe die Wertpapiere gar nicht besitzt.

Art. 572 Wer durch vorgetäuschte Angebote oder Nachfragen oder durch Veröffentlichung oder Verbreitung von falschen, übertriebenen oder entstellten Nachrichten oder durch Anwenden anderer betrügerischer Machenschaften, die geeignet sind, die Preisbildung zu beeinflussen, den inneren Markt der an der Börse oder am Markt gehandelten Wertpapiere oder Waren zu verwirren beabsichtigt, begeht das Vergehen der Spekulation gegen die öffentliche Wirtschaft und wird mit Gefängnis von 2 bis zu 6 Monaten bestraft.

Wenn durch das Begehen der oben angeführten Tat ein Steigen oder Absinken der Preise der an der Börse oder sonst gehandelten Wertpapiere oder Waren verursacht wurde, wird eine Gefängnisstrafe von 6 Monaten bis zu 2 Jahren verhängt.

Art. 573 Wer, um den Vorrat an Verbrauchswaren zu verringern, Rohstoffe oder Landwirtschafts- oder Industrieerzeugnisse oder Erzeugungsmittel vernichtet und dadurch eine schwere Schädigung der öffentlichen Verbrauchsbedürfnisse verursacht, begeht das Vergehen der Spekulation mit Verbrauchswaren und wird mit Gefängnis von 1 Jahr bis zu 3 Jahren bestraft.

XV. Teil

Vergehen gegen das Erwiderungsrecht in der Presse und andere Vergehen in der Presseverwaltung

Art. 574 Es begeht das Vergehen der Verweigerung der Veröffentlichung einer Erwiderung und wird mit einer Geldstrafe von 200 bis 1000 Lei bestraft, der Leiter oder in Ermangelung eines solchen der Schriftleiter einer periodischen Druckschrift, welcher sich weigert, die Erwiderung einer in dieser Druckschrift unmittelbar oder mittelbar angesprochenen Person spätestens in der ersten Nummer, die zwei Tage nachdem ihm durch Gerichtsbeschluß oder einen öffentlichen Notar die Erwiderung bekanntgegeben wurde erscheint, zu veröffentlichen.

Das gleiche Recht hat jede der in Art. 511 bezeichneten Personen, wenn das Ansehen eines Verstorbenen geschmäht wurde, selbst wenn diese nicht persönlich angegriffen wurde.

Die Erwiderung wird unentgeltlich, ohne Zusatz oder Erläuterung, in der gleichen Ausgabe, mit den gleichen Lettern und an dem gleichen Platz der Veröffentlichung, auf welchem der Artikel oder die Information, auf die erwidert wird, erschienen ist, veröffentlicht.

Die Erwiderung darf berechnet nach Zahl der Wörter, höchstens doppelt so lang sein wie der Artikel, auf den sie sich bezieht.

Der Leiter kann die Veröffentlichung einer Erwiderung verweigern, wenn sie nicht objektiv verfaßt ist oder gegen die guten Sitten verstößt oder beleidigende Ausfälle gegen eines der Mitglieder der Direktion, Redaktion oder Verwaltung der Zeitung oder gegen andere fremde Personen enthält.

Das Recht auf Veröffentlichung einer Erwiderung erlischt innerhalb von 30 Tagen nach dem Erscheinen des Artikels oder der Nachricht, die dazu Anlaß gegeben hat.

Der Geschädigte kann für den Fall der ungerechtfertigten Weigerung der Veröffentlichung seiner Erwiderung den Gerichtshof anrufen, der ohne Verzug zu erkennen und spätestens 10 Tage nach Erhebung der Beschwerde die Entscheidung zu verkünden hat. Wenn der Gerichtshof die Weigerung als ungerechtfertigt feststellt, ordnet er außer der oben erwähnten Bestrafung auch das Einrücken der Erwiderung an, das spätestens 3 Tage nach der Verkündung des Urteils, unter Androhung einer Geldstrafe von 50 Lei für jeden Tag der Verzögerung zu erfolgen hat.

Die Veröffentlichung der Erwiderung des Geschädigten hindert nicht das Recht auf Strafverfolgung wegen der durch die Veröffentlichung des Artikels begangenen Straftaten, die die Erwiderung veranlaßt haben.

Art. 575 Der Eigentümer einer Zeitung oder Druckschrift, der nicht auf der Stirnseite derselben sichtbar und ständig die Namen des Leiters oder des verantwortlichen Schriftleiters abdruckt oder bezüglich dieser Personen eingetretene Änderungen nicht angibt, oder der eine Person als Leiter oder verantwortlichen Schriftleiter behält, die nicht rumänischer Staatsbürger ist, ihren Wohnsitz nicht im Lande hat oder eine strafgerichtliche Verurteilung mit teilweisem Verlust der bürgerlichen Rechte erlitten hat, oder der nicht bei der zuständigen Behörde seinen Namen und Wohnort, die Bezeichnung der periodischen Druckschrift, die Art ihres Erscheinens und den Namen des Leiters oder verantwortlichen Schriftleiters vor Erscheinen der periodischen Druckschrift bekannt gibt, wird mit Gefängnis von 2 bis zu 6 Monaten bestraft.

Wenn das Eigentum an einer Zeitung oder periodischen Druckschrift einer Handelsgesellschaft zusteht, wird die strafrechtliche Verantwortung für die oben angeführten Taten getragen: bei offenen Handelsgesellschaften von allen Gesellschaftern; bei einer einfachen Kommanditgesellschaft von dem Kommanditisten; bei anonymen Aktiengesellschaften und Kommanditaktiengesellschaften von der mit der Verwaltung der Gesellschaft betrauten Person.

Art. 576 Der Leiter und mangels eines solchen der verantwortliche Schriftleiter einer periodischen Druckschrift, der nicht in der nächsten Nummer ein rechtskräftiges Urteil, dessen Veröffentlichung durch das Gericht verfügt und ihm zu diesem Zweck mitgeteilt worden ist, veröffentlicht, wird mit Geldstrafe von 200 bis zu 2000 Lei bestraft.

Art. 577 Der Leiter und mangels eines solchen der verantwortliche Schriftleiter einer periodischen Druckschrift, der nicht unentgeltlich amtliche Mitteilungen veröffentlicht, die zur Berichtigung der in der betreffenden Druckschrift erschienenen irrigen Tatsachen bestimmt sind, wird mit Geldstrafe von 200 bis 1000 Lei bestraft.

Die Berichtigung oder Antwort darf die doppelte Wortzahl des zu berichtigenden Artikels nicht überschreiten.

Art. 578 Mit Geldstrafe von 500 bis zu 2000 Lei wird bestraft:

1. der Drucker, der nicht auf der Drucksache seinen Namen und Wohnsitz angegeben hat, oder der Zeitungen oder periodische Druckschriften gedruckt hat, die weder einen Leiter noch einen verantwortlichen Schriftleiter hatten,
2. der Drucker, der der gesetzlichen Kautionspflicht nicht nachgekommen ist,
3. wer Zeitungen oder sonstige Druckschriften verkauft oder vertreibt, die nicht den Namen einer der für den Inhalt verantwortlichen Personen enthalten.

XVI. Teil

Straftaten in Mietangelegenheiten

Art. 578¹ Jede Veräußerung sowie jede Beschädigung oder Vernichtung auf irgendeine Weise aus Absicht oder aus grober Fahrlässigkeit durch die Mieter, in bezug auf Güter und Einrichtungsgegenstände der im Staatseigentum befindlichen Gebäude, in denen diese wohnen, wird mit Gefängnis von 6 Monaten bis zu 5 Jahren bestraft.

Art. 578² Jede böswillige Verhinderung der Anwendung der gesetzlichen Bestimmungen bezüglich der Nutzung des gemieteten Wohnraums, sowie bezüglich der Grundlagen zur Festsetzung der Miete und der gemeinsamen Kosten für Erhaltung, Benutzung und Beheizung, wird mit Gefängnis von 3 Monaten bis zu 2 Jahren bestraft.

Art. 578³ Mit Gefängnis von 1 Monat bis zu 2 Jahren wird bestraft:

a) wer eine höhere als die gesetzlich festgesetzte Miete fordert, annimmt oder bezahlt.
   Der Mieter, der die Straftat anzeigt, bleibt straffrei,

b) wer als Eigentümer, Mieter oder Verwalter des Gebäudes das Zusammenleben mit den anderen Mietern des Gebäudes unmöglich macht oder die ordnungsmäßige Benutzung der Wohnung der anderen Mieter verhindert, sofern die Tat nicht eine schwerere Straftat darstellt,

c) das böswillige Nichtbezahlen der für die Mieter festgesetzten Anteile an den Gemeindeabgaben oder an den Kosten der Erhaltung, Benutzung und Beheizung.

In den unter Buchstaben b) und c) aufgeführten Fällen wird die Strafverfolgung auf Antrag des Geschädigten eingeleitet.

XVII. Teil

Straftaten gegen die allgemeine Ordnung

Art. 578^{4} Es begeht die Straftat der Schmähung und wird mit Gefängnis von 6 Monaten bis zu 5 Jahren bestraft, wer Handlungen oder Gesten vollzieht oder wer Ausdrücke benützt oder andere Kundgebungen macht, die Mangel an Anstand oder an Achtung gegenüber den Regeln des gesellschaftlichen Zusammenlebens zum Ausdruck bringen.

Art. 578^{4a} Die Anstiftung, Beihilfe oder Begünstigung des Vergehens der Schmähung wird wie die Straftat selbst bestraft.

Im Falle der Zubilligung von Milderungsumständen für die in Art. 578^{4} sowie für die in Absatz 1 des vorliegenden Artikels vorgesehene Tat kann das Gericht eine Gefängnisstrafe unter dem besonderen Mindestmaß, jedoch nicht weniger als 3 Monate oder für Minderjährige nicht weniger als 1 Monat verhängen.

Art. 578^{5} Die Nichterfüllung der Verpflichtungen, die den Eltern oder irgendeiner Person, der ein Minderjähriger zum Aufziehen und zur Erziehung anvertraut wurde, obliegen, wird, wenn dies die wiederholte Verübung von Schmähungshandlungen seitens des Minderjährigen zur Folge hatte, mit Gefängnis von 3 Monaten bis zu 1 Jahr oder mit Geldstrafe von 50 bis zu 300 Lei bestraft.

Art. 578^{6} Nachstehende Taten werden mit einer Gefängnisstrafe von 6 Monaten bis zu 5 Jahren und mit teilweisem Verlust der bürgerl. Rechte von 1 Jahr bis zu 3 Jahren bestraft:

a) jede öffentliche und durch jede Art der Nachrichtenübermittlung begangene Diffamierung, Verleumdung oder schwere Beleidigung, die gegen die gesellschaftliche oder staatliche Ordnung im Staate und in den öffentlichen Institutionen oder die gegen eine staatliche Institution oder öffentliche Organisation gerichtet ist,

b) diffamierende Handlungen oder Drohungen gegen Personen, die in der Regierung oder im öffentlichen Leben tätig sind, in Zusammenhang mit dieser ihrer öffentlichen Tätigkeit, ausgenommen die Fälle, wenn die Drohung mit Terrorakten verbunden ist,

c) Äußerungen der Mißachtung gegen die von den Zivil- oder Militärbehörden als Symbol ihrer Autorität geführten Hoheits- und Kennzeichen sowie gegen alle anderen Abzeichen der öffentlichen Autorität.

Der Strafvollzug erfolgt in einem Umerziehungslager durch Arbeit. Die Bestimmungen des Art. 578^{4a} können angewendet werden.

Drittes Buch

Übertretungen

Art. 579—596[57]) aufgehoben.

Viertes Buch

Art. 597—600 aufgehoben.

Fünftes Buch

INKRAFTTRETEN UND ANWENDUNG DES STRAFGESETZBUCHES

Übergangsbestimmungen

Art. 601 Dieses Gesetzbuch ist am 1. Januar 1937 in Kraft getreten, mit Ausnahme der in den Art. 50, 51, 54, 55, 56, 57 enthaltenen Bestimmungen, die im Zeitpunkt der Veröffentlichung dieses Gesetzbuches in Kraft getreten sind.

Seit 1. Januar 1937 wurden aufgehoben:

1. Das Strafgesetzbuch vom 30. Oktober 1864 mit den nachträglichen Änderungen, sowie den Bestimmungen der Art. 65, 66, 67, 68, 69, 70, 71, 72 und 73 des Gesetzes vom 26. Juni 1921, in Kraft gesetzt durch Verordnung Nr. 3472.
2. Das Pressegesetz vom 13. April 1862, gültig im Altreich.
3. Das Strafgesetzbuch vom 29. Mai 1878 (Gesetz V), bezüglich Verbrechen und Vergehen und das Strafgesetzbuch vom 14. Juni 1879 (Gesetz XL), bezüglich Übertretungen, beide gültig in Siebenbürgen, sowie das Gesetz vom 21. Juni 1880 (Gesetz XXXVII), bezüglich der Durchführungsbestimmungen dieser beiden Strafgesetzbücher, mit Ausnahme der Artikel betreffend die Vergehen des fahrlässigen und betrügerischen Bankrotts, die bis zum Inkrafttreten des Handelsgesetzbuches ihre Wirksamkeit behalten.
4. Das XXXI. Gesetz von 1908, genannt Strafnovelle, betreffend die bedingte Aufschiebung des Strafvollzugs bei Jugendlichen und bei einigen Straftaten, sowie das VII. Gesetz von 1913, betreffend die Jugendgerichte, beide in Siebenbürgen gültig.

---

[57]) Gemäß dem Gesetz Nr. 4, veröffentl. im Amtsbl. Nr. 37 vom 5. 8. 1954, sind alle Handlungen, die Übertretungen im Sinne des StGB darstellen, amnestiert.

5. Das XXI. Gesetz von 1913, betreffend die Landstreicher, XL. Gesetz von 1914, zum Schutz der Behörden, XLI. Gesetz von 1914 betreffend den Ehrenschutz, alle gültig in Siebenbürgen.
6. XIV. Gesetz von 1914, bezüglich der Presse, gültig in Siebenbürgen.
7. Alle anderen Gesetze, die die in Siebenbürgen gültigen Strafgesetzbücher und Gesetze ergänzt oder erweitert haben.
8. Das Strafgesetzbuch vom 27. Mai 1852, gültig im Buchenland ebenso das Gesetz vom 17. Dezember 1872, mit den nachträglichen Änderungen, gültig in der gleichen Provinz, außer den Artikeln betreffend das Vergehen des fahrlässigen und betrügerischen Bankrotts, die bis zum Inkrafttreten des Handelsgesetzbuches ihre Wirksamkeit behalten.
9. Jene strafrechtlichen Bestimmungen aus Sondergesetzen des ganzen Staatsgebietes, die im Widerspruch mit den Bestimmungen des vorliegenden Gesetzbuches stehen.

Die aufgrund der aufgehobenen Strafgesetzbücher und Strafgesetze erkannten, von diesem Gesetzbuch nicht anerkannten und vorgesehenen Strafen, werden nach den Vorschriften der gleichwertigen Strafen dieses Gesetzbuches vollzogen.

Die gleiche Bestimmung wird dann angewendet, wenn das Gericht gemäß Art. 3 des vorliegenden Gesetzbuches auf Strafen erkennt, die in diesem Gesetzbuch nicht vorgesehen sind.

Art. 602 Bis zur Einrichtung von Strafanstalten nach den Grundsätzen dieses Gesetzbuches, werden die Strafen in den vorhandenen Strafanstalten verbüßt, nach den Bestimmungen des bisher gültigen Gesetzes für Strafanstalten, sofern die neuen Bestimmungen des vorliegenden Gesetzbuches nicht angewandt werden können.

Art. 603 Die aufgrund der früheren Gesetzbücher ausgesprochenen Geldstrafen werden im Falle der Nichtbezahlung innerhalb der vom Gesetz vorgesehenen Frist in Arbeitsverpflichtung gemäß Art. 54 des vorliegenden Gesetzbuches umgewandelt.

Bis zur Errichtung von Strafkolonien, wird die an Stelle von Geldstrafe für Vergehen und Übertretungen getretene Arbeitsleistung in städtischen Gemeinden durch gemeindeamtliche Verwaltungsorgane bei öffentlichen Arbeiten zum Nutzen der Gemeinde, in ländlichen Gemeinden durch bezirksamtliche Verwaltungsorgane[58]) zum Nutzen des Bezirkes oder der Gemeinden, vollstreckt. Wenn die oben angeführten Verwaltungsorgane nicht in der Lage sind, Arbeit zu beschaffen, ist die Geldstrafe durch die Staatsanwaltschaft in Gefängnis umzuwandeln, wobei ein Arbeitstag mit 10 Lei veranschlagt wird.

---

[58]) Siehe Anmerkung 25.

Art. 604 Im Falle des Erlöschens der Strafverfolgung oder der verhängten Strafe durch Verjährung, finden bei einem Unterschied zwischen den Fristen des vorstehenden Strafgesetzbuches und den früheren Strafgesetzen, die günstigsten Bestimmungen auf die laufende Verjährung Anwendung, wobei die Laufzeit während der Geltung des vorhergehenden Gesetzes zu berücksichtigen ist.

Die unter dem früheren Gesetz erfüllten Unterbrechungsursachen der Verjährung behalten auch unter dem neuen Gesetz ihre Gültigkeit.

Art. 605 In anhängigen Strafsachen, bei denen das vorstehende Gesetz zur Einleitung der Strafverfolgung einen Antrag des Geschädigten fordert, wird diesem zur Einbringung des Antrags eine Frist von 3 Monaten vom Inkrafttreten des Gesetzes gerechnet, zugestanden.

Wenn das neue Gesetz eine Frist festsetzt, während welcher dieser Antrag einzubringen ist, wird jene Frist berücksichtigt, die seit dem Inkrafttreten dieses Gesetzes läuft.

Strafsachen, in denen keine Anträge der Geschädigten vorliegen, werden eingestellt, und die bereits verkündeten Entscheidungen als wirkungslos erachtet.

Bezüglich der anhängigen Strafsachen, für welche die früheren Gesetze einen Antrag vorschreiben, der jedoch von dem vorliegenden Gesetzbuch nicht mehr gefordert wird, nehmen diese ihren weiteren Lauf, selbst wenn die Anzeige zurückgezogen worden ist.

Art. 606 Die Bestimmungen des vorliegenden Gesetzbuches bezüglich der den Verlust von Rechten betreffenden Strafen, sei es als Zusatzsei es als Nebenstrafen, finden auf Verurteilungen aufgrund der früheren Gesetze, sowie auf anhängige Verfahren im Zeitpunkt des Inkrafttretens des vorliegenden Gesetzbuches, keine Anwendung.

Art. 607 Vom Zeitpunkt des Inkrafttretens dieses Gesetzbuches, werden alle Verjährungsfristen der Sondergesetze, die niedriger sind als ein Jahr, durch die Verjährungsfrist von 1 Jahr für die Strafverfolgung und von 2 Jahren für den Strafvollzug ersetzt.

Art. 608 Das Justizministerium ist ermächtigt, eine neue Auflage des Strafgesetzbuches mit allen erfolgten Abänderungen herauszugeben.

Sonder- und Übergangsbestimmungen, die in den Abänderungsverordnungen des Strafgesetzbuches (1956—1960) enthalten sind

1. Verordnung Nr. 324

zur Änderung des Strafgesetzbuches und der Strafprozeßordnung, veröffentlicht im Amtsblatt der Großen Nationalversammlung der Rumänischen Volksrepublik Nr. 18 vom 16. Juli 1957.

(Auszug)

Art. III Die Bestimmungen der vorliegenden Verordnung werden nur auf die nach Inkrafttreten derselben begangenen Taten angewendet.

Art. IV Die Art der Einführung und des Betriebes der Umerziehungslager durch Arbeit erfolgt durch Weisungen des Innenministeriums[59]).

2. Verordnung Nr. 318

zur Änderung des Strafgesetzbuches und der Strafprozeßordnung, veröffentlicht im Amtsblatt der Großen Nationalversammlung der Rumänischen Volksrepublik Nr. 27 vom 21. Juli 1958.

(Auszug)

Art. II Zur Feststellung des Wertes des dem Gemeingut zugefügten Schadens durch eine Straftat wird als Grundlage der Verkaufspreis der betreffenden Güter an den Konsumenten, wenn aber das Gut nicht im Handel ist, wird als Grundlage das dreifache des Gestehungspreises angenommen.

Art. III Die geänderten Verfügungen, die in Art. I und II enthalten sind, werden auch auf die bis zum Inkrafttreten der vorliegenden Verordnung begangenen Taten angewendet.

Art. IV Mit dem Inkrafttreten der vorliegenden Verordnung wird das Gesetz Nr. 16 vom 15. Januar 1949, geändert durch die Verordnung Nr. 199 vom 12. August 1950, außer Kraft gesetzt[60]).

3. Verordnung Nr. 212

zur Änderung des Strafgesetzbuches veröffentlicht im Amtsblatt der Großen Nationalversammlung der Rumänischen Volksrepublik Nr. 8 vom 17. Juni 1960.

(Auszug)

Art. II Das Gesetz Nr. 9 vom 16. Dezember 1950 wird aufgehoben. Die Bestimmungen des Art. III der Verordnung Nr. 318 vom 21. Juli

---

[59]) Durch die Verordnung Nr. 324/1957 wurden abgeändert: Art. 33, 268^{17}, 578^{4}; wurden neu eingeführt: Art. 33^{1}, 338—341, 433—435.

[60]) Durch die Verordnung Nr. 318/1958 wurden abgeändert: Art. 25, 32, 34, 39, 48, 49, 54, 157, 184, 185, 186, 187, 188, 190, 191, 192, 193, 194, 194^{1}, 194^{2}, 194^{3}, 194^{4}, 195, 196^{1}, 197, 198, 199, 200, 201, 207, 209, 209^{1}, 209^{2}, 209^{3}, 210, 211, 212, 216, 222, 228, 236, 242, 245, 258, 259, 260, 262, 268^{22}, 268^{23}, 287, 320, 325, 327, 329, 536^{1}, 536^{2}, 536^{3}; wurden neu eingeführt: Art. 194^{5}, 227^{1}; wurden aufgehoben: Art. 30, 196^{1}, 208, 231, 536^{4}, 536^{5}, 536^{6}.

Anmerkung des Übersetzers: Art. 196^{1} wurde durch Verordnung Nr. 125 A.BL. Nr. 14 vom 26. 3. 1958 neu eingeführt, im A.Bl. Nr. 17 vom 5. 4. 1958 berichtigt und schließlich durch Verordnung Nr. 318, A. Bl. Nr. 27 vom 21. 7. 1958 aufgehoben.

1958 verlieren mit der Veröffentlichung der vorliegenden Verordnung ihre Wirksamkeit.

Art. III Nicht vollzogene Todesurteile oder Verurteilungen zu lebenslänglicher Zwangsarbeit, die bis zur Veröffentlichung der vorliegenden Verordnung rechtskräftig geworden sind, für die in Art. 236 des Strafgesetzbuches vorgesehenen Straftaten sowie für Straftaten, die aufgrund dieses Artikels strafbar sind, müssen in eine Strafe von 25 Jahren Zwangsarbeit umgewandelt werden[61]).

---

[61]) Durch die Verordnung Nr. 212/1960 wurden abgeändert: Art. 1, 11, 24, 25, 64, 80, 92, 95, 100, 119, 126, 129, 144, 156, 157, 158, 164, 168, 169, 175, 176, 207, 209, 216, 223, 225, 227, 236, 242, 245, 250, 251, 256, 267, 268^{17a}, 269, 277, 284, 308, 327bis, 341, 417, 434, 435, 436, 437, 440, 533, 536^{1}, 536^{3}; wurden neu eingeführt: Art. 49^{1}, 62^{1}, 62^{2}, 231^{1}—231^{5}, 245^{1}, 268^{28a}, 415^{1}, 536^{4}, 578^{6}; wurden aufgehoben: Art. 35, 50, 51, 53, 106, 115, 118, 282, 438.

Kolibri 360 GmbH
Ferdinand-Jühlke-Straße 7
99095 Erfurt, Deutschland
produktsicherheit@kolibri360.de